我的南大，我的磁

——都有为口述史

杨　坚　著

南京大学出版社

图书在版编目（CIP）数据

我的南大，我的磁：都有为口述史 / 杨坚著 . --
南京：南京大学出版社，2022.7
ISBN 978-7-305-25895-4

Ⅰ.①我… Ⅱ.①杨… Ⅲ.①都有为—回忆录 Ⅳ.
① K826.11

中国版本图书馆 CIP 数据核字（2022）第 108157 号

出版发行　南京大学出版社
社　　址　南京市汉口路22号　　　　　　　邮　编　210093
出 版 人　金鑫荣

书　　名　**我的南大，我的磁——都有为口述史**
著　　者　杨　坚
责任编辑　王南雁　　编辑热线　025-83595840

照　　排　南京新华丰制版有限公司
印　　刷　徐州绪权印刷有限公司
开　　本　787×1092　1/16　印张　19.5　字数 276 千
版　　次　2022年7月第1版　2022年7月第1次印刷
ISBN 978-7-305-25895-4
定　　价　88.00元

网址：http://www.njupco.com
官方微博：http://weibo.com/njupco
微信服务号：njuyuexue
销售咨询热线：（025）83594756

自　序

　　物理学科对大多数人来说都是有些令人望而生畏的，而看不见、摸不着的"磁"似乎也有点玄乎。但在人们的生活中，"磁"无所不在，手机电脑、家用电器、航空航天等等，覆盖生活的方方面面，人类就在地球磁场中生育、成长，受到地球磁场的保护，避免了宇宙中高能粒子的辐照。地球磁场无形中就成为地球上所有生命体的保护神。我很乐意在各种场合，以各种形式介绍磁学和磁性材料。

　　我于1953年考入南京大学物理系，南京大学师资力量雄厚，学术氛围浓郁。当时在物理系任教的有教数理方程的魏荣爵教授，时任物理系主任，是著名的声学家，被科学界誉为南魏北马（南魏指南京大学的魏荣爵先生，北马指北京声学所的马大猷先生）；有教固体物理的程开甲教授，20世纪60年代他参加核基地建设，成为"两弹一星"的元勋之一；教原子物理的是施士元教授，他是法国诺贝尔物理学奖、化学奖获得者居里夫人的中国弟子，著名的女物理学家吴健雄教授曾是他的学生；教高等数学的是数学系的莫绍揆教授，他讲课时从来不用讲稿，思维敏捷，传闻曾破译日本偷袭珍珠港电文；教普通物理的是程潆教授；教理论力学的是周衍柏教授；教电动力学的鲍家善教授是著名的天线专家、副系主任。此外，还有刘朝阳、梁昆淼、吴汝麟、熊子敬等教授。

1957年大学毕业后，我留校在物理系任教。不久，我和那个年代所有的知识分子一样，中断了教学、科研，到南京附近的江浦县陡岗乡劳动锻炼，接受贫下中农的再教育。八个月后，又回校参加大炼钢铁，赴灵山挖鸡窝煤矿，挖防空洞，建长江大桥时拉黄沙……

1972年工农兵学员进校以后，南京大学逐步恢复教学秩序。当时物理系在北大楼的地下室有一间磁学教研室公用的实验室，大约45平方米，里面除了几台简易的高温炉外空荡荡的，别无他物，当时根本没有经费买设备。我和另一位年轻教师陆怀先经过合计，便当起了"破烂王"，专门到化学系的走廊上捡拾别人丢弃的瓶瓶罐罐，拿回实验室东拼西凑，用化学方法制备磁性颗粒样品，当时称为超细微粒，从尺度上考虑大致处于亚微米到纳米尺寸。我们自己制备样品、自己动手做测量仪器，实验室冬冷夏热，黄梅天里甚至要穿雨靴进实验室工作。就是在这样白手起家的情况下，磁记录颗粒、永磁磁粉等各种样品陆续从"土"设备中出炉，每年都有两篇论文在当时国内物理界最高水平的学术刊物《物理学报》上发表。

"文革"结束后，百废待兴，学校复课，步入正常，社会改革开放，经济复苏，同时迎来了科学的春天。我也积极参与江苏省磁性材料的生产，为企业无偿提供技术服务，提高产品质量，解决永磁材料干压取向成型中提高磁粉在磁场中的取向度的难题等。1982年，生产扬声器和微电机使用的永磁铁氧体产品的浙江诸暨磁性材料厂，因为技术力量薄弱，质量上不去，产品大量积压、报废，企业濒临倒闭。一次，厂方看到我撰写的《永磁铁氧体工艺进展》《永磁铁氧体的基础研究》两篇文章，受到启发。于是，厂长沈乃玄专程赶来南京大学恳请我担任厂方的技术顾问。我从当年9月首次去浙江诸暨厂以后，在不影响校内教学、科研任务的前提下，先后七次前往该厂讲课，课后还辅导技术骨干，回答职工提出的问题。除讲课外，我还多次给该厂寄讲义、寄资料，前后一年多的时间里，陆续给工厂写了数十封信，回答技术难题，提出注意事项，不厌其烦，细致耐心。在普遍提高职工技术素质的基础上，帮助他们成立了以谢志浩技术员为主的攻关小组，之后又推荐南京盛振翔工程师赴厂参与技术工作，把"提高钡铁氧体磁能积研究"作为突破口，把改造陈旧设备作为提高产品质量的关键。经过一年多时间的努力，1983年12月，该厂通过了磁能积研究课题的技术鉴定，后来荣获1983年浙江省科技进步二等奖。自此，浙江诸暨磁性材料厂因为产品质量的提高而重新打开销路，半年盈利27万元，并有7种产品出口。1984年，《浙江日报》《光明日报》以及《新华日报》等媒体以"拿来主义"加快经济发展为主题进行了有关报道。2021年4月7日，应诸暨市科协的邀请，我又重访诸暨磁性材料厂。该厂几经更名、换领导，现在已更名为"诸暨安特磁性材料公司"，并改制为民营企业。目前公司兴旺发达，永磁铁氧体粉体生产量居国内首位，主要生产用于电机的铁氧体磁瓦以及用于磁卡记录中的磁条，年产值已逾5亿元，2022年准备扩建130余亩新厂房。现在的领导都很年轻，我到厂后受到回老家一样的亲切接待，回忆当年，我已记不清他们，但我的形象依然保留在他们心中。有一位年轻技术员告诉我，他是看着我的书长大的，希望我能常回家看看，此话让人感到十分暖心。非常遗憾的是，当年的老厂长沈乃玄已于2020年在西施故里辞世，他是一位颇有魄力，富有开拓、创新精神的企业家，祝他在天堂安好。

1985年12月底，我参加了"中美凝聚态物理合作计划"（The APS China Program），到美国霍普金斯大学从事访问学者的工作，这是冯端先生推荐我去的。到美国没多久，1986年初，适逢高温超导氧化物材料研究的兴起，我和同为南京大学校友，现为美国布朗大学教授、物理系主任的肖钢（当时是霍普金斯大学中美联合培养物理类研究生计划CUSPEA的留学生），对如何制备高温超导氧化物的样品进行探讨，并和他一起制备样品。当时我提出对高温超导化合物$YBa_2Cu_3O_{6+y}$进行3d过渡族元素代换Cu的研究方向，与肖钢合作完成的论文发表在 *Phys. Rev. B. 35*（1987）上，这篇文章对理解高温超导的机理以及进一步开展高温超导体材料研究提供了实验的启示，至今已被414篇SCI论文引用。

我当时敏感地意识到这是重要的研究领域，于是向沃克教授（他是从事穆斯堡尔谱效应研究的专家，我出国就是联系他担任我的合作导师）提出开展高温超导材料研究的建议。他欣然采纳我的建议，并让邱子强和唐焕两位博士生与我一起开展研究工作。邱子强是从北京大学来的CUSPEA留学生，现任美国加州伯克利大学（University of California, Berkeley）物理系教授，主要开展薄膜等磁性的研究，颇有建树；唐焕是华东师范大学的年轻老师，到美国留学攻读博士学位，后来到美国希捷公司任职。我和他们一起用磁性稀土离子Gd取代Y离子，以及采用微量的铁的同位素^{57}Fe置换Cu作为探针元素，用穆斯堡尔谱学的方法研究高温超导体中的磁有序问题。这是一个新的研究方向，实验结果表明反铁磁有序与超导性共存的现象，这与21世纪初提出的相分离机制相一致，为了解高温超导氧化物的超导机制提供实验的启示。在美国三年，我与其他科研人员合作，一共发表论文20余篇，被SCI刊物引用880余次。

1988年年底回国后，我放弃了在国外的高温超导材料的研究，重返磁学与磁性材料领域，开展磁性超细微粒材料的研究。回到南大的实验室，依旧是一穷二白的老样子，但就是在这样的条件下，我们先后进行了磁性液体的研制与应用开发，高密度磁记录材料、金属（合金）、氧化物超细微粒的研制与性能研究等，为后续深入进行的纳米材料研究奠定了坚实的基础，积累了一些宝贵的经验。

1992年，凭借对磁性纳米材料的研究经验和成果的积累，加之冯端院士的支持，南京大学磁学组成功争取到国家"八五"攀登计划——"纳米材料科学"项目，上海中科院硅酸盐所严东生院士与南京大学冯端院士任该项目首席科学家。我们的课题组在国际上较早地开始了纳米材料磁性的研究，近十几年来，先后承担了多项国家、省部级科研项目，购置了多种纳米材料合成、性能检测设备，使科研组的科研工作条件有了质的飞跃，取得了一系列创新性的研究成果。

1995年，中科院固体所的张立德研究员与我共同出任"九五"攀登预选计划"纳米材料科学"首席科学家；1999年，又争取到了"973"项目"纳米材料和纳米结构"的"08子课题"。随着科研条件逐步改善，我们团队的研究也在不断地发展和深入，研究方向延伸到纳米磁学的各个领域，先后开展了C_{60}、纳米螺旋碳管、石墨烯、纳米颗粒、纳米线、颗粒膜、纳米微晶等纳米材料磁性的研究，开展了类钙钛矿氧化物、纳米结构材料以及合金材料的巨磁电阻效应、磁热效应、磁弹效应、磁致伸缩效应、多铁性、热电效应等研究工作。在国内，我们是较早开展颗粒膜的磁光效应与磁电阻效应、反常霍尔效应的研究团队，随后又进入自旋电子学的领域，开拓了半金属与稀磁半导体材料的研究，取得了一些创新性成果。

开拓新的研究方向与领域是科学工作者追求的目标。科学的灵魂在于创新，既要掌握国内外有关的文献，使文献为科研服务，而自己不能变成文献的奴隶，跟着文献打转。例如：20世纪90年代，钙钛矿化合物庞磁电阻效应的发现，在国内外兴起了继高温超导氧化物后的新一轮研究的热潮，是否要介入？如何进入？此前，我就已经安排硕士生叶英做过铁氧体磁熵变的研究，发现在调控居里温度与磁熵变方面存在一些矛盾，此时也注意到钙钛矿化合物的居里温度可以通过离子代换很方便地进行调控，我就安排郭载兵把他的博士论文的研究工作由永磁铁氧体转为研究"钙钛矿化合物的磁熵变"。十分幸运的是，第一次试验就发现与金属钆相当的高磁熵变效应，从而为钙钛矿化合物的研究开拓了新的方向，研究成果很快发表在国际著名的*Phys. Rev. Lett.* 78（1997）刊物上，引起国内外同行的广泛关注，至今已被631篇SCI论文所引用。

磁学界权威性系列丛书*Handbook of Magnetic Materials*第四章"Magnetocaloric Effect in the Vicinity of Phase Transitions"（作者：A.M. Tishin）一文中，将我们的论文作为钙钛矿化合物磁制冷工质的代表性工作加以介绍，肯定了我们开拓此领域所做的贡献，并将钙钛矿氧化物列为新型高温磁致冷工质。著名磁学家J.M.D. Coey曾在Mixed-valence Mangnites 这篇文章中引用该文并指出："室温附近，中等磁场下，锰钙钛矿的磁熵变可与Gd相当，其居里温度通过组成可调，化学稳定性佳，价廉，使混合价锰钙钛矿氧化物成为宽温区令人十分感兴趣的磁制冷工质。"磁熵变效应是磁制冷材料的最重要的特性，是新型高温磁制冷机实用化的关键之一，高温磁制冷机一旦能够得到广泛应用研究，将会产生一场工业革命，这就是我们这些基础研究工作者的研究动力。除了组织科研组系统地开展钙钛矿化合物的磁熵变外，我们又将研究领域扩展到金属、合金以及半金属材料领域，希望通过不懈的努力，争取让高温磁制冷机最终能走向实用化。

进行钙钛矿庞磁电阻效应研究时，当时研究的温度范围均处于居里温度附近、金属/绝缘体相变点，所研究的样品大多为大晶粒的多晶体，磁电阻效应只在居里温度附近出现峰值。我指导的博士生张宁重点研究了当晶粒尺寸减少到纳米尺度时对钙钛矿庞磁电阻效应的影响，发现除居里温度附近的本征庞磁电阻效应外，在低温会呈现由于晶粒间隧道效应产生的隧道磁电阻，这一创新发现发表在 *Phys. Rev. B. 56*（*1997*）上，至今已被322篇SCI论文所引用，被大多数论文引为小颗粒体系的典型实验结果，晶界隧穿模型被列为两个具有代表性的理论之一。

在多晶锌铁氧体磁电阻效应研究中，博士生陈鹏意外发现室温巨磁电阻效应，他觉得难以从理论上解释这种现象。我提出可采用存在反铁磁耦合层的隧穿物理模型来解释，后来他采用高分辨电子显微镜的观测与交换偏置场的测量，证实该机制的正确性。这个成果在 *Phys. Rev. Lett.* 上发表，迄今已被85篇SCI论文引用，该研究成果被推荐参加2002年国际磁学会议邀请报告。后来（2019年）中国科学院物理所的韩秀峰研究员告诉我，我是中国在国际磁学会议上做这类邀请报告的第一人，他是第二人。

2004年，我们的研究成果"新型的氧化物磁制冷工质与隧道型磁电阻材料"获国家自然科学二等奖。这也是我们在研究工作中不是简单地紧跟与重复，有些创新的思维所取得的成果，是科研组老师与同学们共同努力的结果。

大学是科技创新的一支重要力量，所以我一直认为，大学教师不同于中小学教师，必须要有明确的科研目标，然后去不断追求，在做科研时应该把握好主攻方向，要独立思考，继承发扬，不能简单跟着别人的思维走，只有这样，才可能创新。我一直跟学生讲，要重视文献，吸收文献中的精华，但不要成为文献的奴隶，要冲破框架，有自己的思想。在高校，创新精神和能力的培养比普通知识的灌输更为重要，只有创新才能超越。创新也分很多层次，有属于基础研究、应用基础研究的，也有属于跟企业结合的实用性研究。创新的程度可大可小，面是很宽的，大可以是社会制度的创新，小可以是一个创新的想法。

未来是属于年轻的一代，需要为年轻人营造一个宽松的学术氛围，创造必要的研究条件，制定合理而科学的考核制度；鼓励他们独立思考，勇于创新，允许失败，坚韧不拔。要普遍提高知识分子的待遇，使他们能集中精力于教学与科研之中。另外，要从小培养学生的好奇心、独立思考能力，避免填鸭式的教学方式；要降低中小学生的学习负担，留给他们一个发挥个性的空间。当然，还要加强与国际同行的学术交流。

2005年，冯端院士极力鼓励我参与院士遴选，主动帮我介绍推荐院士。那年我已年逾65岁，遴选院士需要6位院士推荐，其中5位必须是本学部的院士。我由衷感谢中科院技术科学学部朱静、王崇愚、唐叔贤、卢柯、蒋民华、金展鹏六位院士认可我的为人与研究工作，推荐我参加院士遴选，正因有他们的推荐，我获得了"院士"——中国科学界的最高荣誉称号，尽管与其他院士相比还需继续努力。另外，我还要感谢数理科学部的章综院士，当时他也愿意推荐我，由于推荐我的院士数已满足要求，因此请他改推荐其他候选人，使其他候选人获得难得的机遇。他是国内名望甚高的院士，现已仙逝，祝愿他天堂安好。

人的一生，很难一帆风顺，及时抓住机遇，使其成为人生重要的转折点，才能走向更美好的人生。法国文豪巴尔扎克曾讲："苦难对于天才是一块垫脚石，对于能干的人是一笔财富，对于弱者是一个万丈深渊。"在命运面前，唯一的出路就是做命运的强者。回顾自己几十年的生活经历，除了自身艰苦努力外，总有人无私地提供帮助，因此十分幸运地抓住了几次重要的机遇，如插班宗文中学、考入南京大学、留校工作、赴美研究、参与攀登项目、参加院士遴选等。一方面是通过自己的努力，奋发图强，变机遇为人生转折点；另一方面，一路走来，如果没有贵人相助，也会逊色不少。在此，我要向冯端先生、鲍家善先生等有缘相识的师长和朋友们表示深深的谢意，没有你们，我的人生不可能如此精彩。

人生是不可逆的旅程，不可能十分完美。回忆往事，尤其与老师、朋友、同事、亲人、夫人以及儿子相处时，总有一些处理不尽人意之处，如果换一个方式事情可能会更完美。可惜世上没有后悔药，只有请所有因缘相识之人宽容与谅解。正因为有你们，让我的人生在滚滚红尘中更加丰富多彩，令人留恋不舍，谢谢你们的相知相伴。

回顾大半生，有时我将自己比拟为一粒掉入石缝中的种子，在父亲母亲和兄弟姐妹关怀的春雨中，发芽、成长，在小学、中学、大学老师们的教育与引导下，从各类书籍中吸收营养，不断充实自己的知识并培养独立思考的能力；在同学、朋友友情的温暖中，在温馨家庭的庇护下，在风风雨雨中成长、开花、结果。其中特别需要深情感谢的是1992年为了更好完成攀登项目而成立的"纳米磁学科研组（NanoMag）"的历届师生们，大家同舟共济，群策群力，团结互助，创新拼搏，才取得今日成绩。这些成绩也离不开南京大学严谨、求实、宽容、创新的优秀学术氛围。同时，衷心感谢南京大学物理学院资助传记的出版。"人生自古谁无死，留取丹心照汗青"，长江后浪推前浪，一浪高过一浪，中华大地人才辈出，一代胜过一代。如今我将叶落归根，唯愿化作春泥更护花。祝愿中华民族繁荣昌盛，永远屹立于世界之林。

都有为

2021年12月，于南京大学唐仲英楼

序

我与都有为老师均毕业于南京大学物理系，但年龄相差10岁，都老师是我的老师辈。"文革"前，当我读南京大学本科时，他已经是物理系教师。"文革"刚结束，我考取南京大学物理系研究生，是"文革"以后的第一届研究生，而他是"文革"以后物理系的第一批研究生导师。我研究生毕业后，留在物理系当老师，成为都老师的同事。20世纪90年代，都老师担任科技部攀登计划的"纳米材料科学"项目首席科学家，我是他项目的骨干成员；后来我担任"固体微结构物理国家重点实验室"主任，他是我们国家重点实验室的资深成员。不管我们的身份关系如何变化，都老师始终是一位可敬可亲的老师，他是我做学问、做人的榜样和楷模。与他相处这么多年，我从他身上学习了很多，对我的成长起了重要的作用。

都老师是国内研究磁学和磁性材料的顶尖科学家和先驱者之一，从磁性超细微粒到磁性纳米材料，从巨磁电阻效应、庞磁电阻效应到与磁相关的各种物理效应的研究，他领导的研究组做出了具有很大创新意义的工作，在国际上产生了重要影响。都老师担任过科技部攀登计划"纳米材料科学"项目的首席科学家，荣获了国家自然科学奖二等奖，当选为中科院技术学部的院士。现在他已经是磁学界元老级的专家，年过八旬，依然在研究的第一线勤奋工作，只要不出差，他整天都在实验室工作。都老师也是一位战略科学家，近年来他一直在实践和推动自旋电子学的发展，这是一个有重大应用前景的研究领域。

都老师不仅擅长做基础研究，而且十分关注技术创新和成果转化，经常到企业和工厂指导技术工作，特别经常去江苏和浙江的磁性材料工厂。无论工厂大小，只要请他去，他都愿意去帮助人家、指导工作，解决技术方面的困难。这一点我对他特别佩服。作为一个80多岁的长者，他的这种社会责任心真的太难得了。与此同时，他也始终不曾放松科研育人方面的工作。只要在南京，他总是在实验室指导研究生从事科研工作、修改论文等，从不闲着。都老师讲话十分风趣，他经常在外面做报告，包括给中学生做科普报告。他讲演效果很好，总是伴随着笑声和掌声。

都老师给我印象很深的另一特点是很有担当，不辞劳苦，勤奋工作。很多老师的理念是有所为有所不为，不是所有的事情都答应做。就像都有为老师的名字一样，他什么工作都愿意承担，即便是一些很辛苦的事情，他也愿意做。举一个例子，前几年南京大学物理学院接受了一个任务，科学出版社要我们编一本《物理学大辞典》，工作量非常大，要动员很多的老师来参与这件事情，不仅要动员南京大学的教师，还要动员全国物理学界各方面的科研专家。当时的主要困难是找不到一个合适的人当主编，大家觉得这件事情太辛苦，要花费很多时间，搞成功了也不算什么大成果，所以不太愿意做。但这是物理学界功德无量的一件大事，应该做也必须做。学院领导再三考虑后，请都老师挂帅，都老师没有二话，立刻应承了。前后花了五六年时间，他把这个任务很好地完成了。我不知道都老师付出了多少辛苦和劳动，但他在这件事情上给我的印象是完美的满分答案。

都老师还是一个很正直的人，敢于发表自己的意见，能讲真话，坚持真理，嫉恶如仇。同时，他懂得感恩，与人为善，对原来南京大学物理系的前辈老师，像魏荣爵、程开甲、冯端等教授，都十分敬重。他不但物理学方面的天分很高，个人修养乃至文学方面也有很高造诣。都老师非常平易近人，无论是与老师、同事还是学生都相处得很好，这些方面我都是十分佩服的。

大学是探究真理的营地，是中华民族灵魂的映照。南京大学建校120周年之际，都有为老师回忆了他在南京大学学习、工作、生活近70年的点点滴滴，并整理成口述传记，从一个侧面真实反映了南京大学的学人在党的领导下积极进取、孜孜求索，在科学的殿堂里不断攀高攻坚，取得了累累硕果。感念至此，是为序。

中国科学院院士　邢定钰

2021年12月岁末于南京大学鼓楼校区唐仲英楼

前　言

　　中国古代四大发明之一指南针，利用了自然界的磁性材料受地球磁场影响的特性为人们指引方向。其实，早在两千多年前的战国时期，《吕氏春秋·精通》里即有"慈石召铁，或引之也"的记载，慈石就是磁石（磁铁矿——四氧化三铁Fe_3O_4），取慈母怀子的意思；《韩非子·有度》有"故先王立司南以端朝夕"的记载，司南就是一种以磁石制成的确定方向的仪器，"朝夕"借指东西方向。可见，中国古代先人认识利用天然磁性材料是很早的，到北宋时，沈括在《梦溪笔谈》中详细地记载了指南针的四种制作方法，表明中国古代在磁石的利用上已有较高的水平。但是，人们对磁性现象本质的认识却经历了漫长的过程，一直到19世纪发现了电和磁的相互关系后才逐步揭开磁性的奥秘。1820年，奥斯特发现电流能在周围空间产生磁场，之后法拉第、楞次、特斯拉等人相继发现了电磁感应的规律。随着人们对电磁现象认识的深化，电动机、发电机、变压器应运而生，与此相应的出现了电工纯铁、硅钢片等一大类用于低频、大功率下的金属软磁材料。20世纪20年代以后，随着通信技术的不断发展，又带动其他重要软磁材料——铁氧体亚铁磁性氧化物的出现，与此同时，金属永磁材料的品种增加和性能提高也很快，20世纪60年代稀土永磁材料的问世，随之而来的现代磁学研究也更加深入和拓展。

　　我国古代磁石的利用很早，但现代磁学的研究还得从1924年算起，这一年，已经获得哈佛大学博士学位的叶企孙从美国回国。回国后，叶企孙历任东南大学、清华大学、西南联大教师，1952年院系调整后到北京大学任职。他是我国高等院校中指导建设磁学学科、培养现代磁学本科生和研究生的第一位教授，是北京大学磁学学科的奠基人。周光召称："叶先生是我国开展现代磁学研究的第一位学者，开创了我国这一领域的研究道路。"钱临照说："叶先生是中国物理学界研究磁学的第一人，他为我们开辟了这一领域的研究道路。"

施汝为小叶企孙3岁，任清华大学物理系助教时，叶指导他从事顺磁物质的磁性研究，并推荐他到美国耶鲁大学攻读学位，1930年至1934年，先后取得硕士、博士学位。1934年施汝为回国，进入中央研究院物理研究所从事磁学研究，建立了中国第一个现代磁学研究实验室，指导潘孝硕等人开展磁学研究。1949年新中国成立以后，施、潘等人在北京中国科学院物理研究所建立磁学研究组（室）。潘又比施小9岁，1933年大学毕业后在中央研究院物理研究所工作，1938年赴美国麻省理工学院学习，1943年获得博士学位，1946年回国，先后在南开大学、南京大学任教，1950年任职南京中国科学院物理所，1952年调到北京中国科学院物理所，一直与施汝为合作进行磁学研究，并在磁学研究组内讲授磁学课程，为厂矿企业培训技术人员。

1955年至1956年，国家在五所大学建立"磁学专门化"，急需磁学方面的教师，以中国科学院物理研究所磁学组为依托，开展教师培训工作，吉林大学陈慧男、北京大学钟文定、戴道生、南京大学翟宏如、山东大学陈梅初等先后来北京进修。叶企孙也担任培训班的教师，有时来物理所上课，有时学员到北京大学去插班听课。这些学员后来都成为各自所在高校磁学方面的教学科研骨干。1955年，都有为成为南京大学"磁学专门化"招收的第一届学生。当时南京大学成立了磁学教研究组，鲍家善任主任，主要教师有三位，翟宏如负责磁学的教学、胡洪铨负责磁性测量、蔡鲁戈负责磁性理论。

都有为，1936年10月出生于浙江省杭州市。1937年12月，日本侵略军攻陷杭州，家中遭到日军洗劫，一家人到处躲避，局势安稳后，二哥都锦生出于民族气节，不愿出任杭州日伪政府的商会会长，生意兴旺的丝织厂倒闭，部分设备搬到上海继续生产。他和父母仍在杭州茅家埠生活，以打理茶园和一部分田地应付生活开支。父亲年老，且有病在身，兄弟姐妹又多，全靠母亲一人忙里忙外。家里存书很多，进大门西边厢房内书橱中摆满了书，小时候的都有为喜欢看书，不管看不看得懂，翻着玩。书房里还有一些化学试剂，他把水银倒出来，涂在铜球上，看它亮闪闪的。到了上学的年龄，与姐姐们一起到家门口的茅家埠小学读书，但路上总是走"丢"，不是逮蝴蝶就是抓小鸟，所以要姐姐带着。后来考上杭州市立中学读初中，在西湖里游泳，在苏堤上跑步，度过三年时光。初中毕业以后，考入杭州高级中学，但上了一年因家庭变故休学了，半年后考入杭州私立宗文中学，完成高中学业。

1953年，都有为参加高考，听从物理老师建议，报考南京大学物理系被录取。在南京大学学习期间，除了完成正常的课程学习外，晚上熄灯了，他便跑到厕所里就着昏暗的灯光看一些感兴趣的文艺书籍、中外小说，结果把眼睛看坏了，近视500度。1957年毕业留校，他带学生普通物理实验，但3个月后就被派到南京江浦县陡岗乡参加劳动锻炼，一去就是8个月，回校以后又遇上大炼钢铁等各种运动，一个接着一个，十几年不能好好从事教学科研。1972年工农兵学员进校以后，他从农村回到学校，开始从事部分教学工作，带学生到工厂实习，并利用企业条件完成一些生产中急需解决的技术和工艺改进任务。学校里没有经费，没有设备，他就与另外一位年轻教师到化学系的走廊里捡一些别人丢掉的瓶瓶罐罐与旧设备回来组装、修理，自己动手做设备，并用这些设备制备磁性材料，在极为艰苦的条件下，坚持发表研究论文。

1980年代，江苏、浙江的磁性材料厂越来越多，各地土法上马的小工厂很多，缺少技术人员和技术工人，产品良品率低，销路不畅、库存积压，都有为在为国营大厂服务的同时，也应小厂求助，上门解决技术、工艺问题，不但组织培训班、解答各种问题，还给他们邮寄最新的资料。因为南京大学不少学生分配到各地的企业工作，所以只要听说都有为出差到某地，很多学生都要请他去厂里指导指导，他都是毫无保留、知无不言。1982年他应邀去浙江诸暨磁性材料厂，通过技术改造和设备调整，很好地解决了该厂产品不达标问题，当年便实现扭亏为盈，产品不但行销国内，还远销国外，《浙江日报》《光明日报》《新华日报》均予以报道，并获得1983年浙江省科技进步二等奖。

1986年，在冯端院士的推荐下，都有为参加"中美凝聚态物理合作项目"去美国霍普金斯大学开展合作研究，担任客座教授。当时国际上刚兴起高温超导氧化物研究热潮，他和肖钢合作，用离子代换的方法研究超导材料，获得成功；后又与邱子强、唐焕合作，在高温超导氧化物研究方面取得了一些创新成果。在美期间，共合作发表SCI论文22篇。1988年年底回国后，他继续开展超细微粒磁性材料研究，并关注国际学术前沿，在科学研究上相继开展C_{60}、纳米螺旋碳管、石墨烯、纳米颗粒、纳米线、颗粒膜、纳米微晶等纳米材料磁性的研究，开展了类钙钛矿氧化物、纳米结构材料以及合金材料的巨磁电阻效应、磁热效应、磁弹效应、磁致伸缩效应、多铁性、热电效应等研究工作，在国内较早地开展颗粒膜的磁光效应与磁电阻效应、反常霍尔效应的研究，进而又进入自旋电子学的领域，开拓了半金属与稀磁半导体材料的研究，取得了一些创新性成果。2004年获国家自然科学二等奖，2005年当选中国科学院院士。

《我的南大，我的磁——都有为口述史》是都有为院士对自己一生主要学术活动的回忆与整理，尤其对获得学术成就的过程予以详细阐述。全书以时间为纵线，从其家世、中小学和大学的学生生活、留校工作、参加各种劳动锻炼、恢复教学科研，到研究铁氧体磁性材料、高温氧化物超导材料、纳米磁性材料、巨磁电阻、磁热效应、自旋电子学等工作依次叙述，对自己在纳米磁性材料、类钙钛矿氧化物磁电阻、磁热效应、自旋电子学方面取得的成就予以详细阐述。据此，全书内容共分9章，第一章主要讲他的家庭情况，父亲、母亲、二哥等重要人员；第二章主要叙述他的童年以及在小学、中学学习的情况，经历抗战、解放，高中休学又重新考入私立高中；第三章是他在南京大学的学习和生活，在刚解放时的艰苦条件下，如饥似渴多读书；第四章讲述他留校工作，下乡劳动，参加各种运动，教学科研全部停顿；第五章讲述他在"文革"期间，不想荒废自己，自学多种技能；第六章对他在工农兵学员进校以后，带学生在工厂实习，展开铁氧体磁性材料工艺和技术改进，坚持在简陋条件下的科研工作；第七章介绍他到美国进修，在高温超导氧化物材料研究方面的成果和贡献；第八章讲述他回国以后，在纳米材料研究方面的成果，主要在类钙钛矿的巨磁电阻效应、磁热效应以及自旋电子学方面的成果；第九章主要介绍他在人才培养方面的工作，重视本科生教育、关注研究生成长、把团队建设和科普工作放在心上；最后结语部分是他对自己的学术成长经历进行简单总结。书中汇集他及他的同事、学生等人亲闻亲历的历史事件，从中可以了解他对学术、社会和政治等问题的看法和心得，从一个侧面反映新中国成立以来磁学和磁性材料学科的发展历程。

图片均为都有为先生提供并予以说明。为方便读者，整理者还对其中涉及的主要人物、机构、事件进行注释，供读者进一步阅读时参考。附录还提供了都有为年表、主要论文和著作等。限于整理者水平，对他丰富而深厚的学术成长经历理解不够深入，把握不够全面，还望读者批评指正。

杨　坚

2021年12月于南京

目　录

第一章

茅家埠的都氏大家庭

东

厅堂

舌堂

家祠

门厅

书房

1936年，我出生在浙江杭州西湖西边的茅家埠，1937年岁末，侵华日军攻入杭州，全家在战乱中东躲西藏，勉强生存。我当时年纪小，很多东西不记得了，有许多事情都是后来听家人讲述的。因为上大学之前，我都是生活在这里，所以有必要做些交代。

第一节　墙门里头

我出生在一个大家庭。出生时祖父母早已过世，据说祖父是教书的，也从未见过。根据我同父异母的哥哥都锦生在浙江公立甲种工业学校的学籍登记表记载，曾祖父名为都应箕，祖父名为都承祖。[①]杭州都氏具体来自哪里已不可考，据浙江海宁都平江对都氏家族的溯源，认为都家是从海宁搬迁到杭州的汉族（润馀堂祖训里的内容可佐证都家属于汉族），也有人认为可能是蒙古族或满族，这些都不重要。现在山东、河南等地都有人进行都氏家族的溯源，在烟台已建立了都氏祠堂。俗话说，四海之内皆兄弟，国内著名艺术家都本基先生首先提出："天下都氏一家人！"2013年"世界都氏宗亲联谊会"正式提出"全国都姓一家人"，而不问是什么民族，体现了中华文明对不同种族、不同文化的尊重、包容和吸纳。据全国第7次人口普查，都姓列于261位，14余万人，据百家姓总公会材料"都姓世祖公孙子都，春秋时期郑国公族，原名公孙阏，本姓姬，周室郑恒公子孙，字子都"。总之，我出生时，都家已经在杭州西湖西边的下茅家埠村一幢带院子的二层小楼里生活了几十年了。

《民国杭州市新志稿》记载："茅家埠，在大麦岭后，花家山（现改名丁家山）下，凡南山龙井诸泉，及北山分流之水，皆自此入湖，自新市场过湖

---

①　都锦生学籍表，现存浙江大学档案馆。

入南北山者，辄于此登岸，故为要道。"①在通往灵隐的大马路没有修通的时候，杭州城里的人要去灵隐、龙井，要坐船横过西湖，穿过苏堤的压堤桥，就到了龙泓涧，再过卧龙桥、通利桥，到茅家埠（埠，即停船的码头）上岸，省去了一大段环绕西湖行走的路程，十分便捷又省力。因为来来往往的人络绎不绝，茅家埠这个本来较为偏僻的农村，竟然变得十分热闹。到抗日战争前，村里也早就通了电灯和电话，道路两旁开了不少的店铺。都家的小院就在这条热闹的道路边上，离码头也不远。这个二层楼什么时候有的，后来也没人说得清楚，反正我记事的时候它就在。房子和院子据说早先曾抵押出去，到我祖父时才又赎回来。这样算下来，大约是清末民初的时候我的曾祖一辈已经生活在这里了。

都家的院子当时是村里最大的宅院，大门朝南，白粉墙和黑漆的大门，隔街立着一道照墙，因而村里人称都家为"墙门里头"。②进门是门厅，出门厅是天井，天井两边是厢房，厢房分成东、西两间，东边的这间供奉着祖宗的牌位。在院子的西侧，与东厢房相对的，是西厢房，西厢房主要用作书房。不过，更确切地说，这是真正的存放书籍的房间。

这个房间里靠墙是一排排大书柜，藏书相当多，而且不少是外国名著译著，特别是商务印书馆出版的林纾翻译的作品有很多。像狄更斯的《块肉余生记》（即《大卫·科波菲尔》）、大仲马的《玉楼花劫》（即《红屋骑士》）、小仲马的《巴黎茶花女遗事》（即《茶花女》）、柯南·道尔的《福尔摩斯》、笛福的《鲁滨逊漂流记》等，十分丰富。除此之外，当时的中国文学作品也不少。"整个书房从地到顶是一排排书柜，里面整齐排列着各种各样的书籍。古代名著如《红楼梦》《西游记》《三国演义》，有武侠小说、近代名著，如《少年维特之烦恼》；还有科幻小说，描写机器人与人的搏异与斗

---

① 干人俊：《民国杭州市新志稿》，《杭州地方志资料（第一、二辑）》，杭州市地方志编纂办公室编印，1987 年 11 月，第 45 页。

② 都祖荫：《大家庭》，第 7 页。

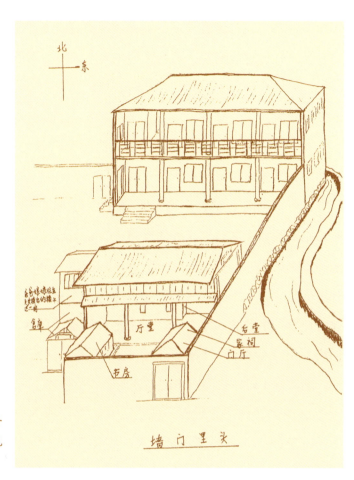

图1　都锦生长子都祖荫手绘茅家埠老宅示意图，参见其所撰《大家庭》，第8页

智。"①在都氏子孙（包括我）的回忆中，这个书房是青少年时期一个重要的印象。在当地人的印象中，都家是书香门第。我的父亲也很有文化，给我二哥都锦生取的字"鲁滨"，就是从《鲁滨逊漂流记》中来的，这在当时都是很新鲜、也是平常人家很少见的。

　　院子正中就是二层小楼，整体为木结构，"楼下是厅堂，三跨打通，高大敞亮"②，厅堂是主人待客的地方，三间打通，十分宽敞明亮。

　　厅堂的前面是门廊，立着两根柱子，隔着两步，从东到西一排溜隔扇，上

① 都诚成回忆材料。
② 都祖荫：《大家庭》，第6页。

半截是木格子花窗镶着玻璃,透光效果更好,下半截是木板,挡风挡尘又有一定的私密性。这隔扇每一片有半扇门宽,每一片都可以开合、拆卸,天气凉的时候,可以全部关上,天气炎热时,可以全部打开,与厅堂后面开的门配合,形成穿堂风,十分凉快。

厅堂的正当中墙上悬挂一幅画,前面设长案,案的两头是花几,案前一张八仙桌,两侧对称放置椅子与茶几。厅堂的两边各放置四张椅子和一个花几。厅堂正中、画的上方是一个阔大的匾额,上面写着"润馀堂"三个大字,下方是一副对联,上联是"子孙才族将大",下联是"兄弟睦家之肥"。这应该就是都氏家族里"润馀堂"这一支的家训。也有都氏宗族祠堂里的对联写作"子孙贤族将大,兄弟睦家之肥",可能我的先祖更重视子孙才能的培养,故而有意将"贤"字改为"才"字,一字之差,意义深远。我的父亲都宗祁常对子女们讲,财产会被抢、被偷,被火烧、水淹,只有脑袋里的知识才会永远跟着你,别人偷不走、抢不成。这也许是对"子孙才"一种通俗的讲法。

从两侧转到厅堂后面,就是后堂,是全家人吃饭的地方。楼上是卧室,大约有五间,每一间都不是很大。因为人口比较多,所以等到二哥都锦生结婚后,又在原先房子的西侧接了一跨,也是借用了原来的一堵山墙,可见当时家庭经济也不是很宽裕。楼上给他们新婚夫妇居住,楼下就做了仓库,堆放杂物。

1922年,都锦生创业,成立"都锦生丝织厂",就在自家朝南的院墙上写了"都锦生丝织厂"六个大字。[①]说是"厂",也就只有一名机织工人,厂长、推销员、技术员、采购员都是都锦生一人,后来,生意越来越好,妻子帮他打理财务。1926年,因为业务发展需要,都锦生把丝织厂迁到杭州城里的艮山门附近,妻儿也一起跟着住到城里。1936年,都锦生又在老楼的后面建成一幢更加高大、亮堂的二层楼,落成后正好碰上日军攻陷杭州,他带着一家子从

---

① 都祖荫:《大家庭》,第17页。

图2 2005年1月9日，都有为在新修复的老宅前留影，此处已被杭州市辟为都锦生故居纪念馆

图3 2015年春，都氏家族部分人员第二次聚会照片。都凝红（前排左2）、都祖德（前排左3）、都恒云（前排左4）、都有为（前排左5）抱着孙女都文妍，都诚成（前排左6）、齐德祁（前排左7）、都恒云之子王晓林（后排左2）、都劲松（后排左3）、都祖荫（后排左4）、弟媳李飞花（后排左5）、都有为妻子叶绪华（前排右4）、儿子都宇清（前排右3）和儿媳唐娟（前排右1）

城里避难到茅家埠，就住在这幢新楼里。

哪知道日本人又追到茅家埠，1937年12月24日，日寇闯入都家院子，两个日本兵押着都锦生夫人宋剑虹与大女儿走上新楼二楼，为了保全清白，已怀孕的宋剑虹，心中一边默念"鲁滨，我今生对得起你"一边准备在上到二楼时跳下，不料翻跨栏杆时被日本兵拦住并拖入房间内。稍纵即逝之瞬间，宋剑虹乘着日本兵转身放枪之际，奋力冲出房间，猛地冲到栏杆边，一翻身从二楼纵身跳下，誓为玉碎而不瓦全，其大女儿也紧紧跟随母亲一并跳下，眼睛都没来得及眨一下。幸亏楼下泥地刚翻过土，比较松软，二人竟然没有特别受伤，情急之间，也顾不得疼痛，手脚并用，连滚带爬，绕过小楼，从院子后门冲出去，三步两步跨过架在小溪上的跳板，拼命奔跑，在不远处的稻田中隐藏起来，这才脱离险境。直到日本兵离开后，都锦生全家奔向三天竺的寺庙里逃难。自此以后，杭州茅家埠"墙门里头"的都氏几十口人的大家庭就散了，兄弟姐妹们各奔东西、天各一方。

1936年为庆祝新楼落成，都氏家族首次在故居聚会，1937年杭州沦陷后各奔东西，联系也十分不便。沧海桑田，往事不堪回首。

白驹过隙、光阴易逝，转瞬间天翻地覆慨而慷，如今换了人间。2015年都氏家族第二次相聚故居，距上次已度过79个春秋，令人不胜感慨。为了这次聚会，都诚成夫妻携长子都劲松特地从美国回杭州，都锦生长子都祖荫全家也从秦皇岛赶到杭州，都锦生最后出生的儿子都祖德一家从西安奔赴杭州，对他而言更具有特殊的意义，1937年他母亲肚子中就是怀着他，在日本兵眼皮下舍命跳下楼，苍天眷念母子俩，逃难时宋剑虹虽大病一场，之后却产下健康的都祖德，长大后成为运动健将，在西安体育学院任教授。这次聚会约有30人参加，也仅仅是都氏家族的一部分。祖训"子孙才，族将大"，都氏家族人丁兴旺，估计有100余人，分布于国内外，创新创业，勤奋学习与工作，为社会做贡献。

之前大家先约好在杭州西湖边上的郭庄相聚，郭庄被誉为"江南第一园林"，早先称为宋庄，当初是都锦生夫人宋剑虹家里的长辈建造的，后来都锦生与宋剑虹的结婚典礼也是在这里举办，都锦生还感叹为何不把建宋庄的钱用来办学校。郭庄园内景致别具特色，是聚会与休闲的绝佳之地，同时又是上香古道的起点，距茅家埠仅一公里左右，对于回乡探亲的亲人们，由这里出发走走故乡路实在方便不过。从郭庄出来，大家接着畅游花港观鱼，然后在故居一起拍照，中午在西湖平湖秋月附近的楼外楼酒店聚餐。天下没有不散的筵席，短暂相聚后，都家大大小小、老老少少依依不舍握手言别，又各奔东西，但每个人心中都满怀着家族亲人的温暖，心连着心。

因都家后人大都在外地发展，原先的老楼在20世纪80年代就破败了，后面的新楼也摇摇欲坠。2003年，杭州市决定修复都家的宅院，辟为都锦生故居。由都锦生的儿子都祖荫回忆并绘出老楼的结构、摆设等图样，在原来老楼残留的基础上原样重建了老楼，又修缮了后建的新楼。由于一个是新建的，一个是修缮的，现在人把新建的称作"新楼"，修缮的称作"老楼"，刚好调了个个儿。现在，门牌号为下茅家埠村23号的"都锦生故居"基本按原样修缮、改建后开放，成为杭州市文保单位和爱国主义教育基地，只是原来街对过的照墙、东西厢房及其后面的仓库、老楼西侧接出来的一跨以及汽车库房都已不复存在。院子旁边的小溪、农田则更是沧海桑田，成为都家子孙久远并逐渐模糊的记忆。

第二节　父亲都宗祁

图4　都有为父亲都宗祁

我的父亲都宗祁（1869—1950），字晋奚，曾在浙江武备学堂学习，31岁时任二十四团团副，当时住所标注为西大街（现杭州市武林路）。

浙江武备学堂是杭州最早的近代军事学堂，辛亥革命时江浙光复的不少中坚人物都曾是这所学堂的学生。民国时期，浙江军事人才也多毕业于这所学堂，在浙江军界中有"武备派"之称。1897年3月，时任浙江巡抚的廖寿丰奏准清廷，开办浙江武备学堂，主要从浙江省内旧防营中挑选年龄在25岁以下，略识文字、身体健康的哨长、营书、勇丁入学，学习期一年，毕业后充当练军骨干。学生不仅不收学费和伙食费，每人每月还给杂费若干，所以也吸引不少社会青年报考。学校主要聘日本人为教习，前后共培养数百名学生。

据后来大哥等人回忆，父亲年轻时曾随所在部队一起参加光复浙江的行动，后又去温州短期驻防，并在此期间续弦，娶温州女子王翠花，也就是我的母亲。只是因为脚上得了一种叫足疣（也称流火，其实就是丹毒）的毛病，难以胜任军队事务而辞职，携新夫人一起回到杭州生活。 病情发作时，两条小腿红肿十分厉害，也没有特效药，只是听人说用凤仙花煎水喝，短时间内可减轻病痛，因此家中特地栽种了几盆凤仙花，但总是无法根治，反复发作。严重时，父亲走路需要拄一根拐杖，这根木质的拐杖据说是他在故宫工作的朋友赠送的故宫之物，后来也不知所踪。发病时父亲从来不喊痛，总是十分乐观，觉得并无大碍，总会过去。平时他常一个人坐在沙发上看报、喝茶，只有大哥从城里过来看他时，才会交谈时局等事情。

父亲十分重视子女的教育。他与前妻共育有5个子女，大儿子都铭（字子新）1894年出生，后入保定陆军军官学校，编入炮科六期二连学习，毕业后回杭州做事，在银行工作。二儿子都锦生（字鲁滨），1898年出生后入浙江甲种工业学校学习，毕业后自创"都锦生丝织厂"，生意做得很大。三儿子都庚生，之江大学（现浙江大学）毕业。四儿子都炳生，上海同济大学毕业，第五位是女儿都淑英，杭州广济产科专门学校（杭州医学院前身）毕业。

他与第二任妻子也就是我的母亲，一共育有7个子女，顺位排下来，第六位是儿子都越（字自成，后改名为福临），毕业于原国立中央大学电机系，抗战胜利后去台湾日月潭水电站工作，后来赴美深造，获得普林斯顿大学硕士学位，定居美国，曾被公司派往巴西、埃及等国建造水电工程。第七位是儿子，幼年病逝；第八位是女儿都慧珠，天津石油学院毕业，在北京石油设计院工作，1982年赴美国。第九位是女儿都月梅，从小聪慧过人、酷爱美术，怎奈命运多舛又英年早逝，想起来不免令人叹息。第十位是儿子，也就是我，南京大学毕业，2005年当选中科院院士。第十一位是都诚成（字长生），现定居美国。第十二位是女儿都海燕（字杏初）。

十二位子女大都接受了良好的基础教育，甚至高等教育，家庭经济条件好的时候自不用说，不论男女都送到学校读书，就是在战乱时期、家庭条件比较差的时候，宁可其他地方紧一紧，父亲也想方设法送孩子们上学。当时茅家埠还是农村，都家所在的下茅家埠原有两个大门，门牌分别为18号与23号，以前都采用18号，成立都锦生故居纪念馆后，合并为23号。隔壁一家也姓都，但为人十分霸道，两家不相往来，视为仇家。两家之外，周围全是农田，原先村里没有像样的小学，大儿子和二儿子可能上的还是私塾，之后才有了茅家埠小学，依然是私立的，只有一到四年级，也就算初小，上过小学后能写会算，已经可以从事一般的工作。后来，在都锦生的资助下，茅家埠小学改为一到六年级，成为完全小学，并且是免费的 。①虽然是都锦生出资，但肯定父亲是大力支持的。父亲这种重视教育的思想深深地影响了子女，尤其是都锦生。他1919年结婚，婚礼是在岳父亲戚家的宋庄（原名宋春园，现为杭州西湖边郭庄）办的，谈到办学要钱，他总是感慨："用建宋春园的钱办学校好不好。"②

除了为子女提供学校教育的机会，父亲还喜欢买书，都放在院子一侧的西厢房的书柜里，有当时流行的国外翻译小说，也有武侠类的、古典名著类的，以及近现代作家的作品，如范长江的《塞上行》等。子女、孙辈对这个书房印象都很深刻，几乎人人都在这个书房里找到过不少的乐趣。据说祖父原来是一位教书先生，父亲虽然早期在军队做事，但从小耳濡目染，显然具备一定的文学修养，进入浙江武备学堂后又接触不少日本教习，眼界也更开阔，所以在买书花费上从来不吝惜，跟送子女读书上学一样，十分慷慨。

与之形成鲜明对比的是，他自己用度却十分节俭，甚至到了"抠"的程度。"最让晚辈们难以认同的就是他进出城不坐船只步行，其实当时来往茅家埠和湖滨之间都有搭船可乘，一条船凑上七八个人就开船，价钱很便宜。爹爹在生活上的严格节俭和对子女的全力培植，形成了鲜明的对照，可见爹爹对才的重视。"③从茅家埠到杭州城里，坐船过西湖走直线，便捷又省力省时，花费的船钱在孩子们眼中都很少，而步行是沿湖边绕一个弧形的大圈，晚辈们都看不下去，父亲却一如既往，从来没觉得不方便。

父亲很慈祥，对孩子们很慈爱，在我的记忆里从来没有发过火，总是很乐意孩子们去书房。都锦生的儿子都祖荫一家搬到杭州城里后，每次回到老宅，总要到书房去挑几本书带回去看。他走之前，爷爷总说："看完放回原处。"让他心里浮起"我是这个家的家庭成员"的自傲感。④与此相应的，都家的

---

① 都诚成回忆材料。
② 都祖荫：《大家庭》，第16页。
③ 都祖荫：《大家庭》，第9页。都祖荫是都锦生长子，故称都宗祁"爹爹"，即爷爷。
④ 都祖荫：《大家庭》，第7页。

子女不论将来学文学、理学，还是工学，文学修养都很好。用完后"物归原处"，也是父亲要求子女们养成的好习惯，对找物件提高效率颇有好处。

这个书房里除了书，还有不少化学试剂，常常引起孩子们好奇，我小时候常摆弄这些玩意儿，甚至把水银倒在手里玩，看它晃来晃去的样子，有时候又把水银涂在铜器上，看它闪亮的样子，一点也没意识到水银有毒。不过，存放这些化学药剂倒也不奇怪，因为父亲在浙江武备学堂学的是炮科，要接受火药配制方面的培训，免不了学习一些与此有关的化学知识，购置一些试剂。另外，二哥都锦生在浙江甲种工业学校，学习蚕丝染织方面的内容，也会涉及染料配制等方面的化学知识，他还喜欢自己在家捣鼓，估计也会购置一些试剂。另外，书房还有一个柜子存放着许多医药用品，因茅家埠在郊区，附近没有医院，没有药店，治病是件很麻烦的事，周围农民一旦有个头疼脑热的，父亲便把这些药物赠送给附近乡邻医治。

父亲当然也有一些固有的传统观念，难免重男轻女，前妻一口气生了四个儿子，第五个生了个女儿，据说还不高兴。[①]但是，他也没有"女子无才便是德"的旧观念，一点也不偏心，把女儿也都送去读书，如第五个孩子都淑英、第七位都慧珠，都上了大学。而且，他还支持已生过一个孩子的二儿媳妇继续上学，这就更加难能可贵了。二哥都锦生1919年结婚，生下第一个女儿后，夫妻二人商量，二嫂宋剑虹又回到学校上学，离开杭州去浙江湖州女子中学读书，完成中学学业。放假回来，父亲还因为二嫂的学习成绩优秀，特地发了奖金。二嫂是大家闺秀，心地善良，读书知礼，二哥仙逝后，她继续关心我们一众弟弟妹妹们，尽管同父异母，还是把我们当成一家人。有一次，当她知道都慧珠与都月梅因家庭经济困难辍学在家，便主动给予经济帮助，使她俩能继续求学，这令弟妹们永远铭记在心中。二哥都锦生一家子女都得到良好的高等教育，学有所成，大多数在高校任职，在不同的岗位上为社会做贡献。都锦生的

---

① 都祖荫：《大家庭》，第18页。

第五个孩子都恒华，浙江大学毕业后在南京大学化学系任教，已故，其先生张祖训为同系教授。现在居住在杭州的是他的第六位子女都恒云女士，她先生和儿子都在杭州中国计量大学任教授，她本人也曾在大学任职。叫我小伯伯的都祖荫（又名都其迈，1929—2018），是二哥都锦生的长子，曾就读之江大学财经学院，毕业后分配在鞍钢设计院工作，为了更好地在鞍钢发挥作用，后又研读鞍山钢铁学院机械专业，获双学位，后来在冶金部冀东矿山设计研究院任教授级高级工程师，全家定居秦皇岛。

大哥都子新一家子女同样也受过良好高等教育，他的长子都祖贻（现名都焕文），早年留学美国，新中国成立后，为报效祖国于20世纪50年代回国，在北京建筑工业部任高级工程师，退休后到加拿大儿子、女儿家生活多年，几年前返回北京，追忆已逝的、曾经深情恩爱与共的太太。他今年已九十七岁，身体健康，还能骑电动车上街，买菜做饭，生活完全自理。都子新女儿都恒坤，是杭州市立初中时我的同级同学，后在郑州大学化学系任教授。

父亲在军队时最高职务只是少校团副，收入不会太高，同时又是一大家子生活在一起，每天的生活费用也不低，茅家埠的老房子是老早建的，还曾经因家庭经济原因抵押出去，到祖父手上才赎回来。家中虽有四亩茶园和十来亩田地，所收钱粮也主要用于贴补家用。在二哥都锦生结婚后，只是在原来老房子西侧接出一间，可见当时家中经济也并不宽裕。在这样的情况下，他在送子女读书和购置书籍，尤其是适合孩子们阅读的中外近现代文学书籍方面却十分舍得花钱，宁可自己省吃俭用，可见他对教育的重视。

后来，父亲还在都锦生的丝织厂做过职工。抗战爆发后，都锦生因不愿担任日伪政府职务而迁往上海，然而战火很快烧到上海，闸北被轰炸，刚刚支撑起来的丝织厂再也无法开工。那时，父亲已是花甲之年，一直住在茅家埠老宅，再未工作。有时候去离家不远的地里干点活，主要是带着我，教我怎么割棕。

第三节　母亲王翠花

我的母亲王翠花[1]（有时写作"碎花"，1900—1978），浙江温州人，是父亲在温州当差时娶的第二任妻子。父亲和第一任妻子生育了四男一女，没想到妻子感染时疫病故，那个时候卫生条件差，也没有什么医疗，人感染了传染病，很难再治好。为照顾家庭、养育子女，经人介绍，就续娶了王翠花，后又育有四男三女，一直到第十个，才生的我。虽是一个大家庭，但大家相处和谐，彼此关爱照顾。

母亲来到杭州茅家埠都家后，都家已然是一个大家庭。前妻所生子女有几位都比她年龄还大，而且成家立业，也有了子女，都挤在原先的二层楼里。1926年，她自己的第一个孩子出生，方寸之地的二层楼就更加拥挤不堪了。后来实在住不下了，加之二哥的织锦事业发展顺利，产品供不应求，急需扩大厂房，都锦生就到杭州城里去买了一块地，兴建了厂房，并在新厂房的边上建了住宅，全家就都搬出了茅家埠的老宅，住到艮山门的新家去了。大哥都子新也在城里的凤起里找了住处，全家搬过去住。老宅一下子清静了不少，只留下父母和我等小兄弟姐妹一家老小。

都锦生丝织厂搬到城里后，发展更快。与此同时，他又在上海开设了分厂，并以上海为中心向全国辐射，先后设置了13个地区营业所。在产品覆盖全国的同时，还远销欧美、东南亚及日本。最鼎盛时期，丝织产品多达100多种。[2]父亲开始还在丝织厂帮着打理一些杂务，厂子搬到城里以后，路途遥远，交通不便，于是，随着年龄增加，慢慢也不去了，就在茅家埠养老。

二哥事业发展很快，但他也一直牵挂茅家埠，一方面两次捐款给茅家埠小

---

[1] 本节主要内容由都诚成提供，谨致谢意。
[2] 都锦生女儿都恒云，在都诚成提供的材料中特别对有关材料进行了补充和校对，特此感谢。

学，资助当地的教育，另一方面在原先老宅的后面又新建一幢二层楼，方便家里人多聚会时居住。1936年年底，新楼建成，恰逢日本人侵入杭州，1937年都锦生带着全家到茅家埠避难，就住在新建的房子里，没想到日本人一路追踪，欺辱家人，抢走汽车、财物，他只好带着他们一路躲到三天竺寺庙里，局势稍稍平静后又搬迁到上海发展。

当时母亲已经生有5个孩子，大的才10岁多一点，最小的我刚满周岁，父亲已是快70岁的老人，拖家带口的，一起躲到山里去。日本兵走后，二哥为了不当汉奸，也为了继续自己的事业，费尽心力地将家搬去上海，并设法运一些机器到上海。但是，战乱时期原料、人工费用剧涨，产品却滞销，虽多方努力，曾经辉煌的都锦生丝织厂最终未能重整旗鼓，他自己也因积劳成疾于1943年病逝于上海。

战争切断了都家的主要经济来源，但并没有让母亲屈服。在我印象里，母亲一直很乐观。原先茅家埠老宅周边就有一些祖上留下的田地，包括四亩多茶园和十几亩地，母亲收回了茶园，自己学着炒茶，这样可以省下雇人的钱，收入就多一些，经济压力自然要小一些。

杭州的龙井茶很有名，茅家埠就在龙井的边上。所以，每年到采茶的季节，母亲就忙得不得了。既要采茶、炒茶，还要卖茶。早上趁太阳还没有太高的时候到茶园采茶，采下来的茶要晾一晾，把露水晾干，晚上就要及时炒制、杀青，这样把茶叶的营养和形状固定住，并且保留了特有的清香气息。炒好的茶，第二天一大早又要送到岳坟附近的镇上去，卖给专门收购春茶的商人，不能捂在家里，一捂就捂坏了，就不值钱了。所以，孩子们大都记得，母亲总是在天还蒙蒙亮的时候就出门去卖茶，迈着一双裹过的三寸金莲的小脚，一拐一拐地，从茅家埠到岳坟镇上，来回要走好几里地。

从清明到谷雨，可以说正是茶园最需要劳动力的时候。孩子们都要上学，放学后也要帮着采茶。两个女儿帮着烧炒茶锅，有时候忙起来，全家是白天接黑夜地干，直到黎明炒制完成后，孩子们都睡下了，母亲又急急忙忙背起装着

图5　都有为父亲都宗祁（右）、母亲王翠花（左）在茅家埠老宅

图6　20世纪50年代，母亲王翠花（前排左2）在茅家埠老宅与儿子都诚成（后排左1），女儿都月梅（后排右1）、都海燕（前排左1）、都慧珠（前排右1）合影

刚炒制好茶的布袋赶往岳坟镇上，将茶叶卖给收购的小贩。每次卖完茶叶，她总要给孩子们买一些杭州的名产——绿豆糕，回家分给每一个孩子。看着孩子们的笑脸，仿佛所有的劳累都消失了。

此外，为了维持全家七八口人的生活，她还养了几头猪、一群鸡。丈夫年纪大了，孩子们都还小，虽然出去的子女间或还有些接济，资助弟弟妹妹们上学什么的，但家庭经济的主要重担都落在母亲的肩上，且随着时间流逝，越发如此了。儿子都越（字自成，后改名为都福临，即英文名Franklin Du的中文名）本来在南京国立中央大学电机系读书（1952年原国立中央大学文理科与金陵大学文理科合并成立现在的南京大学），还有一年就要毕业，见母亲如此辛劳，家庭经济又是那么艰难，毅然放弃学业。抗战胜利后，1946年他辍学到台湾日月潭水电站工作，与母亲一起挑起全家生活的重担。定居美国后，虽远隔重洋，但心系全家，不仅在经济上接济家庭，而且帮助弟妹赴美，后于2014年冬逝世。

虽然很忙、很辛苦，但面对孩子们和丈夫，母亲又特别慈爱、特别温柔，显示出浙江女子特有的气质。父亲爱喝一点酒，母亲再忙再累，总会在入冬以后酿几坛米酒，这也是浙江人特有的一种习俗，所以绍兴的黄酒、花雕很有名，其实家家户户都酿酒，有钱没钱都要准备，多少而已。到农历春节的时候，一家团聚，酒正好成熟。甜甜的米酒，全家不分老少，都喝一点，分享着香喷喷、甜蜜蜜、非常美味的甜酒酿，辛劳了一整年，让大家欢欢喜喜、快快乐乐地过一个新年。

过年的时候，在外地的子女带着家人从各地赶回茅家埠老宅团聚，向父母拜年，祝愿他们身体健康。午饭后，一批体力好的家人一起前往灵隐寺游玩，祭拜佛像，然后一起去攀登北高峰。登山之前大家还要各自先许一个新年心愿，开始登山后，有些人沿石阶而上，有些不怕险阻的从小路攀登而上，最后大家欢聚在顶峰，眺望美丽的西子湖，充满了对人生和未来的期望。

母亲如同千千万万的传统的中国妇女一样，是一位平凡、勤劳、质朴、乐

图7　1978年6月，兄长都福临由美国回国探亲，部分家庭成员在杭州相聚合影，前排自左至右都宇清、都劲松、都凌云，二排自左至右叶绪华、都海燕、母亲王翠花、都慧珠，三排自左至右都有为，长兄都福临（都自成）、弟弟都诚成、弟媳李飞花

观、开朗的女性。1949年杭州解放以后，当时有一些解放军高级军官和军医就住在我家，有空的时候会和母亲攀谈，有时就坐在茶灶旁边看她炒茶。其中有一人还对她说，你们在杭州那么有名望，你还这样辛勤劳动，附近没有妇女像你这样日夜辛劳，你真可评为妇女劳动模范。

　　每年五月的第二个星期日是母亲节，每逢此时，我都会深深沉浸于对母亲的回忆中。从有记忆起，我便依偎在母亲身边，母亲教我加法与乘法口诀，至今历历在目。长大了，知道了生活的艰辛，于是我帮着做些采茶这样的家务事。母亲每天都炒茶到夜深人静时，清晨，我们还在沉睡之中，母亲就已经悄悄离家，背着晚上炒好的茶叶，挪动三寸金莲的小脚，步行到几里路外的集市上出售，回来时从不忘记买点零食带给贪嘴的我们。念初中时，她千方百计地筹钱给我交学费。我到南京大学上学时，母亲已经年老了。每逢春节，我都会赶着年三十乘客少的时候，乘长途汽车经宜兴用午餐，赶回家时已近傍晚，不管多迟，母亲总会倚门等候。几天假期很快过去了，临别时母亲叮嘱我身体要紧，再依依不舍地倚门望着我从视线中消失。1973年春节，我带着刚领结婚证的媳妇回家，母亲的眼里显出分外的高兴，她一直关心的我的终身大事终于尘埃落定了。

由于成年积月地辛勤劳累，晚年的她不幸地患上胃癌，靠着打镇痛针而生活，幸亏有诚成弟、海燕妹的悉心照料，坚持了几年，终于等到哥哥都自成从美国回家团聚，了结了她多年的夙愿。我回家看她时，她忍着痛跟我说：一想到这病拖着会连累你们，有时真想"了结"自己。闻此，我心如刀割，肝肠寸断，但在无情的病魔前又无可奈何。母爱比大海还深沉，比天空还辽阔，"参天之木，必有其根；怀山之水，必有其源"。我曾搞到一些高性能的方块永磁铁氧体，铺在床上，想利用永磁体的磁场减轻母亲卧床时的病痛。1978年，我获知母亲病重而赶奔回家，亲爱的妈妈终于走了，"解脱"她历经磨难的一生，为了我们的前程，她将全部的爱无私地给了我们。"谁言寸草心，报得三春晖"，母在家在，母逝家散，父母的精神、爱心却永远留在我们的心灵里，但愿天堂再续缘。

第四节　二哥都锦生

　　都家的子女都很有出息，但二哥都锦生因为办企业，更因为不甘为日伪政权做事的民族气节而成为后人纪念的对象。

　　都锦生（1898—1943），字鲁滨，"鲁滨"二字就是来源于笛福的《鲁滨孙漂流记》的灵感。他从小受到较好的教育，于1913年9月，入浙江公立甲种工业学校预科（浙江大学、浙江理工大学前身），第二年9月升入本科一年级，前后共学习4年时间，于1917年7月顺利毕业，并进入本校机织科主任朱谋先创办的纬成丝织公司实习，前后八个月。实习期间，耳闻目睹了劳资矛盾以及工厂管理方面的弊端，觉得实在难以为继，适逢母校师资缺乏，召他回校任教，担任工场管理员兼图画老师，月薪8元。为了庆贺他留校任教，参加工作，父亲特地买了一架相机送给他。

　　二哥其实很有艺术气质，最后却去做了商人。相机在那时可是稀罕玩意，他喜欢得不得了，一边从事教学，一边用相机记录西湖美景，并且在执教之余，一直思考着如何把这些天堂美景织到丝绸上。当时杭州的丝织业已经十分发达，但把风景和人物织到丝绸上的工艺还是无人问津的空白。在校长许炳堃的支持下，二哥抱着"实业救国""教育救国"的梦想，经过两年的艰苦摸索，1920年终于取得突破，创造出新的设计方法，试织丝织风景成功，让丝绸上的西湖风景具有艺术特色的美感。他融合了西方纺织技术和中国传统技法，创造了丰富多彩的织锦，为近代丝绸技术史添上了一笔浓彩。1921年3月，在浙江省立甲种工业学校成立十周年纪念展会上，都锦生的作品获得大家普遍称赞。

　　杭州丝织业发展由来已久，到民国时期则更加兴旺起来。二哥敏锐地意识到，创办一家属于自己的丝织厂更加有可能实现自己的人生梦想。当他把自己的想法告诉家里人以后，不但得到年轻的二嫂的大力支持，还得到已过知天命

图8　1930年夏天，都宗祁与家人合影，都宗祁（前排左3）、都子新（前排右1）都锦生（前排左1）；后排都锦生夫人宋剑虹（后排左1）、都子新夫人徐淑新（后排右1）

年龄的父亲的全力支持，在茅家埠的老宅里专门腾出一间房做工厂，还在朝着人来人往的道路一侧的院墙上写上"都锦生丝织厂"六个大字。1922年5月15日，"都锦生丝织厂"正式成立，这是父亲亲自选定的黄道吉日。为了全身心地投入织锦事业，都锦生毅然辞去了在母校任教的安稳工作，一心扑在自己的作坊里，没日没夜地干，就像现在的孩子打游戏一样，着了魔。勤劳、认真，加上产品过硬，都锦生的丝织风景画很快打开了市场，业务发展很快，工厂规模扩大。1926年，丝织产品获美国费城国际博览会金质奖章，在国际上被誉为"东方艺术之花"，从此驰名中外，远销东南亚和欧美等地。

经过三四年的发展，厂里的工人、机器越来越多，茅家埠已经不能满足织锦厂的发展需求，二哥就把丝织厂搬到了杭州城北的艮山门附近，并把自己一家也搬到工厂隔壁。从1926年到1937年，都锦生丝织厂虽然规模不算大，但其发展竟然也跟国际国内形势联系紧密。形势好的时候，发展也好，1927年至1931年，在都锦生丝织厂营业最旺盛的时候，可以达到每月15万元营业额，先后在杭州、上海、汉口、香港、北平、广州等十三个大城市开设门市部。[①]但形势稍有风吹草动，往往就比较吃紧。"1931年的'九·一八'事变，厂的营业受到极大的冲击，为抵制日货，停购日产人造丝，改用意大利与法国人造丝。接着在1932年上海的'一·二八'抗日战争中，日机又炸毁了上海闸北分厂，到了1937年爆发'七七事变'之后，杭州厂的生产就完全停顿了。民族工业的命运是和民族的兴衰息息相关的，在日本帝国主义的步步紧逼下，民族存亡危在旦夕，这个厂也走到了它生死存亡的紧要关头。"[②]不过，不管出现什么样的情况，二哥都凭着他过人的勤勉和执着，顽强支撑着企业的运转。他一直很瘦，从来没有胖过，因为办企业很操心。1937年12月，日本人打进杭州时，艮山门工厂第三工厂，当时最先进的电动织机也被炸毁，他十分痛心，再也没有办法把"都锦生丝织厂"办下去了。当时日本人想请他出来，到杭州市伪政府任职，二哥很有民族气节，根本不愿在日伪政府中做事，万般无奈之下，只好带着家人避住上海法租界，把残留的一部分机器也运到上海，重新办厂。然而，战乱时期，不但产品没有销路，原料又不停地涨价，最后工厂只能停工。1943年，二哥悲愤交加，积劳成疾，因脑出血在上海病逝，时年46岁，英年早逝，令人心碎。弥留之际对亲人留言："运回杭州安葬。"他去世以后，工厂由妻弟宋永基接办。

二哥除了在办企业方面取得很大的成绩，还有一个梦想——办学校。与父亲都宗祁一样，他也十分重视教育，不但重视自己子女的教育，还重视其他人的教育。在丝织厂兴旺的时候，他两次捐款给老家的茅家埠小学，把小学由一个四年的初小，办成一个六年的完小，保证附近的农家子弟都可以接受比较完整的小学教育。另外，他还在厂里开展职工教育，办起了工人夜校。"爸

①《浙江文史资料选辑》第十辑，宋永基："都锦生丝织厂回忆"。
② 都祖荫：《大家庭》，第34页。

图9　2018年4月14日，浙江企业家鲁冠球在杭州茅家埠都锦生纪念馆举办万向职业学院开学仪式，实现都锦生办职业学校的遗愿，都有为（前排左5）、都恒云（都锦生之女，前排右3）、都诚成（前排右1）、王晓林（都恒云长子，最后一排左3）等人参加

爸（指都锦生——作者注）十分重视提高年轻工人的文化水平，1936年至1937年'七七事变'之前，厂里办起了工人夜校。厂长刘清士打头和部分职员担任教师，工人们都踊跃参加，尤其是年轻的女工，学习热情更高，放学时的那个热闹场面至今还历历在目。……爸爸对年轻的'学生子'（职员性质的青年，一般都在各地发行所工作）都是爱护备至，寄予极大的希望，由厂方出学费让他们上夜校学习，有文化基础的，就入立信会计这样的职业学校学习专业课程。"①这些做法在其他工厂里是十分罕见的。

在上海避乱的时候，二哥时常给家里比较大的孩子讲时局、谈气节，要求孩子们要爱国，不能发国难财。一次，他谈到自己的理想，"抗日战争胜利之后，干到50岁就不干了，把厂交给国家，要专门办教育去，要在茅家埠的黄泥

---

① 都祖荫：《大家庭》，第29-30页。

岭上开办一所职业学校，校名是'梅岭职业学校'，校训'乐业'"①。他连校名都起好了，校训都想好了，可见考虑了不是一天两天，亦可见他对教育的重视较之其父是青出于蓝而胜于蓝了。只是天不假年，加之时局动荡，未能如愿。②

二哥与杭州万向职业学院的创始人鲁冠球（1945—2017）属于不同历史时期的浙江企业家，但他们都重视教育，这是一种浙商精神的传承。鲁冠球创办的万向职业学院思政课师生参观都锦生故居后深受教育，经双方单位协商后，决定将故居作为馆校共建的思政校外实践基地。2018年4月14日，都氏后人及万向职业学院部分师生在茅家埠的都锦生故居举办了万向职业学院开学仪式，实现了二哥办职业学校的遗愿。

二哥对人才的培养也是不遗余力，资助了不少经济困难的年轻学子。其中，对敦煌文物保护起重要作用的艺术大师常书鸿（1904—1994），当年赴法留学时家境困难，正在发愁之际，二哥知道了，慷慨解囊相助，使他留学法国无后顾之忧。常先生也未辜负二哥的深情厚谊，在法国获国际沙龙金奖，享誉海外时，却毅然回国，自愿将毕生精力献身于塞外荒凉的敦煌石窟，为敦煌艺术的保护和研究做出了重要贡献。

二哥很有才，只是生不逢时，没有赶上好的时代。但他短促的一生是创新、创业的一生，爱国奉献、洁身自爱的一生，热心教育事业的一生，助人为乐、光明磊落的一生。周恩来总理曾亲自指示："都锦生织锦是国宝，要保留下去，要后继有人。" 现在，都锦生故居已成为杭州市爱国教育基地，都锦生已成为杭州市的一张名片，被誉为爱国实业家、民族的脊梁。20世纪50年代，全国进行公私合营运动，都锦生丝织厂改为国有企业，但公司名称未变，1966年更名为东方红丝织厂，1972年又更名为杭州丝织厂，直到1983年才恢复

---

① 都祖荫：《大家庭》，第62页。

② 2018年，浙江万向集团与都锦生故居纪念馆接洽，由万向职业学院在该馆设置实践教学基地，实现了都锦生生前办职业学校的夙愿。

"都锦生"原名称，2001年，企业改制为"杭州都锦生实业有限公司"，仍保留"杭州都锦生丝织厂"为第二厂名。1971年，日本名古屋世乒赛时，机缘巧合，庄则栋向误上中国运动员专车的美国运动员科恩赠送一幅都锦生织锦，从而拉开了中美外交关系建立的序幕，即为后人津津乐道的乒乓外交。1979年，都锦生人丝织锦缎获国家金质奖，1982年人丝古香缎又获得国家金质奖。1956年，杭州市政府在下城区凤起路新建都锦生织锦厂，并在厂内建立博物馆，这是我国第一家专题织锦的博物馆，成为杭州丝绸标志之一。此外，在杭州，还有都锦生路、都锦生宾馆、都锦生丝绸商场等，都锦生织锦发展成为集贸、工、商、旅一体的企业集团。2005年5月，都锦生织锦入选浙江省首批非物质文化遗产目录。

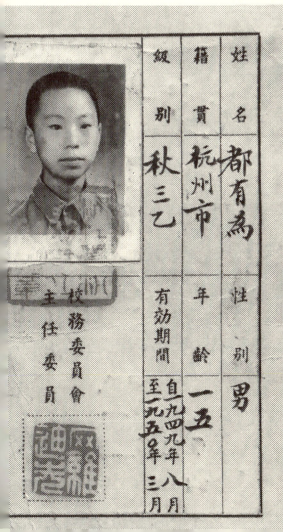

第二章

我的童年时光

离开杭州前，我的生活都围绕着茅家埠展开，在茅家埠小学读书，在茅家埠的田野里捞鱼摸虾寻找乐趣，在附近的苏堤、岳庙、西湖里无忧无愁地享受童年的欢愉，在自家的地里劳动，与家人、同学、小伙伴们一起度过难忘的时光。

第一节　快乐的童年

日本人打进杭州、洗劫茅家埠都家老宅的时候，我才刚满周岁。跟着大人们躲避战乱、担惊受怕，只不过因为年纪太小，都没有什么印象了。

父亲虽是行伍出身，但给人的印象更多的是书生气、书卷气，加之已近70岁，整个人变得更加慈祥、更加慈爱。无论是对自己幼小的子女，还是对孙子女，他都表现出更多的疼爱、更多的宽容。在都家子女、孙子女的回忆中，父亲从来没有打骂、呵斥，甚至语气重一点的时候都没有，这在旧式的大家庭里是比较少见的。有无为而治的父亲、宽厚勤劳的母亲和一群意趣相投的兄弟姐妹、小伙伴，即使条件艰苦，我在茅家埠的童年仍然充满了欢乐。

茅家埠当时就是农村，都家老宅周围，田地、溪流环绕，屋后一条小溪，说小也不小，春夏水大的时候，一个成年人要想跳过去，还得费点力气。都家的田地都在小溪的另一边，要干农活的时候，都要过这条溪，因为经常要跨过来、跨过去，家里就备有一块长三米左右、宽二三十厘米的厚木板，需要的时候就扛过去担在小溪上，收工的时候再扛回来，倒也十分方便。我因为年龄小，上面还有哥哥姐姐，所以也没干过什么农活儿，少有的记忆是有时跟着父亲到屋后不远处的地边帮父亲割种在屋后的棕榈树上的棕，割下来卖掉换一点钱。此外，我还会做些采茶、养鹅之类的家务。

不过，这个小溪带来的欢乐可不少。"宅院的北边有一泓自西向东绕着围墙缓缓流过，一直流入茅家埠埠头所在的那条水道，给西湖源源不断地补充纯洁的山泉。小溪不过两米多宽，在雨水过多的年头，西湖水涨，湖水就会倒灌到溪里来，窄窄的溪水陡涨一尺多高，这时就有大量的西湖里的鱼随着这股水涌了过来，站在后门口的石阶上，拿个不大的渔网就可以打上不少的鱼来，不过都是些五寸来长的苍条儿，大家把这些鱼称为'大水鱼儿'，抓得多了一时吃不完的话，就晒鱼干慢慢吃。"[1]夏天涨水的时候，可以在小溪里洗澡、玩闹，附近的孩子多，大家一起玩。到秋冬时节水小的时候，小溪里也有不少鱼，也不知从哪里来的，有可能是从西湖里逆水游上来的，也有可能是从上游的小河沟里顺流而下游过来的。我喜欢在屋后小溪里用石块、茅草和泥巴在上一段比较窄的地方垒个土坝，把上游来水挡住，这样下游水就更少，再用水车将水抽干，大小鱼儿就束手就擒了，等到整个人像个泥猴子似的端着鱼盆回家时，也到了满村炊烟、鸡鸭回笼的时间。我还用毛竹自制捕兽弓，置于鸟、兽可能经过的地方，上面用草伪装一下，曾捕到一只狐狸与一只野鸽，当时确实很兴奋，难得的野味佳肴，长大后内心却有杀生的负罪感。

即使没有玩伴，也没有鱼，我也可以从小溪的这边跨过横在上面的木板到另一边，再从另一边蹦到这一边，从来不担心掉进水里，家里人也不担心，因为大家都忙着生活，孩子又多，操心的事太多了。不过，不知不觉中，我就把游泳学会了，后来长大了，夏天就到西湖里去游泳，在杭州市中念初中时，会在苏堤上的桥洞里与同学们一起玩水、游泳。

茅家埠虽是农村，但因为长期以来就是杭州人以及全国各地的善男信女去灵隐上香的要道，因此在很多方面都跟杭州城里接轨，电灯、电话也早早就安装使用了，与周围其他地方比起来，一点也不闭塞。

1942年，我到了上学的年龄，进入茅家埠小学（现在为西湖小学，但已经不在原茅家埠小学旧址，现在的西湖小学所在地为原茅家埠镇政府所在地）

---

[1] 都祖荫：《大家庭》，第 20 页。

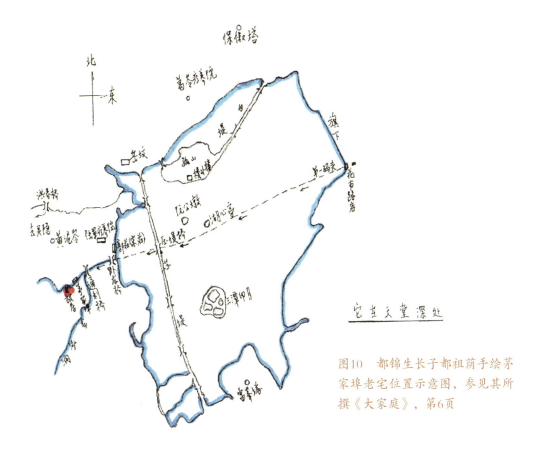

图10 都锦生长子都祖荫手绘茅家埠老宅位置示意图，参见其所撰《大家庭》，第6页

图11 1947年夏，小学毕业时的都有为

读书，同学都是周围的孩子，也有自己的兄弟姐妹，有的在低年级，有的在高年级，反正大多是玩伴。小学离家很近，走不远就到了，但我经常一边走一边玩，据说常常需要高年级的姐姐带着才能按时到学校。另外，我常常把家中书房里的化学试剂倒过来倒过去地玩，还喜欢把水银涂在一个铜球的表面，看银光闪闪的样子，让弟弟妹妹们很是佩服，长大后回顾往事，心有余悸，所幸没有水银中毒。

到了小学高年级的时候，我开始喜欢看书了，因为哥哥姐姐都看书写作业，我也学他们的样子，经常在家里的书房中找书看，各种小说，中国的、外国的、侦探的、探险的，看得津津有味。父亲向来鼓励子女读书，书房里的书总是堆满了从地面到屋顶的一排排的书橱。他自己也喜欢看书，还经常看报纸。现在报纸不稀罕，甚至好多人都不看报纸，但在那个时候，看报纸的人除了具有一定的文化水平，往往也具有一定的社会地位，可以说是一种地位的象征。

母亲挑起家庭生活的重担，也是迫不得已，丈夫年纪大了，孩子们都小，又不是太平盛世，很多事情都要自己做。孩子们只要不闯祸就阿弥陀佛了，所以也很少要求读书要读成什么样，只要不在外面野、能去学校就行。不过，空闲的时候，母亲也会给我教几句乘法口诀，那也是为数不多，甚至十分难得的情形了。因为那个时候绝大多数妇女是不读书的，更别说会乘法口诀了，估计母亲小的时候家里教她打过算盘，浙江人重视子女教育，在女性教育方面可能比中国其他地区相对领先。

她对孩子非常宽容，往往孩子们喜欢的事物她也跟着一块儿喜欢。我约莫11岁那年，上小学高年级，春末夏初的一天，在自家后门外小溪边，听到有小鸟的啁啾之声。抬头一看，发现在外墙上很高的地方不知什么时候缺了一块砖头，声音就是从那里传出来的，可能里面变成鸟巢了。于是，我跑回家悄悄搬来一个很长的竹梯子，架在墙上，爬上去伸手到墙洞里去摸，竟然逮到一只小八哥，毛还没长全，黄黄的小嘴一张一合，就要吃的。我高高兴兴、小心翼翼地捧回家，拿一个旧的纸盒子做了一个鸟巢，把小八哥放在里面养着。母亲也很喜爱，看着我忙得不亦乐乎，还跟着指点一二，我去上学的时候，她就帮着照看。经过全家人一段时间的精心喂养，小鸟一天天成长起来，越来越变得可爱，就喜欢跟着家里人半飞半蹦地进进出出，谁一喊"八哥"，马上扑过来，常常逗得大家哈哈大笑，成为全家人的开心果。忽然有一天，谁也没想到小八哥的羽毛已经丰满，眼睁睁看着它突然飞上屋外的树枝，稍停了停，就振翅飞向蓝天，消失在丛林之中。小八哥走后，全家人还挂念了一段时间，尤其是我，好长时间在心里还盼望着它能常回家看看。

　　"生命诚可贵，爱情价更高，若为自由故，二者皆可抛"，也许追求自由是所有生命体与生俱来的个性，鸟也不例外，祝愿它在蓝天白云下自由飞翔。

第二节　求学杭州市立中学

杭州市立中学由杭州市政府创办于1928年8月，初以望江门雄镇楼一民房为校舍，次年迁往西湖金沙港前省立蚕桑学校原址。1937年12月，学校因抗日战争停办。1945年8月日本投降，杭州市政府于11月派人接收了汪伪时期所办的杭州中学，暂借在原宗文中学校舍内继续办学，仍称杭州市立中学。不久，宗文中学迁返杭州，1946年暑假后，杭州市立中学初中部迁回原金沙港原址，高中部在岳坟旧址。1947年，杭州市立中学停招女生，1948年夏，高中部学生全部毕业后，停办高中，又复招女生。当时教职员工有30多人，校长为杭州市教育局局长兼任的钟伯庸。[①]

钟伯庸是浙江萧山上堡人，毕业于浙江第一师范学院和上海大学，曾任上海大学附中教员、杭州市教育局局长、浙江省教育厅第三科科长等职。他在任杭州市教育局局长期间，兼任杭州市立中学校长，还兼任杭州市市长周象贤家儿女的家庭教师，颇得周象贤信任。他曾参加《辞海》的编辑工作，对教育行政工作有丰富的经验。[②]担任市立中学校长时，为了保护反抗国民党黑暗统治的进步师生，他费了不少心思。据杭州市立中学毕业的学生回忆，他后来干脆找个由头停办杭州市立中学高中部，只办初中部，因为初中学生相对来说年龄小，更容易管理，可以降低风险。同时，因为物价上涨，货币贬值，停办高中部后，所有经费都用来办初中部，环境便相对宽松了。"就学校经费而论，以高中之经费补充初中，则学校可以逐渐发展。"[③]

---

① 杭州市教育委员会编纂:《杭州教育志: 1028—1949》，浙江教育出版社，1994年，第379页。
② 中国人民政治协商会议萧山市委员会文史工作委员会:《萧山文史资料选辑》第3辑，1989年，第156页。
③ 杭州市参议会秘书处编:《杭州市参议会第一届第五次大会会刊》，当代出版社，1947年，第128页。

杭州市立中学是少数几个收费较低、要求较高的公办中学。当时学生的经济负担情况，在学校的1947年施政报告中有详细的描述："1.住校学生于开学后，曾由财厅配购每人食米十九斤，配价连运费计九千五百元，后因自购便宜于配购，改向米店订购每人一百五十九斤，需款九万另五百元，前后合计每人能十万元之米代金，购存食米一百七十八斤，休业时，平均发还每人四十一斤四两。2.住校生于本学期内，分次缴纳副食费共十四万元，休业时平均发还每人三万九千元。3.其他一般学生所缴之代管费，因数额仅每人一万二千元，故盈亏出入较少。"[1]1947年是国民党统治地区法币严重贬值的一年，报告中所列数据还是上半年的数字，到年底的时候更不要说了。所以，不住校的学生只要交一万二千元的代管费，相当于20多斤米，是相当少了。据我的同学王德勤回忆，当时大约80%的学生都住校，他们农村来的学生都是直接交米，每学期200斤，就不另外交钱了。[2]

1947年，我进入杭州市立中学初中部学习。当时的杭州市立中学在金沙港（现在的杭州西湖曲苑风荷景区）办学，靠近岳坟，离茅家埠比较远，因为家里经济状况比较差，没有条件住校，所以只能走读，每天早出晚归，路上要步行一个多小时。遇到下雨，雨小的话就冒雨回去了，雨比较大的时候，就在男生宿舍里挤一挤。当时男生都是睡的大通铺，一张床可以睡八九个人，多挤一个也不显得挤。不过，床可以挤一挤，饭却是没得吃的。因为住校生在食堂吃，一人一份，不住校的人都是自己带午饭，中午放在食堂的大蒸锅上面一起蒸一下。但是早饭和晚饭是要在家里吃的，下雨回不去往往是突然出现的情况，有时难免要饿肚子。

我有两个要好的同学，一个是每天一起上学放学同行的倪善华，一个是下雨天晚上挤一起睡觉的吴迪华。条件虽然艰苦，大家却都很开心，放学回家的

---

[1] 杭州市参议会秘书处编：《杭州市参议会第一届第五次大会会刊》，当代出版社，1947年，第128页。

[2] 王德勤访谈整理材料。

图12　1948年冬，部分家庭成员合影，从左到右，第一排都有为、都诚成。第二排父都宗祁、小妹都海燕（都杏初）。第三排都月梅（四姐）、王翠花（母亲）。第四排都慧珠（三姐）。第五排，都子新（大哥，前母所生）、都桂珍（大姐，前母所生）

图13　1993年，初中同学骆宝根拍摄的原杭州市立中学旧貌（红色砖瓦房），现已拆除改造为西湖花港观鱼景区

路上，一路风景不说，天气好的时候还会到岳坟、苏堤去玩，在西湖里游泳、嬉闹。有一次学校组织环湖长跑，大家兴致都特别高，孩子们都有好胜心，都想跑到前面去。我个子不高，跟有些高个子同学根本不能比，最终却是我跑到前面去了，这让一些同学很不服气。后来大家讨论，可能住校生营养跟不上，没有多少鸡鱼肉蛋吃，天天就是青菜、白菜、豆腐干来回换，有时豆腐干都难得一见，大家正是长身体的时候，正所谓"半桩子、饭缸子"。另外，住校生又不像走读的同学每天都要走啊、跑啊，都缺乏锻炼。

日本投降以后，全国人民高兴了好一阵子，以为从此天下太平，可以鱼樵耕读、休养生息了，谁知道内战爆发，整个国统区物资紧缺、货币贬值、物价飞涨，而我们这批1947年入校的学生，在校三年期间，正经历了物价飞涨的时期。据学校1947年的报告记载，营养不良的学生所占比例极高，有近四分之一的学生，"学生健康状况，经检查结果，营养不良者凡一百一十三人，占总数百分之二十四强"[1]。正常也就是把肚子填饱，没有什么菜吃，有的住校学生看到走读的学生带的饭菜还挺羡慕，但其实走读的学生带的饭菜也不可能经常又是鱼又是肉的，那时一般人能吃饱就不错了。我没有为学费和生活费操过心，因为母亲已经帮我交了，我从来没要过钱，也不知道要交多少钱。总之，家里再困难，孩子们上学的事母亲却一点也没有耽搁。

在杭州市立中学读书时，主要的课程有国文、英语、算学、植物、动物、历史、地理、劳作、图画、音乐，另外还有体育、公民（相当于政治课）等内容，我的英语基础就是那个时候打下的。不过，同学们印象最深的还是语文课，也就是国文，因为我们的语文老师很特别，就像她的名字一样，她叫袁卓尔。

袁卓尔（1924—2005），1924年1月出生，祖籍浙江嵊县，从小生长于杭

---

① 杭州市参议会秘书处编：《杭州市参议会第一届第五次大会会刊》，当代出版社，1947年，第128页。

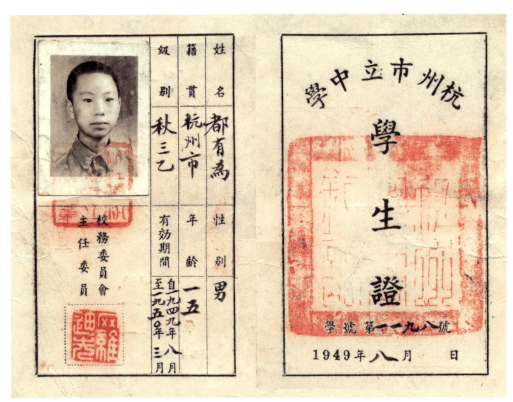

图14　都有为初中学生证

州，父亲是浙江有名的教育家袁心粲。她4岁入学，13岁毕业于杭州清波初级中学，适逢抗日战争爆发，随父母逃回故乡嵊县，从此再未上过学，跟着父亲在家乡过半耕半读的清苦生活。在此期间，袁卓尔用5年时间读完了四书五经，还读了大量的唐诗、宋词及其他古典诗词，重点精读了《左传》和《诗经》，并广泛涉猎"五四"以来新的文学作品。1942年冬，一个偶然的机会，她写给父亲的一封家书被浙江当地一位中学校长看到，立刻被她的古文功底所折服，马上聘她担任该中学（应为当时的浙江雁荡中学，因其父当时就在该校任教）国文教师，时年19岁。

自此，袁卓尔先后在浙江雁荡中学、天台中学、嵊县中学和杭州市立中学任教，直到解放。她一面教书，一面研读《史记》《战国策》等古籍，兼攻文字学、音韵学，并大量阅读中外文学名著。1946年她还曾辞职一年，在杭州复性书院，师从著名学者马一浮①先生，研读《庄子》《楚辞》和《昭明文选》。1947年，袁卓尔到杭州市立中学当教师，此时，她已是个小有成就的作家了。②而且，她开始喜欢鲁迅的作品，积极参加党领导的学生运动，1949年杭州解放后参加接管学校，1950年光荣加入了中国共产党。

这样一位进步的、有成就的、年轻漂亮的国文女教师，担任我们这个年级的级主任，与一帮只比自己小十岁左右又正处在青春期的少年学子朝夕相处，对学生们世界观、人生观和价值观的形成影响是相当大的。当时我们分甲班和乙班，我在乙班。不过，因为当时学生不多，很多活动学生都是在一起参加的，像体育、劳作等等。也难怪五十多年以后，不管是甲班还是乙班的学生，大家能够异口同声地说出名字的教师，只有她一个。我对袁卓尔也十分喜欢，因为自己家里就有不少中外文学作品，从小看了不少，自然而然对语文课就比较喜爱，加之老师又是学富五车，教起学生来恰似行云流水，滔滔不绝，诗词歌赋信手拈来，十分容易引起共鸣。有一次我以"西湖的春天"为题写的一篇作文，虽是写的湖水、柳树、水鸟这些每天所见的日常景色，但文笔优美，竟然获得袁老师的表扬，致终生难忘。

另外还有一位化学老师周开明，教的什么课程内容都随岁月流逝忘得一干二净了，但我一直记着他说过的一句话，就是教育大家，做人要做人中人，不要做人上人。虽是一字之差，但包含了不同的人生观和价值观。这句话可能其他同学早就忘记了，甚至不知道有这样一句话，但我很觉得他讲得很有道理，一直铭记在心，并在今后的人生道路上践行着。

我在初中时没有给同学们留下太多的印象，除了特别要好的三两个同学，其他同学都不记得我。一来我不住校，一放学就走，与其他百分之八九十住校

---

① 马一浮（1883—1967），名浮，字一浮。会稽（今浙江绍兴）人。中国现代思想家，与梁漱溟、熊十力合称为"现代三圣"，现代新儒家的早期代表人物之一。于古代哲学、文学、佛学，无不造诣精深。

② 魏玉传编：《中国现当代女作家传》，中国妇女出版社，1990年，第476-477页。

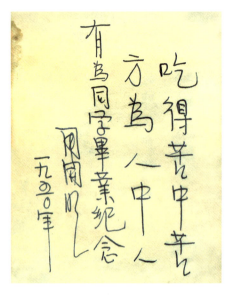

图15　1950年都有为初中毕业时，周开明老师的毕业赠言

的同学接触就少；二来我个头小，又规规矩矩的，从来不惹是生非，所以在同学中也不显眼。要好的同学知道我家里的情况，因为同学中有一位叫都恒坤的女生，是我大哥家的女儿、我的侄女，所以大家都很好奇，为什么兄弟之间年龄会差这么多。不过，也仅限于此。孩子们对别人家庭情况的关心也不是很厉害，而且在旧社会，这种情况也不是没有，甚至还很常见。我点子比较多，喜欢玩，也能玩出一些新的花样，学习上不费什么劲，当然成绩也不是太突出，由于学校在西湖边上，离苏堤很近，仅跨过一座玉带桥。每天清晨，学校军号响起，学生们就集合到苏堤上跑步。到现在我还记得和同学们一起在苏堤桥洞下戏水、游泳，所谓人小胆大，全无危险的意识，幸亏没有出事。此外，我还常与同学一起去岳坟、平湖秋月、净寺（济公活佛）等景点去玩，反正离学校也不远。

2007年10月，我与分别57周年的部分初中毕业同学相聚在西子湖畔，重返了老市中原址，留恋在花港观鱼的美景中，畅谈离别之情。当年英俊少年，意气风发，如今老态龙钟，白发苍苍，交谈间方知老同学倪善华已魂断"文革"，不胜唏嘘。他在市中时，是一位品学兼优，才华横溢的学生，深得语文老师袁卓尔的赏识。万幸的是，这次我与另外一位挚友吴迪华见了面，他在初中时就显示出绘画方面的天赋，毕业后参军，直到离开部队回到家乡杭州后才拜师学画，通过不懈地勤奋努力，成为一名油画家，现在杭州画坛已颇有声望。难得久别重逢，我们都分外高兴。

图16　1950年7月，杭州市立中学毕业纪念，自左至右：都有为、陈筱聪、李左平

第三节　艰难完成高中学业

1950年7月，我初中毕业后未能立刻进入高中学习，第一次没有能考上"杭高"。杭州市立初中的同学大多数都上了杭州高级中学，也就是大家公认的"杭高"，不但上了，还认为是理所当然的，因为杭州市立中学的学生学习啊、素质啊，各方面都是响当当的。我也参加了"杭高"的考试，但秋季入学的名单中没有我，名落孙山。

辍学在家，我并没有放松学习，在家中一边劳动，一边自学相关课程。秋季正是收获的季节，其他同学已经在窗明几净的课堂上跟着老师大声读书了，我跟母亲一起，带着弟弟妹妹们在田里劳动，采茶叶、挖红薯，忙得不亦乐乎，汗流下来，滴在肥沃的土地上，冲淡了失学的些许惆怅。除了收，还要种，不能让地闲着。除此之外，还要养鹅、养鸡。劳动之余，我最大的乐趣就是读书，初中的书还都在，我空闲时还常翻出来看。杭州的冬天来得总是晚一些，而且也不是太冷，每天忙忙碌碌的，在不知不觉中，转眼就过了新年。

1951年2月，我通过考试进入杭州高级中学高一年级学习。同期入学的共有224人[1]。那个时候很多学校都有秋季、春季两季招生，有的甚至一年有三次、四次，但新中国成立以后逐步改为秋季招生了。从校史所载历届毕业生名录来看，"杭高"从1945回迁杭州后，一直都是只有秋季招生，只在1951年多了一届春季生，而且是与1950年秋季入学的人同时毕业。我刚好有幸成为这200多新生中的一员。究其原因，概因新中国成立以来，百废待兴，全国各地都需要有一定文化的管理干部，加之1950年朝鲜战争爆发，有很多中学生响应国家号召，报名参加军事干部学校。浙江一省，报名者14000余名，最后录取1100人，

---

① 百廿校志编委会：《百廿校志》，2019年，第441页。

其中，"杭高学生140多人，占全省的13%，录取人数为全省各校之冠"。[1]之后，1951年10月，"杭高"又有307人参军参干，同期还有104人参加土改工作队的工作。人才需求之巨，所以"杭高"也不得不适当"扩招"。

杭州高级中学位于杭州市贡院前，始于1899年的养正书塾，1908年，初名"浙江省官立两级师范学堂"，1913年改名"浙江省立第一师范学校"，1923年，省一师与省一中合并，校名沿用"浙江省立第一中学"，1929年改名"浙江省立高级中学"，1933年又改名"浙江省立杭州高级中学"。鲁迅、陈望道、朱自清、夏丏尊、叶圣陶、李叔同、俞平伯等人都曾在该校任教，"杭高"之所以久负盛名，与薪火传承的一个高水准的教师群体是分不开的。

抗日战争爆发后，学校迁往浙南继续办学，历经艰辛，日本投降后迁回杭州，1946年春季开学，又面临经费紧张、物价飞涨，不但校舍门窗残缺不全，宿舍里也没有床板，学生只能打地铺，各种设施十分简陋。不过，令人欣慰的是学校丰富的图书和齐备的仪器，虽经数度搬迁，仍保存完好，并且经过不断地添置，依然是各个中学里最好的，各种各样的理科实验课都能开设，这是全校师生员工共同努力维护的结果。

新中国成立以后，杭州高级中学各方面条件有了更大的改善，但是进入"杭高"依然是比较难的，要通过考试。"杭高"作为全国有名的高中，向来要求严格，之前不但面向浙江全省招生，还特意招录部分省外学生，因此考试相对比较难。"1946年夏，抗战胜利后第一次招考新生时，录取名额是二百人，而考生竟达四千之多，成一与二十之比。"[2]虽然不是每次招考都这么夸张，但进"杭高"之难和成为"杭高"人的荣耀是成正比的，即使时光流逝数十年，也磨不掉我这个耄耋老人回忆起当年进入"杭高"时依旧激动的心情。

不过，杭州市立中学毕业的学生整体素质较高，大部分都能考入杭高，我

---

① 百廿校志编委会：《百廿校志》，2019年，第110页。
② 董舒林：《浙江省杭州高级中学八十周年校庆纪念册》，1988年，第7页。

中断学习半年后也能顺利升入杭高高中一年级学习，可见初中学习基础还是比较扎实的。1951年7月，杭高与杭州市立中学合并，改称浙江省杭州第一中学，简称"杭一中"。"学校的学习空气很浓，当时正值新中国成立，国家百业待举，'建设新中国'成了大家学习的巨大动力。"①

"杭高"在城里的贡院前（即现在的凤起路），我每次要渡过西湖才能到学校，离家实在比较远，不像市立中学在岳坟附近，所以在"杭高"高中一年级学习的时候，就选择住校，免得天天来回跑。

高中的课程比较多，各种活动开展得热火朝天，不过当时正值改革，各方面都在磨合之中。我对在"杭高"一年的学习印象不是太深，印象中物理学得较好，也感兴趣。1952年3月，我因家庭变故中断了在"杭高"的学习。

1952年9月，我通过考试进入宗文中学高三年级学习。这里学费生活费都比较低，而且直接在高三年级插班，这样与同龄人相比一点都不耽搁。不过，高中毕竟不是小学，落下一年要补的功课是相当多，至少数理化整个一年的课都没有上。宗文中学前身为宗文义塾，始建于1806年，创办者嘉兴人周士涟。1907年改为杭州宗文中学堂，1912年改为杭州私立宗文中学校，1956年改为公立杭州第十中学。所谓"义塾"，办学经费大多来自社会捐助，而所收学生除自备衣被以外，一切学习、食宿费用全免，但必须具备两个条件：一是"孤"，即没有父亲的孤儿；二是"寒"，意即家境贫寒，经济条件比较差。不过，后来主要参考第二条，即家境贫寒、无力负担学习费用又愿意学习者，通过考试即可招录。

新中国成立初期，杭州仍有公立中学和私立中学之分，公立中学如杭一中、杭二中不收学费，但是录取分数很高；私立中学相对分数要求低一点，但要收取学费，有的学费还比较高，非一般人家所能负担得起。宗文中学虽是私立，但承袭义学宗旨，不仅不要学费，吃饭还不要钱，凭居民委员会的证明，

---

① 董舒林：《浙江省杭州高级中学八十周年校庆纪念册》，1988年，第58页。

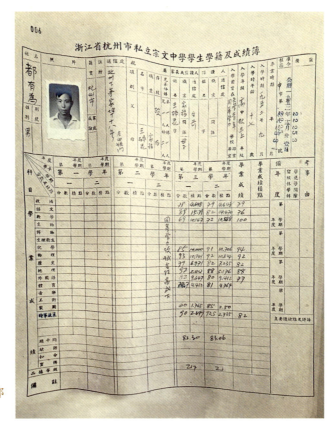

图17　1953年高中毕业时，都有为宗文中学学习成绩簿

可以减免学费并申请助学金。虽然很多方面都免费，吸引了不少经济条件比较差的学生前来求学，但是，宗文中学也有不错的师资队伍，在教学方面一点都没有放松，多年来培养出一批又一批的人才。学校的校训是"质朴、耐苦、诚实、不欺"八个字，意为质朴是秉性，耐苦是精神，诚实是品行，不欺是作风。

1952年秋天，我进入宗文中学高三年级插班学习的时候，当时的校长是崔炳章，他是一位不苟言笑的老人，戴着一副黑边眼镜，穿着长衫布鞋，一天到晚忙忙碌碌、勤勤恳恳地为学校、为学生们工作。他管得特别"宽"，一有空就去听课，什么课都听，不分文理。对教师的备课、板书、批改等等，也有一整套的要求。对学生则十分重视常规教育，清晨六点多钟，他就拿着茶杯，端

图18　都有为宗文中学高中毕业证书

坐在校门口，等待着学生进校。有的学生衣着随便，不很注意仪表，他也要耐心劝说，直到改正为止①。

　　我在宗文中学的一年学习生活是十分辛苦的，因为耽误了一年的时间，更是落下了一年的功课，数理化、史地生，再加上语文、英语，都不是省事的功课。除了语文，因为平时看文学作品就比较多，休学在家时也没少看中外名著，倒是不费什么精力，但其他功课全部要比别人多花时间和精力。好在初中的基础比较扎实，加之数理化方面的天赋也慢慢地显现出来，经过一番努力，成绩也逐步赶上了周围的同学，各门功课并没有差太多，多数都达到了及格或良好，少数两三门还得了优秀。毕业时综合测评数学成绩是100，化学成绩94，物理成绩92。②虽然我在宗文中学仅高三一年，却为进入南京大学奠定了良好的基础，不但遇到很好的物理、数学老师，还结识了几位好同学，如王子骥，梁

---

① 政协杭州市委员会文史资料委员会编：《师魂续编》，杭州文史资料第15辑，杭州出版社，1992年，第66页。

② 都有为宗文中学成绩单，现藏杭州市第十中学档案室。

伯琦等。可惜王子骥医学院毕业后，在山东济南第一医学院任职期间，因心脏病英年早逝；梁伯琦大学毕业后在内蒙古师范大学任职，有个幸福、美满的家庭。假如当年未插班宗文中学，可能会有另外一条人生的轨迹，人生一环扣一环，关键的一步会影响终生。

第三章

入读南京大学

1953年10月，我进入南京大学物理系学习，刚经过院系调整的南京大学，无论在硬件还是软件上，各方面都还不能说条件优越，但是，我和其他同学一样，克服困难，迎难而上，在老师们的带领下，发奋学习，为自己未来从事科学研究奠定了坚实的基础。

第一节　走出茅家埠

1953年8月，我从宗文中学高中毕业，参加了全国高考。考点设在浙江大学华家池校区，考试的科目有语文、数学、英语、物理、化学、政治。考试结束后要填写志愿表，学校老师有一本《全国高等学校升学指导》的小册子，但大家还是不知道怎么选，讨论来讨论去，主要还是听老师的意见。物理老师对我的物理成绩一直比较满意，建议我填南京大学物理系。等这些事情都做完，中学阶段也就结束了，告别了老师和同学，我又回到茅家埠，一心一意帮家里劳动，大学是个什么样子，也没有去多想。

那时，高考录取名单都公布在全国各大报纸上。1953年发榜较晚，9月30日全国高校招生委员会才公布暑期招考新生录取分配名单。当天，浙江省图书馆阅览室里，人挤得满满的，大家都在报纸上找自己的名字。稍晚两天，我到学校去，在报纸上如愿看到自己的名字，心中暗暗松了口气。当年，南京大学录取正取生1261名。[①]

1953年10月，我收拾了简单的行李从杭州乘火车经上海到南京。同行的还有杭高毕业的老同学何树良，他考取了南京工学院，即现在的东南大学。在南

---

① 南京大学高教研究所编：《南京大学大事记 1902—1988》，南京大学出版社，1989年，第 96 页。

京大学南园门口接站的是上一届的老生，既帮着新生搬搬行李、办办手续，也顺便介绍一下南京大学物理系的一些情况和"八卦"，这让新到南京的我感到分外亲切。那时，南京还很落后，街上还有马车、老式的公交车，南京大学的校门也显得有点寒酸。

我进校的时候，南京大学刚经历院系调整，是一所由中央大学一部分院系和金陵大学一部分院系组成的以文理科为主的新建立的大学。校址从原先的南京四牌楼的中央大学旧址搬到了汉口路的金陵大学旧址，各方面条件都还很差。现在南京大学鼓楼校区汉口路的校门，于1958年修建完成，一直保留至今，多少年下来，已然成了南京大学标志性的美景。多少人在门前留影，跟清华、北大的老校门一样成为网红的打卡地标，当时却是黄泥沙石路，风一吹不是飞沙走石就是黄土满天飞，一下雨就泥泞不堪。校园里除了标志性建筑北大楼，还有几幢建筑，如东大楼、西大楼以及大礼堂等，都古色古香，颇具特色，校园里栽的雪松挺拔高大直冲云霄，给人诚朴、雄伟之感。但学生食堂、部分教室的屋顶是用稻草苫盖的，甚至连校长办公室也是这样的草房。不过，学校给学生住的宿舍，却是条件相对要好一点的砖瓦房。

虽然生活条件比较艰苦，但我一点也不以为意，平常在家就是艰苦惯了，这点困难对我来说根本不算什么。而且到南京来上大学，同学们都来自五湖四海，怀抱着对未来的美好憧憬，带着一股子发奋学习、建设祖国的热情和豪情，大家根本没把生活上这点困难放在眼里。

国家对大学生十分重视，在全国都捉襟见肘的情况下，挤出必要的经费和物资，也要保障大学生必要的学习、生活条件。我入学南京大学后，一开始有一年半吃饭不要钱，都是8人一桌的集体伙食，站着吃饭，四菜一汤，荤素搭配，不管好坏，都能吃饱。事实上，跟很多学生家里的条件相比，学校的伙食还是很不错的，肉虽不常见，但鱼和鸡蛋还是比较常见的，油水也多多了。很多学生在学校学习、生活一段时间以后，脸色都渐渐红润了，体重也有所增加。有的人饭量特别大，吃得特别多，有的桌上女生多的，饭就有得多，大家互相匀一匀。后来开始用饭票、菜票，各人就开始在窗口打饭打菜了。当时用国家发放的人民助学金的学生不在少数，我就是其中之一，一直到大学毕业。

第二节　紧张的学习生活

南京大学物理学科是中国高等学校中建立最早的物理学科之一，其历史可追溯到南京高等师范学校于1915年创建的理化部物理学科，至今已经走过百年。1952年全国高等学校院系大调整，南京大学物理系与金陵大学物理系合并，成立新的南京大学物理系，一批全国一流的物理学家云集于此，为南京大学物理学科的发展打下坚实的基础。

1953年南京大学物理系共招收57名学生[①]。有人回忆大约有80名同学，也有回忆大约100名同学，实际并没有那么多。当时学习苏联，学生共分为4个小班，大课一起上，高等数学、普通物理、理论物理和数理方法等习题课按小班上。

物理系当时只有一个物理专业，以前学生学习的普通物理包括力学、热学、电磁学、光学和原子物理的内容，教学时间加起来就一年，内容比较浅。学习苏联教学改革之后，以莫斯科大学的教学计划作为蓝本，基础课程还叫普通物理，但是教学的时间变成两年半了。一年级上学期的普通物理专门讲授力学、原子物理。

此外，又增设了四大力学的理论课程，有理论物理、电动力学、统计物理和量子力学。这四门课程以前大部分是研究生的课程，那时候研究生也很少。普通物理实验也增加了，以前只有一年，现在增加为基础物理实验和中级物理实验两部分，内容加深。

在课程设计和教学方面，基本上采用了苏联高校的模式。着重加强基础理论、基本知识和基础技能的传授与训练，健全了教学过程中的各个环节，如讲课、讨论、习题课、实验、实习、学年论文和毕业论文等，基本纠正了因人

---

① 张世远：《南大物理百年 1915—2015》纪念册，2015年，第54页。

图19　1955年春假，都有为（后排左1）与部分杭州的老同学在宁聚会时合影

设课、有课不开，或者信马由缰、开而不毕等流弊，增强了教学的系统性、科学性。

同时，加强政治理论教育，从1953年起，南京大学全面开始系统的马列主义教育，开设"中国革命史""政治经济学""马列主义基础"等政治理论课程。全校停开公共英语课，改设公共俄语课，并为各系学生开设了苏联教育理论家凯洛夫的"教育学"课程。[①]

有一段时间学校实行苏联高校的"六小时一贯制"，上午七点半上课，下午一点一刻下课，一点半吃午饭。由于早饭和午饭之间相隔六个多小时，最后一节课教师和学生常常肚子饿得咕咕叫，难免有些学生思想不集中，导致教学效果不好。有些同学喜欢坐在教室后面靠近门的座位，甚至一只脚伸在门外，

---

① 南京大学校史编写组编著：《南京大学史》，南京大学出版社，1992年，第263页。

老师一说下课，就立即跑向食堂。[1]后来根据情况，学校在这方面做了调整。

很显然，在学习苏联、采用苏联高校的教学模式上，南京大学也和国内其他很多高校一样，通过多种措施，很快地"建立起较为完整的教学体系，增强了教学的系统性和实用性，对于提高师资水准和教学质量、肃清半殖民地半封建教育的影响、端正人才培养的方向，确实起到相当积极的作用。但是，在教育理论上'一边倒'，从专业设置、教学计划、教材教法乃至课时分配等具体环节上，都套用苏联高校的现成模式，往往忽略了结合中国的实际和南大的实际，也对学校的发展产生了某些不良影响"[2]。

那个时候课内学习学时多，课外作业多，大考时间长，周六要上课，周日也得当作周七用，往往被称为礼拜七。认真复习，做数学、物理习题，特别是一些难题，做物理实验如密立根油滴实验、高真空实验、光谱实验等都得花不少时间，大家都感到时间不够用。我对什么都感兴趣，特别喜欢思考问题，既感到学习比较紧张，又有点如鱼得水的感觉。

因为高校调整、课程调整、人员调整，英美的课程和教材不再使用，苏联的教材又没有跟上，所以可用的教材比较少，有时连讲义也没有。"固体物理"这门课就没有书，只能听课时记笔记。不过，大家积极性都很高，教师编讲义、教研组编讲义都是普遍现象，有的讲义使用时间长了，质量不错，被其他学校所采用，后来陆续就出版成为教材，供更多的高校使用。因此，听课必须认真记笔记，用笔记来复习。老师也会布置一些题目，有的题目比较难，需要认真思考。一般作业由助教批改，然后发下来自己订正错误。

有的考试采取口试制、开卷考试、四级记分法。每年12月下旬至次年1月上旬半月左右、6月上旬至7月初近一个月的复习期末考试是重头戏。一般每次考二至四门课，实行口试制。准备时间约30分钟，老师提问的面较广，学生必须

---

① 鞠艳：《南大百年物理——口述史》，高等教育出版社，2015年，第69页。
② 南京大学校史编写组编著：《南京大学史》，南京大学出版社，1992年，第264页。

及时判定怎样回答。大家都很看重考试成绩，因此非常认真地对待考试，即使身体不适甚至患病也不轻易缺考。

大学期间，特别是一、二年级阶段的学习生活可谓艰苦、紧张、专一。平时抢占一个图书馆的座位进行晚自习是一件相当困难的事，甚至有时在开放教室里也找不到一个空位。虽然比较紧张、艰苦，但大家一般都能珍惜时间、专心致志，集中精力学习，因此请假缺课的少，上街逛马路的少，谈恋爱的更少。

南京是长江中下游三大火炉之一，夏日气温在37度左右，有时高达40度，冬天气温又常降至零下，最冷达到零下十几度，常可见屋檐下挂着一根根冰凌柱。学习是比较艰苦的，但大家常常苦中作乐，自称"革命的乐观主义精神"，无论来自城市还是农村，对学习都很有热情。

大学四年级时，我与声学专业的钱祖文同学经常在一起学习，研讨问题，专注于学习之中。钱祖文毕业分配到北京声学所，颇有建树。另外，我大学期间与声学专业的黄旭亚、邱树业等同学关系都挺不错，留校后与半导体的苏宗禾、化学系的陈汉民、黄园富等老师交往较多。往事虽成烟云，但在回忆中却充满着温馨。在人生的不同阶段与情趣相同的朋友，建立相互关心、帮助的友谊是十分必要的，物以类聚、人以群分，一个人在社会中，难以独善其身，真心相处的朋友会给你忠告、温暖与帮助。

当时大学很少通识教育，但学生的人文素养普遍较高，因为那时候的中学文理不分家。我从小就对文学比较感兴趣，进入南京大学以后，发现学校图书馆简直就是一个巨大的宝库。我如饥似渴地，甚至有些贪婪地把书从图书馆抱回来，却只能在完成其他学习任务后才能挤出点阅读时间。宿舍晚上十点钟就关灯了，关灯后我就带着小说书到卫生间里，就着几瓦的一个小电灯泡昏黄的光线看书，无论寒暑，不觉臊臭，管自陶然在书中的美好世界里。《莎士比亚全集》《青年近卫军》这些大部头都是利用睡觉之前的时间，以牺牲视力为代价看下来的。刚进大学时，我的眼睛视力还是1.5，一年下来，视力就下降了，变成了近500度的近视眼，戴起了眼镜。

古人云："失之东隅，收之桑榆。"我通过阅读这些文艺书籍，汲取大量的营养，潜移默化地融入血液里、灵魂中，形成了自己积极向上的价值观、人生观。即使几十年后，我还记得奥斯特洛夫斯基在《钢铁是怎样炼成的》书中一句话："当临终时，不因碌碌无为而羞愧，不因虚度年华而悔恨。"除此之外，还有岳飞《满江红》中"莫等闲，白了少年头，空悲切"以及"少壮不努力，老大徒伤悲"等词句，无不时时激励着我发奋图强。在遇到困难时，我时常会想起牛虻坚忍不拔的性格，也会想起陆游的"山重水复疑无路，柳暗花明又一村"，从而乐观地面对困难、克服困难。爱因斯坦曾说过："想象力比知识更重要。逻辑会把你从A带到B，想象力能带你去任何地方。"科学侧重于逻辑思维，文艺侧重于形象思维，文理兼容兼通则有利于创新思路，所以，理工科专业的人多阅读一些文艺书籍不仅可以陶冶情趣，也有利于拓展思维。正所谓"读万卷书，行万里路"，读书不仅是继承文化、了解社会的重要途径，同时也富含人生成功的哲理。看了很多好书，未必都能记住，但会潜移默化在人的心灵中、言谈中、行动中，所谓"腹有诗书气自华"，书香气自寓其中。

第三节　磁学专门化

1953年，国家提出向苏联学习教学改革，各系培养学生按较宽的专业订立教学计划，强调加强基础，并在三年级下学期开始较窄的专门化，就是向更窄一点的方向进行教学，比现在大学里的专业方向更窄，所谓专门化或称为教研室。

物理系成立的第一个专门化是X光金属物理专门化，简称金属物理专门化，教研室主任是施士元，成员有程开甲和冯端等。那时候冯端还是一位年轻的讲师。1954年，鲍家善主持筹备物理系的另一个专门化——磁学专门化。他是有名的微波专家、雷达专家，他原本想成立微波专业，但是按照苏联的体制，微波专门化应该放到工学院，不宜放到当时的综合大学，于是他就找了翟宏如、蔡鲁戈等年轻教师，开始筹备磁学专门化，成立磁学教研室。

鲍家善有一个老同事，也是他的好朋友——潘孝硕研究员，原先也在南京大学物理系工作，后来到中科院应用物理所，是有名的磁学专家之一。鲍家善对磁学不熟悉，又要指导磁学的教学工作，所以他希望，万一将来磁学上遇到问题，可以请潘孝硕来帮助解决。当然，后来潘孝硕跟南京大学物理系有很多的学术交流和合作。

1955年，教育部决定在南京大学、北京大学、兰州大学、吉林大学、山东大学五个大学成立磁学专门化。这五个大学各选派一两位教师参加在北京召开的有关成立磁学专门化的研究讨论会，翟宏如作为南京大学的代表参加。会议讨论决定全盘仿照莫斯科大学的教学计划，制定磁学专门化的课程和实验设置。

当时中国科学院有个应用物理所，后来改名为物理研究所，磁学组的施汝为、潘孝硕、向仁生研究员，是全国为数不多的磁学专家。南京大学成立磁学专门化，却没有一位教师专门学过磁学专门化的知识。1955年，翟宏如被学校派到应用物理所学习一年，先后派到该所学习的青年教师还有吉林大学的陈慧男、山东大学的陈梅初等。

在北京学习期间，主要由几位磁学专家给他们上课。潘孝硕在物理所开设的"铁磁学"，课程是以苏联磁学专家C.V. Vonsovskii的《现代磁学》作为教材的。北京大学叶企孙教授每周讲授两次磁学课，学员们要从物理所跑到北京大学去听课，可惜他当时只讲到Heisenberg的交换作用，远远没有讲全。物理所的向仁生研究员则指导翟宏如对太原钢铁厂生产出的纯铁的直流磁性和自制的铁氧体的音频磁性进行研究。同时，翟宏如部分参与了由施汝为、潘孝硕指导，蒲富恪、孟宪振等参与的铝镍钴永磁硬化机理研究，对有关的实验研究和测量技术，如铝镍钴合金磁场热处理实验、铝镍钴永磁硬化机理和高灵敏磁致伸缩

图20　1957年毕业时，都有为（前排右1）与物理系57届部分同学在南京大学北大楼前合影

测量仪都一一仔细学习。

当时一起到北京学习的还有戈悦宽，在翟宏如学习快结束的时候，南京大学物理系准备再派一个人去北京学习，此时，翟宏如回信给吴文虬，请他综合考虑几点意见[①]：

关于陈锡光出来学习的问题，我与戈悦宽商量了一下，有以下几点意见：

1. 磁学组马上又派人出来的要求及必要性还需要研究。我们的意见，马上再派人出来是不恰当的，没有充分理由说需要再派一个人和我一样地学习。假如再派人出来学习，似乎要求应该更高些了。那就是说应该在我回校后，把所学到的东西全部传达给其他同志后，在这个基础上出来学习的人就没有必要再重复已做过的实验工作。这个人可以是学习，也可以是学习专题。

2. 锡光出来是否恰当？应该两方面考虑：

a. 锡光曾跟苏联专家学习过，普通物理教研组方面是需要而且应当很好地发挥作用的。目前我系普物组很弱，正应该处处发挥作用。马上又派出来，是否恰当？事实上已经有群众对过去的分配有意见（冯端、林世章），而这些意见是对的。因此，如非实在必需，最好不派出来。从工作考虑，锡光把方向放在磁学，把工作重点放在普物为宜。

b. 一定要考虑群众影响，目前既在普物组有不够重视教学的现象，我们就要尽可能注意不要有任何措施作为群众的借口。锡光是秘书，而本身又学于普物，在我刚去又马上派出来学习（这样意味着不搞普物了），群众看法将怎样？我与戈悦宽同时出来，群众已有意见，再派一人出来，一定要慎重。既然是鲍先生提出来的当然好，可是要派一人出来学习，磁学组又没有其他恰当的人，这倒是难题。

3. 魏（荣爵）先生走时曾谈到，我回校后最好这学期不到，秘书仍由陈

---

① 翟宏如给吴文虬的信，1956 年 12 月 24 日。

锡光同志担任，我集中力量在教研组工作上，因此不知魏对此事如何看法，也要考虑。

以上是我及戈悦宽的意见，供你们参考。

从这封信里可以看出，当时磁学组没几个人，如果要派人出去学习，都找不出合适的人。鲍家善提出让担任物理系秘书的陈锡光出去学习磁学，很多人又不同意，因为他是学普通物理的，而普通物理本身师资力量又比较薄弱，也需要人，他却放弃普通物理搞当时比较热门的磁学，群众影响不好。后来也确实没有派他出去学习。

另外一个方面，在北京的学习培训内容翟宏如差不多都已经涉及和掌握，只有等他回来以后，才能重新确定需要学习的内容和专题，这是比较严谨认真的想法和做法。后来根据教学需要，另外派了两人去北京参加培训，胡洪铨主要学习磁性测量，蔡鲁戈则侧重学习磁性理论。

1956年翟宏如从应用物理所学习一年后回到南京大学，主持磁学教研室的工作。磁学专门化开始招进第一批学生，我是其中之一，磁学方面的教师主要就是从北京参加培训回来的翟宏如。他给四年级的学生讲授"铁磁学"，后来又开设了"磁性材料"和"磁性分析"这两门课。胡洪铨和蔡鲁戈两位年轻教师开设"磁性测量"和"磁性理论"，一共五门课。当时，这些年轻教师干劲十足，做了不少工作，设计并建立系统的磁学专门化实验，写出全部讲义，建成了一套完整的磁学专门化课程和教材。

第四节 各有特点的老师

南京大学虽然是新成立的，但合并调整的原中央大学、金陵大学等高校的院系底子好，有一批留洋回来、坚持不迁台而有志于在新中国的大学做学问、建设祖国的教授，他们给我留下了十分美好的印象，朴实、宽容、严谨、自由的学术氛围也让我感到特别舒适，无论学习还是生活都充满幸福感，这与我所接触的这些老师有着十分密切的关系。

1952年全国高校院系调整后，南京大学物理系师资力量得到很大的加强，有居里夫人的中国博士施士元、研究声学的魏荣爵，还有中国的"核司令"程开甲，另外像鲍家善、徐躬耦、程瀦、周衍柏等人，为我美好的大学生活打开了一扇大门。当时教我们普通物理的是程瀦教授，他教学十分认真，当发现同学面部表情显得迷惘时，他会抱歉地讲"再来一遍"，然后几乎一字不差地重复一遍；教高等数学是数学系的莫绍揆教授，他从不带书稿，总是拿一支粉笔毫不费劲地在黑板上推导公式，当然难得也会推错的，没关系，粉笔刷一擦从头再来；教数理方程的是当时物理系主任魏荣爵教授，他是国内外著名的声学专家，与北京声学所马大猷齐名，被誉为"北马南魏"，其学风严谨，作业较难；教固体物理的是两弹元勋之一程开甲教授，当时没有教科书，上课须记笔记；教课风趣生动、深入浅出的是鲍家善教授，他教我们电动力学，讲课时，通常口中含着一支古巴雪茄，边抽烟边讲课，别有一番西洋风范。

常言说得好，名师出高徒。学校跟学校之间的最主要的区别，不是大楼，而是大师。选择大学，首先应当考虑的就是该校的师资力量。当然，在进入南京大学之前，我对南京大学了解并不很多，或者说根本不了解，只是因为宗文中学的物理老师慧眼识珠，认为我在物理方面有天赋，学习起来不费劲，所以才建议我报考南京大学物理系，没想到一考就考上了。

进入南京大学物理系后，一开始虽然学习十分紧张，但我仍然花了大量的时间去看小说，因为图书馆里的好书实在太多了，白天没时间看，我就晚上看；教室看不了，就回宿舍看；宿舍熄灯了，我就到厕所看。那种痴迷的程度，不亚于今天沉迷于游戏中的孩子们。以至于不到一年时间，好好的眼睛就近视了。但是，南京大学相当宽容，没有人去打扰一个看书的学生，不管他看的什么书，只要是图书馆里的藏书，随便借、随便看。这样的宽松学习环境与氛围既有利于不同学科的交叉融合，也有利于拓展思维、自由思考，培育创新能力。

教"高等数学"的是数学系的莫绍揆（1917—2011），据传日本要偷袭珍珠港的密码当年就是他破译的。他是广西桂平人，生于1917年，1939年毕业于中央大学数学系，毕业后在中央大学任两年助教，后来担任过中央大学和中山大学数学系的讲师。1947年起先后在瑞士洛桑大学、瑞士国立高等工业学校和法国巴黎大学学习，师从国际著名数理逻辑大师贝尔奈斯（P. Bernays），研究数理逻辑和数学基础。1950年4月回国，任南京大学副教授、教授，创建数理逻辑专业。长期从事数理逻辑研究，在逻辑演算、多值研究、悖论、递归论、集合论方面多有建树。历任中国逻辑学会副理事长，江苏省逻辑学会名誉会长等职。他著述颇丰，发表学术论文60多篇，学术专著20多本，其中，《数理逻辑导论》《递归函数论》两本专著获得1978年全国科技大会奖。[1]他是数理逻辑方面很有成就的科学家。莫绍揆上课从不用讲稿，都是在黑板上现推公式，有时候也会推错，但一发现就擦去重推，这给我留下的印象非常深刻。因为从小到大，大家看到的老师大多手捧讲义或一摞书来上课，往往看谁捧的书多，学问就大。等上莫绍揆的课，见他拿一支粉笔就可以滔滔不绝地讲，我佩服得不得了。尤其那些数学公式，很多人照书上看着抄也不一定能抄对，何况书都不带呢！

教"数学物理方法"的老师是系主任魏荣爵（1916—2010），1916年生于湖南邵阳，1937年毕业于金陵大学，1947年获美国伊利诺伊大学物理学硕士

---

① 丁德成：莫绍揆先生简介，《南京大学学报数学半年刊》，2007年。

学位，1950年获美国加利福尼亚大学博士学位。他是中国声学事业的开创者之一——运用分子的弛豫吸收理论成功地解释了低频声波在水雾中的反常吸收，指出声能耗散原因并得出水雾吸声普适公式；首创雾滴计数器；首先开展语言声学研究，在国际上最早提出用现场语噪声方法测量汉语平均谱，试制成功"可见语音仪"；对微波声学、低温声学以及水波孤子、混沌等进行了研究，取得突出成果。

他给学生的印象除了学风很严谨，布置习题的难度比较大之外，还有京剧爱好和一则逸事。魏荣爵从小受家庭影响，酷爱京剧，在上海读中学时，与其兄长一起办京剧派对，时常请票友切磋京剧艺术，不但自己演出，还经常在报刊上发表剧评。在南京大学物理系任职时，依然抽空参加一些演出，给学生们留下深刻印象。一则逸事是指在抗战期间，他在迁到重庆的南开中学教物理，当时有一个学生叫谢邦敏，语文功底特别出色，但物理学得一塌糊涂，在物理毕业考试时交了白卷，并在试卷上赋了一首《鹧鸪天》："晓号悠扬枕上闻，余魂迷入考场门。平时放荡几折凿，几度迷茫欲断魂。题未算，意已昏，下周再把电磁温。今朝纵是交白卷，柳耆原非理组人。"魏荣爵批卷时，批了四句："卷虽白卷，词确好词。人各有志，给分六十。"谢邦敏后来考入西南联大，毕业后入职北京大学。此事被收入齐邦媛的《巨流河》，流传甚广。不过，京剧爱好与逸事只是其人生长河里的点滴花絮而已，魏荣爵在声学方面的贡献是十分巨大的，对于南京大学物理系的发展也倾注了毕生的心血。

教"固体物理"的老师是程开甲（1918—2018），1941年毕业于浙江大学，1946年赴英国爱丁堡大学留学，师从著名物理学家玻恩教授，1948年获博士学位。新中国成立之际，他谢绝了导师玻恩的盛情挽留，回到浙江大学任教。1952年从浙江大学调到南京大学物理系，参与金属物理教研室的创建工作，并开设"金属物理"和"固体物理"课程。"固体物理"课程没有教材，他就自己编写讲义。不过一开始跟他上课的同学只能听课记笔记，那讲义只有他自己有一份，直至后面几届的学生才有了用黄草纸油印的讲义，直到1959

图21　1992年10月23日，都有为（左）去魏荣爵（右）家中拜访时，两人合影留念

年，高等教育出版社出版，成为我国第一部《固体物理学》教材。程开甲在南京大学物理系工作时间并不长，1960年就被国家调去搞核武器、研究原子弹，先后担任中国核武器研究所副所长、所长；到中国的大西北，马兰的核试验基地担任副司令，隐姓埋名多少年，后来被人称为中国的"核司令"。2013年，他荣获国家最高科学技术奖，是"两弹一星"元勋，也是1980年当选的学部委员（院士）。

南大物理系20世纪50年代没什么科研实验条件，大多是一些教学实验，比如普通物理实验、中级物理实验。科研实验的仪器设备主要在物理系金属物理教研室。施士元（1908—2007）是最早的金属教研室主任，他是居里夫人培养的唯一的中国博士。教"原子物理"的老师正是施士元，1929年毕业于清华大学物理系，随后赴法国留学，在法国巴黎大学镭研究所从事研究工作。他是我国最早从事核物理研究者之一，发现 α 射线精细结构与 γ 射线能量严格相等的现象。1933年回国，任中央大学物理系教授兼系主任。新中国成立后，他长期在南京大学物理系，致力于物理教学科研工作，为南大物理系的学科建设和人才培养做出重要贡献。

据我的大学同学欧阳容百教授回忆：

施先生在个别交谈时或在一些公开场合阐明他的教学观点和治学理念时，认为教师在教学中应特别注重培养学生对物理的兴趣，培养学生观察和分析各种物理现象的能力，不断提高学习物理的积极性和主动性。学生既要有扎实的基本功，又要有较宽的知识面，逐步学会举一反三、触类旁通。这就要求教师必须不断拓宽自己的知识领域，尽量多了解和掌握一些新的东西，要下功夫研究教学，摸清其规律，改进教学方法，编写有质量的教材。他是这样讲也是这样做的。不论严寒酷暑，也不论节假日，总是在办公室或家里看书、备课或翻译书籍、编写教材。原子物理和 X 光结构分析课的教材就是在参考一些国外有关书籍的情况下，边译边编完成的。他编写的教材博采众长，取其精华，内容较为丰富。在讲课时，他力求深入浅出，常举一些实例做透彻的分析，引导学生积极思考。[1]

总的来说，南京大学物理系师资力量十分雄厚，有一批著名的大牌教授，大都从国外留学回来，具有很深的学术造诣。同时，他们对学生爱护有加，对新生的国家也充满了热爱，感觉浑身上下有使不完的劲。虽然物质条件十分匮乏，但总是想方设法把先进的知识和学术思想灌输给学生，并且言传身教，影响、引导学生走上科研的道路。他们殚精竭虑、辛勤耕耘，培养出一批又一批的物理人才。

---

[1] 欧阳容百：深深怀念施士元先生，《物理》，2007 年第 12 期，第 932 页。

第五节　鲍家善先生

　　鲍先生1918年4月生于北京，原籍江苏省苏州市。1940年，他从燕京大学物理系毕业留校工作；同年被推荐到美国圣路易斯华盛顿大学物理系读研，仅三年时间，便于1943年获博士学位；1945年8月回国，27岁曾任南开大学物理系主任。1948年12月鲍先生从天津返回上海，陪父母赴台湾；1949年1月他从台湾回来，3月份在吴有训先生、施汝为先生推荐下任职国立中央大学；1952年并校后，在南京大学物理系任教授、副系主任。

　　20世纪50年代，我国的高校教育全面学习苏联，纷纷成立专业教研室。在教育部的决策下，南京大学物理系拟兴办一些教研室，按鲍先生的专长，办电子物理是他最得心应手的事，但他十分关注当时国际上刚兴起的铁氧体新型氧化物磁性材料。因为氧化物电阻率高，可以应用于高频段，甚至微波、光频段。鲍先生意识到铁氧体将会在微波领域产生重大影响，无论是微波领域还是磁学领域，铁氧体材料与物理均是当时最重要而崭新的研究领域。于是，1954年他负责筹建磁学教研室，1956年正式成立磁学教研室，任首届教研室主任，为南大磁学创始人。当时全国5所高校先后成立磁学教研室，由北往南：吉林大学、北京大学、兰州大学、山东大学以及南京大学。南京大学是长江之南最早成立磁学专业的高校，在建设磁学教研室过程中，得到中科院物理所施汝为先生、潘孝硕先生，向仁生研究员以及北京大学叶企孙先生的大力支持。翟宏如老师在北京进修一年，聆听三位先生的磁学讲课，同时参与研究工作，我是属于中国磁学界的徒孙这一辈了。继后，鲍先生又开始筹建无线电教研室，1960年，鲍先生任无线电电子学教研室主任，同时离开了磁学教研室，由翟宏如老师继任磁学教研室主任。

　　我的第一个引路人就是鲍家善。鲍家善是美国回来的微波天线专家，教学风趣、概念清晰，讲课抑扬顿挫、入耳动心，上课很受学生们的欢迎。他讲话很风趣，喜欢抽烟，经常一边咬着雪茄烟，一边讲课。他经常将艰涩的物理原理与生活中的事例联系起来，虽然对应不一定很准确，但能帮助同学更好地理解物理现象。他讲授"电动力学"，其中讲到相对论，就举了乘火车的例子。一个人坐在停在站台的火车上，看到隔壁火车开动了，却以为自己坐的车子开了，这是相对的运动。

1956年，物理系建立磁学专门化，学习苏联成立教研室，鲍家善任磁学教研室第一届主任，当时参加筹建的还有翟宏如、蔡鲁戈、胡洪铨等老师。我被分配到磁学教研室成为第一届学生，毕业论文由鲍家善指导。当时他是教授，教授待遇最高，每个月有330元工资。一般本科生毕业留校工资是49元，一般学徒工每月是18元，正式工是32至36元，可见，教授一个月几百块钱是相当高了。那时他没有结婚，没有老婆孩子，没有家庭负担，从来不自己烧饭，都是在学校食堂解决，有了高兴的事或者来了亲朋故友，常常下馆子。以前南京的新街口有个很有名的饭店叫大三元，鲍家善是大三元的常客。

鲍家善喜欢跟学生聊二战中美国人怎么利用他研发的雷达天线打日本的飞机，在空战中起了很重要的作用这些往事。南京大学在国内是最早成立磁学教研室的五所高校之一，成立后确定研究方向为微波铁氧体，因为鲍家善在美国的时候就是做雷达天线的，所以在磁学专门化时成立的磁学教研室也以研究微波铁氧体为主要方向。他首先提出要利用磁场来控制铁氧体的相位移动研发相控阵雷达。当时实验上什么条件都不具备，没有微波源，也没有波导管等设备，只能看文献，在理论上做一些计算。"文革"以后，国内才成功研发相控阵雷达。鲍家善早在1957年就已经提出了这个设想，可见他的科研思路十分超前。

我的毕业论文是"磁控扫描天线"方面的内容。以前的雷达天线寻找空间飞行物时，需要采用机械方法将抛物线天线在空间转向进行目标搜索，速度慢、笨重，不适应探索高速的飞行物。鲍先生当时提出"磁控扫描天线"的设想，显然是十分超前的。其基本思路为：以杆状铁氧体作为相移器单元，排列成天线阵列，用电流磁场调控天线元的位相，从而方便地改变天线阵列的发射波束的方位，实现全方位的空间扫描，且不需要机械转动，实现电控快速扫描的目标。

我做毕业论文时，无线电教研室尚未成立，磁学教研室刚成立不久，实验室除教学仪器外，几乎空无一物，尤其是微波，连波导管都没有，更谈不上做实验研究了。于是，鲍先生安排我阅读文献，还全是英文文献。这下可麻烦了，因为初中时我是学过英文，但多少年了，也忘得差不多了。高中一年级还有英文课，但新中国成立后，英文地位一落千丈，不太重视。到了宗文中学，高三的时候已改学俄语了。进了大学，也是学俄语，没有接触过英语。不过，我向来不服输，不懂就学，不会就问。到底还是有些基础，我从旧书店购买了一本英华字典，硬着头皮一个一个查英语生词，看着看着也就摸出门道来，一个个英语单词变得越来越熟悉了，大概意思也明白了，专业文献也看懂了。我后来用到的英语完全靠自学，不但完成了大学的毕业论文，而且为以后中美恢复科技交流赴美访学、参加国际会议打下一点基础。那个时候因为学苏联，大家都是学的俄语，后来改革开放，中美交流日益增多，好多人没有英语的底子，而我得益于鲍家善的指导，在大学期间自学了英语，无意之中为后来到美国进行交流访问和学术研究奠定了一定的基础。

皇天不负有心人，通过利用电动力学的知识做理论推算，我总算顺利拿到南京大学毕业证书。在鲍先生的指导下，我学会了做研究工作。首先是调研文献，了解国外的研究进展，再动脑筋，提出自己的观点，通过实验或理论研究，然后将有创意的内容写成文章。所以说鲍先生是引导我进入科学庙堂的首位导师。

无线电教研室成立后，在鲍先生领导下继续研制磁控扫描天线，磁学教研组密切配合，研制相移器用的微波低损耗、高电阻率的锰镁铁氧体，无线电与磁学两个教研室紧密合作，首先在国内研发出磁控扫描天线的原型产品，曾在1965年北京高校科研成果展览会上展出。鲍先生是中国研制相控阵雷达天线的

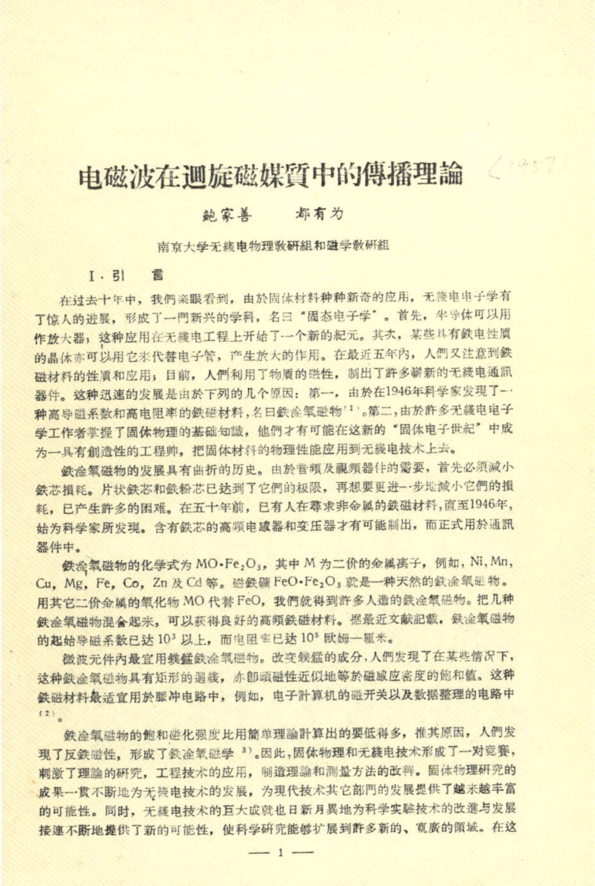

电磁波在迴旋磁媒質中的傳播理論

鲍家善　　都有为

南京大学无綫电物理教研組和磁学教研組

I·引　言

在过去十年中，我們亲眼看到，由於固体材料种种新奇的应用，无綫电电子学有了惊人的进展，形成了一門新兴的学科，名曰“固态电子学”。首先，半导体可以用作放大器，这种应用在无綫电工程上开始了一个新的紀元。其次，某些具有鉄电性質的晶体亦可以用它来代替电子管，产生放大的作用。在最近五年內，人們又注意到鉄磁材料的性質和应用；目前，人們利用了物質的磁性，制出了許多嶄新的无綫电通訊器件。这种迅速的发展是由於下列的几个原因：第一，由於在1946年科学家发現了一种高导磁系数和高电阻率的鉄磁材料，名曰鉄淦氧磁物(1)。第二，由於許多无綫电电子学工作者掌握了固体物理的基础知識，他們才有可能在这新的“固体电子世紀”中成为一具有創造性的工程帅，把固体材料的物理性能应用到无綫电技术上去。

鉄淦氧磁物的发展具有曲折的历史。由於音頻及視頻器件的需要，首先必須減小鉄芯損耗。片状鉄芯和鉄粉芯已达到了它們的极限，再想要更进一步地減小它們的損耗，已产生許多的困难。在五十年前，已有人在尋求非金属的鉄磁材料，直至1946年，始为科学家所发現。含有鉄芯的高頻电感器和变压器才有可能制出，而正式用於通訊器件中。

鉄淦氧磁物的化学式为 $MO \cdot Fe_2O_3$，其中 M 为二价的金属离子，例如，Ni，Mn，Cu，Mg，Fe，Co，Zn 及 Cd 等。磁鉄礦 $FeO \cdot Fe_2O_3$ 就是一种天然的鉄淦氧磁物。用其它二价金属的氧化物 MO 代替 FeO，我們就得到許多人造的鉄淦氧磁物。把几种鉄淦氧磁物混合起来，可以获得良好的高頻鉄磁材料。据最近文献記載，鉄淦氧磁物的起始导磁系数已达 10^3 以上，而电阻率已达 10^8 欧姆—厘米。

微波元件內最宜用鎂錳鉄淦氧磁物。改变鎂錳的成分，人們发現了在某些情況下，这种鉄淦氧磁物具有矩形的迴綫，亦即頑磁性近似地等於磁感应密度的飽和値。这种鉄磁材料最适宜用於脈冲电路中，例如，电子計算机的磁开关以及数据整理的电路中(2)。

鉄淦氧磁物的飽和磁化强度比用簡单理論計算出的要低得多，推其原因，人們发現了反鉄磁性，形成了鉄淦氧磁学(3)。因此，固体物理和无綫电技术形成了一对竞賽，刺激了理論的研究，工程技术的应用，制造理論和測量方法的改善。固体物理研究的成果一貫不断地为无綫电技术的发展，为現代技术其它部門的发展提供了越来越丰富的可能性。同时，无綫电技术的巨大成就也日新月異地为科学实驗技术的改進与发展接連不断地提供了新的可能性，使科学研究能够扩展到許多新的、寬廣的領域。在这

— 1 —

图22　都有为在鲍家善指导下所做的本科毕业论文，1957年5月在全国物理学会年会上做大会报告，“文革”前仅此一篇

先驱者，为雷达天线赶上世界先进水平发挥了积极的作用。20世纪70年代，鲍先生领导的无线电教研室在国内首先开展微波超导电子学的研究，研制成微波超导检测器等。鲍先生始终站在科技创新前沿，随着时代发展不断提出创新思想，引领着磁学与无线电教研室科研的进展。鲍先生著有《微波原理》，曾获1988年国家教委优秀教材二等奖，并与他人合编有《超高频天线》等著作。他领导研制的微波超导器件曾获1978年全国科学大会重大成果奖，他本人曾获1987年国家教委科技进步二等奖。

1983年，鲍先生离开南京大学后，无线电教研室主任由吴培亨教授继任，他是鲍先生的得意门生，勇于创新、锐意进取，尤其将超导电子学与20世纪80

图23　1980年全国磁性理论讨论会在南京大学举办，参会代表在南大校门前合影留念。鲍家善（前排右7）、翟宏如（前排右6）、都有为（前排右1）

年代高温超导氧化物研究相结合，做了一些原创性工作，近年来又开拓了太赫兹的研究领域。2005年被遴选为中科院院士。如今，无线电电子教研室与半导体教研室合并，成立独立的电子科学与工程学院，磁学教研室并入物理学院的物理系中，属凝聚态物理的一部分。鲍先生在南京大学物理系筹建了磁学与无线电电子学两个教研室，培养了一批人才，其中两位成为中科院院士。他燃烧自己、照亮别人的高风亮节令人感佩，值得效仿。

早年，鲍先生在美国时就进行微波雷达天线的研究工作，曾获得"快速扫描天线、赋性波束天线"等4项专利，是著名的无线电物理学家。他根据光学衍射理论，提出金属阻碍物喇叭的设想，用这种新型喇叭作抛物面馈源，特别适用于山区发现飞行物。有空暇时，他会兴致盎然地与我谈起一些往事，最令他津津乐道的是在二战期间，美国与日本交战时，就是利用他发明的雷达天线，将日本飞机打得落花流水。讲到兴奋点时，他会情不自禁地眉飞色舞，面带自豪的笑容，当年的场景历历在目。

鲍先生虽然1960年就离开了磁学教研室，但对磁学还是充满深厚感情的，国内磁学界也将鲍先生作为中国磁学先驱者之一。他为人正直、平易近人，且坦诚相待，即使面对我们学生之辈的人也一视同仁。他学识渊博、师德高尚，备受师生爱戴。"文革"期间，知识分子被戴上"臭老九"的帽子，他却不以为然，曾跟我们调侃道："知识分子就像臭豆腐，闻闻是臭的，吃起来是香的。"在大方向上，鲍先生是紧跟共产党的，1985年他光荣加入了中国共产党。

也许，我是鲍先生带论文的第一个磁学毕业生，鲍先生对我的关心也是无微不至的。1957年我留校工作后，才听说是鲍先生力挺我留校的，但鲍先生从未与我谈起此事。他也十分关心我的个人问题，曾给我介绍过女朋友，虽未成功，但他的一番诚意我永远铭记心中。

1983年3月，鲍先生主动请调，离开了工作30余年的南京大学，调到上海科技大学（现为上海大学）物理系任教授、名誉系主任、校学术委员会主任，并兼任复旦大学电子工程系教授。

1987年，上海科技大学为鲍先生执教50周年举办了庆祝会。他即兴朗诵感怀诗："桃李盛开满庭园，京津宁沪执教鞭，粉笔生涯最清苦，追求真理自觉甜，老夫耄矣徒知勉，攻关全凭意志坚，且喜后浪推前浪，英才辈出笑颜添。"体现了他为教育事业奉献的一生，大有"老骥伏枥，志在千里"之感慨。他淡泊名利，在教育领域奉献一生，为培养人才尽心尽力，为国家的兴旺发达贡献他的聪明才智。"有人因事业而不朽，有人因思想而永生"，鲍先生也许两者兼而有之。

鲍先生离开南京大学后，我们之间相聚甚少。我曾应邀参加过鲍先生博士生的论文答辩，如1995年6月参加王又法博士论文答辩，并与鲍先生合影。照片中的鲍先生神采奕奕，从一个侧面反映了鲍先生在上海科大工作顺利，生活愉快，身体健康。

早些时候，鲍先生曾希望我也调到上海大学去，由于我已有小家庭，在南京大学磁学组也已建立了科研组，工作比较顺利，便未应诺。每次我有机会到上海时，一定会到鲍先生家看望他。有一次，鲍先生还特地安排他的小儿子骑着摩托车将我从住宿酒店载到他家，我是第一次乘坐在摩托车后座上，车速快时总有点提心吊胆，因此印象格外深刻。

2003年8月，我到上海参加上海市科委的一个评审会，材料很多，需要晚上阅读一下，于是打电话给鲍先生，向他问好，同时告诉他我在上海开会，但此行没有时间去看望他了。他回说"见一面，少一面了"，我也没有细想，可能当时他身体状况不好，但是也没有好意思透露，既盼望着师生之间见上一面，又怕给我添麻烦。没想到几个月后，惊悉鲍先生于2003年11月25日凌晨驾鹤仙逝，这令我深深自责，为什么到了上海却没有抽时间去看望一下恩师！？天地茫茫何处觅？但愿先生脱离凡尘，在天堂清净自在，无忧无愁。

图24　1995年6月，都有为应邀参加王又法博士答辩，结束后与鲍家善教授合影。自左至右：王又法、鲍家善、都有为

第六节　冯端先生

人生的短促源于岁月无情，人生的永恒在于对社会的贡献。

1946年，冯先生在国立中央大学物理系毕业后留校任助教。1952年原中央大学大概十余个院系调离南京大学，如航空系并入西北工业大学，电子系并入中国电子科技大学等，而冯先生继续在南京大学物理系任教职。1952年院系调整后，南京大学物理系设立金属物理为主的物理专业，魏荣爵教授任系主任，施士元教授任金属教研室主任，程开甲教授与当时年轻的冯端讲师都汇聚在金属教研室，金属物理成为物理系中首屈一指的专业；继后又设立声学、理论物理专业；1956年后，先后建立了半导体、磁学、无线电、原子核物理、低温物理等专业。

1958年，施士元教授与程开甲教授离开金属教研室，筹建原子核物理教研室，冯先生任金属教研室主任，成为冯先生施展才华的机遇。以冯端、王业宁、丘第荣三位教授为主的金属教研室从研究金属缺陷入手，开展了国内尖端技术所需的难熔金属钼、钨、铌单晶制备与缺陷、性能的研究，工作十分出色，当时被誉为南京大学"五朵金花"之一。冯、王、丘三位合作编著《金属物理》上下册，后来冯先生又主编了四卷本的《金属物理学》。这些著作已成为从事金属材料、物理教学与研究者的经典名著，有人誉为"从事金属材料工作必读的圣经"。在冯先生领导下，金属物理教研室师生在金属位错及缺陷观察、位错起源、结构、组态、动力学研究等方面取得了一系列成果，为中国金属材料缺陷、位错研究做出了开拓性的工作。

尽管冯先生在金属材料物理研究领域取得了十分骄人的成绩，但作为大师级的物理学家并没有因此而固步自封。1973年，冯先生考虑到激光技术及应用的兴起与发展，晶体材料进入了实用化阶段，便高瞻远瞩地提出将"金属物理教研室"更名为"晶体物理教研室"，将对金属材料的研究转变为对激光和非线性光学应用的晶体材料的研究。该战略方向的调整，扩大了研究领域，与当时国际上新兴的激光、光电子、微电子等学科紧密相关，属于国家所需，符合国际科技发展的潮流。冯先生不仅仅确定方向，他还将全教研室力量组合成晶体生长、晶体缺陷及晶体物理性能三个大科研组，分别由闵乃本、冯端、王业宁三人领导。三个科研组既有分工又有协作，互相配合和支持，很快就取得了不错的成绩。冯端先生还根据诺贝尔物理学奖获得者Bloembergen 1962年提出的"非线性光学准位相匹配的理论"具体地提出在人工微结构晶体中实现、验证该理论，他组织教研室全体师生开展"$LiNbO_3$聚片多畴的生长及其倍频效应的研究"。"冯端、闵乃本等用晶体生长过程中施加不同方向电场技术，在LN晶体成长中长出具有一定周期而极化方向相反的聚片多畴铌酸锂晶体——PPLN（现称为介电体超晶格）。虽然当时还不能长出大面积的贯穿整个晶体的层状片畴，但在晶体中已能找出具有一定层数、厚度近似等于相干长度（或

图25　1997年夏天，杨振宁（右）访问南京大学并被聘为荣誉教授，冯端（左）与他在物理楼进行了交流

奇数倍）、周期较为准确的片畴结构，经过切磨后制备了可用于倍频实验的晶片。"[①]

在冯先生引领下，晶体物理教研室全体师生从1973年起经历30余年的共同努力，从晶体制造、性能研究、器件研发等各方面开展了系统性的研究工作，取得了一系列丰硕成果，在国内、国际产生了重要影响。1976年冯端先生便指导闵乃本与洪静芬等人开展用生长铌酸锂聚片多畴晶体实现准位相匹配这方面的工作。"终于通过掺杂和偏心旋转来加强旋转生长条纹以获得周期性聚片多畴铌酸锂晶体的有效途径，并长出了能够实现准位相匹配理论预期的聚片多畴晶体，并利用王业宁等研制的声光调Q钇铝石榴石激光器，由朱劲松测量了其倍频效率，写出了论文"Enhancement of Second-harmonic Generation in LiNbO₃ Crystals with Periodic Laminar Ferroelectric Domains"。该文由冯端在上海国际激光学术会议上报告,获得了国际知名学者美国加州理工学院的 A. Yariv教授与斯坦福大学 R.L. Byer教授当场赞赏，Yariv教授还建议将文稿通过他转到*Appl. Phys. Lett.*杂志上发表，这是他们研究组首次在国际刊物上发表论文。"[②]冯端自己评价："这篇文章首次从实验上验证了 Bloembergen的准位相匹配理论，并开创了利用周期性铁电畴结构作为一种新型微结构化功能材料的先河。"[③]

多年研究工作的积累使晶体物理教研室硕果丰收，国家奖接连不断，如：1978年获全国科技大会奖（声光调Q激光器——王业宁、谈云鹏、朱劲松、杨震等）；1982年获国家自然科学二等奖（晶体缺陷研究——冯端、闵乃本、王业宁、李齐）；1995年获国家自然科学三等奖，（准周期金属超晶格的研究——胡安、蒋树声、夏华、彭茹雯、冯端）；2006年获国家自然科学一等奖（介电体超晶格材料的设计、制备、性能和应用研究——闵乃本、朱永元、祝世宁、陆亚林、陆延青）。冯端先生个人还获得何梁何利科技进步奖（1996）、国家

---

① 朱劲松：南京大学凝聚态物理学科，《物理》，2015 年第 9 期，第 598-602 页。
② 王进萍：以有涯之生逐无涯之知——访冯端先生，《物理》，2008 年第 4 期，第 264-269 页。
③ 张世远：南大物理百年，《物理》，2015 年第 9 期，第 576-597 页。

第三章　入读南京大学 ── 077

级教学成果奖（1997）、陈嘉庚数理科学奖（1999）（陈嘉庚科学奖被誉为中国的诺贝尔奖）；此外，凝聚态物理其他科研组也取得可喜的成绩，获得多项国家自然科学二等奖，如2002年（自旋输运和巨磁电阻理论——邢定钰、盛利、顾若愚、刘楣、董锦明），2003年（有序可控半导体量子结构、光电效应及纳电子和光电子原型器件研究——陈坤基、徐骏、黄信凡、冯端、李伟），2004年（新型氧化物磁制冷工质与巨磁电阻效应——都有为、郭载兵、张宁、钟伟、冯端），2010年（团簇物理研究——王广厚、韩民、赵纪军、刘峰奇、王保林），等等。

历史是一脉相承的，有前因才有后果。冯端先生在南大物理系起到了重要的承上启下、继往开来的作用。假如当初冯先生没有果断地将金属物理转向到晶体物理，将研究对象从金属材料转向晶体材料，而且确定具体的非线性光学材料及性能、器件的研究方向，同时组织全教研室分工合作，从晶体制备、性能测试，直到器件的研发进行有序的开拓性研究工作，并取得如此辉煌的成就，那么，南大物理系将是另一个局面。正如冯先生自己说的"像老鹰盘旋在天空中一样，敏锐找到目标，并一一攻克"，冯先生就是翱翔在凝聚态材料与物理浩瀚天空中的雄鹰。回顾历史，饮水思源，吃水不忘掘井人。古人云：滴水之恩，当涌泉相报。"积善之家，必有余庆，积不善之家，必有余殃。"冯先生厚德载物，从不计较个人的得失，光明磊落，高风亮节，为世人树立了光辉的榜样。

冯先生不断创新的精神值得我们学习。从金属物理开拓到晶体物理，从材料宏观性能研究，深入微结构层次研究材料，通过微结构调控，研制新颖的人工功能材料与器件，积极地推动了在微结构层次上，凝聚态物理、材料及器件的发展。科学发展是无止境的，人类社会就是一部创新史。从经典物理发展到量子力学，随着黑洞、暗物质、意识甚至灵魂的深入探索，有学者提到二次量子革命。即使在凝聚态物理领域，研究的热点仍在不断发展。19世纪人类进入电气化时代，调控电荷成为研究材料、器件的热点，20世纪集成电路、芯片的出现使人类进入到信息化时代，电子电荷的应用达到顶峰，未来的发展内涵可能是电子另一个本征特性——自旋，它将成为生物、医学、物理、化学以及天文等学科关注的核心之一。

1953年我考入南京大学物理系，1957年毕业于物理系磁学教研室。当时我的导师是鲍家善教授，教磁学课的有翟宏如、蔡鲁戈、胡洪铨老师，由于专业不同，我与冯先生并没有交集。1982年，教育部批准南京大学成立固体物理研究所。当时我采用化学工艺制备超细微粒并研究其磁学性质，冯先生在组建固体所时没有局限于晶体组，以其开阔的胸襟从全系范围内选择了五个方向。没想到没有知名度、研究工作也并不出色的小课题组却被冯先生选中了。也许冯先生从科学发展的战略高度认为"超细微粒"是值得重视的研究方向，其尺度范围已包括后来提出的纳米范畴。20世纪90年代初，国内兴起了纳米材料研究热潮，方显出冯先生的远见卓识。继后，1985年，冯先生又推荐我参加"中美凝聚态物理合作计划（The APS China Program），到美国霍普金斯大学天文物理系进行合作研究，实际上是利用美国条件培养中国凝聚态物理的人才。与我同行的还有半导体教研室的何宇亮老师。

1984年，在物理系与固体所基础上，经国家计委批准，开始筹建南京大学固体微结构物理国家重点实验室，于1987年建成。当时是国内首批建立的开放国家重点实验室之一。冯先生首先提出"微结构"的名称，从微结构层次上开展材料物性的研究，通过微结构调控材料性能，研发新型的人工微结构材料及器件，以微结构为纽带将凝聚态物理、材料科学和电子信息科学等有机关联在一起，实现了不同学科间的交叉融合。

微结构实验室成立后，我的科研组也进入固体微结构实验室。冯先生任第一届实验室主任，兼任学术委员会主任。冯先生从不恋权，不拉帮结派，胸怀坦诚。他不仅关心磁学领域，同样关心原子团簇、半导体、超导等领域，关心物理学科的发展，从战略方向上为实验室掌舵，创建"大师加团队"的人才培养模式。他是重视与培育人才的伯乐，胸襟开阔地团结师生们不断开拓创新，从而奠定了南京大学物理系数十年辉煌的基础，为南京大学的发展做出了卓越的贡献。诚如南京大学原校长蒋树声所言："历经半个多世纪，留下了一行当代科学大师的清晰足迹，留下一个国际学术巨擘仰之弥高的形象……高瞻远瞩的科学视野，道器并重的治学方法，真诚热情的处世方略，文理通融的深厚学养，正是先生成为一代宗师的基本条件，也是我们这辈人学之不尽的精神财富。"

为有卓越贡献的名人树立塑像是高校与研究所的惯例，在南京大学校园里就有匡亚明、郭影秋等名人塑像，南大天文与空间科学学院有戴文赛先生的塑像，化学化工学院有戴安邦先生的塑像，地球科学与工程学院有徐克勤先生的塑像，声学楼安置了魏荣爵先生塑像，因此，我一直建议物理学院考虑为冯端先生立塑像，作为师生的学习榜样，弘扬严谨、求实、创新的学风和宽容、团结、互助的正气。

1988年年底，我从美国回校，当时国内刚兴起研究纳米材料的热潮，我也积极投入其中，参与合肥固体所张立德研究员积极组织的纳米学术活动。1991年下旬，中国科学院建议严东生院士带头申报国家"八五"攀登项目。为了增强竞争力，我通过学校科研处邀请冯先生参加，当时冯先生已参加1991年度的攀登项目"光电功能材料的结构、性能、分子设计与制备过程的研究"，为了争取让纳米材料进入攀登项目，冯先生当机立断，毫不犹豫地离开原光电功能攀登项目，转来争取纳米材料的攀登项目。由严东生、冯端两位德高望重的院士联手申报，"纳米材料科学"顺利地批准为"八五"攀登项目。他二位为首届首席科学家，严先生是化学家，冯先生是物理学家，而纳米材料恰好是物理、化学两学科相交叉的领域，相得益彰。两位泰斗级的科学家真诚相待，相互切磋，和谐相处，共同领导，对研究工作一丝不苟，学风严谨，为参加项目的学者树立了做人、做事的好榜样，并为中国纳米材料科学的发展培养了人才，奠定了纳米材料科学研究的坚实基础。在执行项目期间，参与的学者中共有7位被遴选为中科院院士：钱逸泰、解思深、卢柯、范守善、江雷、邢定钰、还有我。"纳米材料科学"攀登项目实际上已成为培育纳米科技人才的"黄埔军校"。

冯先生对提携后进总是不遗余力，我最难忘的是在争取立项过程中，有次在南大物理楼召开小型研讨会，不巧，冯先生因痛风病发作，无法行走，但他坚持要参加会议，于是坐在我的自行车上，我推着车到达会场，他忍痛参会并坚持到底，此情此景终生难忘。冯先生也十分关心与支持我参与中科院院士的遴选，师恩、师德永铭心中。

严先生与冯先生合作期间，相互尊重，关系融洽。在严先生仙逝的前一个星期，我突然接到严先生的来电，询问冯先生的近况，要我代为问候。当时我感到有点突然，但也没深入细想。不料，一星期后却惊悉严先生仙逝，那是严先生对冯先生的深情告别。

冯先生学贯中西，融会贯通，学识渊博，洞悉科学前沿，数十年来，笔耕不辍。冯先生年过八旬，已然耄耋之年，还奋力赶写《凝聚态物理学》英文版下册。他曾书写"老骥伏枥，志在千里""烈士暮年，壮心不已"作为座右铭，置于案头以自勉。他编写（含合编）《凝聚态物理学》等20余部著作，这些传世之作将会影响一代又一代的莘莘学子，对凝聚态材料与物理的发展、人才之培养，将起到不可估量的作用。

信手拈来皆成文，除了专门领域的真才实学，这与冯先生深厚的文学功底亦密不可分。他曾说："科学和艺术可以彼此应和，诗歌和物理彼此相通。"他本人就是个诗人。他一生为夫人书写了一箱子的诗，可以说是诗意人生。1955年冬天，新婚不久的冯先生偕夫人陈廉方欣赏玄武湖雪景，此情此景，诗兴勃发，脱口而出"休云后湖三尺雪，深情能融百丈冰"（后湖即玄武湖）的诗句。此诗作为爱情的誓言，六十年后，见证像钻石一样坚贞的爱情。2015年，在二人的"钻石婚"庆祝会上，冯师母朗诵二人合作的诗一首，概括了他们从相恋至今的一生：

平仓巷内偶邂逅，白雪冰晶后湖游。

秋赏红叶漫栖霞，翠鸟惊艳荷枝头。

更喜人间四月天，梁园酒家结良缘。

放眼太湖碧波森，一树樱花照清涟。

六十春秋恩爱笃，双双执手难关渡。

而今白发同偕老，朝朝暮暮永相濡。

2020年8月10日，苏州电视台录制冯先生节目，冯师母也邀请我到南京马群银城康养中心看望冯先生。没想到那天与冯先生的合影，竟成为最后的纪念。

2020年12月15日，冯端先生在南京鼓楼医院逝世，享年98岁。当时我在浙江宁波开会，闻讯后于18日赶回南京拜祭灵堂，19日参加冯先生的遗体告别仪式。一代宗师、物理学界泰斗、凝聚态物理奠基人之一，终于落下了人生帷幕，但冯先生的影响必将永存。每当晴好的夜晚，我常常仰望星空，希望能从满天闪闪的繁星中看到以冯端命名的"冯端星"。

图26　2020年8月10日，在南京马群的银城康养中心，都有为（左）与冯端（右）合影

第四章

留校工作

我大学毕业后留校工作，期间经历下乡劳动，与工农大众相结合，以及"大跃进""大炼钢铁""社教""四清""文革"等运动，教学科研工作受到很大影响，基本处于停顿状态，一直持续到"文革"结束。虽然全国上下大都处在各种运动中，但在一些高校科研院所——譬如我所在的南京大学物理系，不少科研人员仍然利用有限的条件开展科学研究，为拨乱反正后教学科研的迅速恢复保留了基本的学术队伍。

第一节　下放农村劳动

1957年7月，我毕业留校。我是南京大学物理系磁学专门化招收的第一届学生，在我毕业之前，因为物理系师资比较缺乏，学校在已经三年级的学生中选留了13个人充当预备教师，例如磁学组的金通政和赵骥万等，这种制度延续了好几年。平时的工作主要就是带带学生做实验，改改作业，另外，这个时候也开始分专业，有的人搞半导体、有的人搞金属材料、有的人搞声学、有的人搞光学，我是磁学专门化的毕业生，自然就是搞磁学。1957年物理系的毕业生中就留了我与半导体组郑有炓二人，我猜测是鲍家善先生特别要求的，虽然磁学教研室新建，师资明显不足，但已提前留下了金通政、赵骥万二人。鲍先生并未在我面前提起此事。

刚留校的时候还是比较忙的，因为磁学专门化每年都新招学生，而且教师也没几个人，一切都是白手起家，什么事情都要大家自己动手做，准备实验器材、制作实验装置、编写教材讲义等。当时翟宏如主要负责磁学教研室的工作，鲍家善虽然担任主任，但主要工作还是在无线电教研室。所以，我也承担了不少工作，主要是带学生普通物理实验。这样的生活过了三个多月，学校忽然通知我去农村参加劳动，一起去的有5个人，物理系4个，历史系1个。我们放

图27　1957年4月24日，都有为拍摄的大学毕业照，照片后面写有"亲爱的妈妈，我比以前更爱您！有为"字样

下学校的教学科研工作下乡参加劳动，时值全国反右运动基本结束，中央规定当年大学毕业生统统下农村，接受劳动人民的再教育，我属于此范围内。

当时下乡参加生产劳动，对年轻人来说，大部分都是积极的、主动的，甚至是热血沸腾的。很多人写了申请书，我也写的，都收在个人档案里①：

我们学习工作的目的是为了人民，培育我们长大的是人民，现在提出向农业进军，就应毫无保留的响应这号召，挺身而出，任党挑选。我决定把毕生精力献给党的事业——伟大的共产主义事业——因此，凡是党的号召、人民的需要就是我的行为，在个人方面我不做任何打算，因此亦没有必要考虑……我愿意把青春献给社会主义新农村。个人的理想如果脱离了人民的需要，那是暗淡无光的。这次组织上能批准我下乡当农民，这是对我的信任、

---

① 都有为人事档案：南京大学工作人员鉴定表，1957年11月，现藏南京大学档案馆。

关怀与培育。我尽力下列几方面去努力：

1. 坚决维护与贯彻党对农村的政策方针，把知识、文化和社会主义思想带下农村；

2. 坚决执行党的阶级路线，与贫雇农、下中农生活在一起，与群众密切联系，服从上级及党的领导；

3. 虚心向农民学习，积极改造自己，锻炼成为一个坚强的共产主义战士，在农村中站稳立场。

我是这样写的，也是这样做的，从当时的情况来说，绝大多数人都是真心实意参加到生产劳动中去，和贫苦的农民生活在一起，劳作在一起。

陡岗乡在长江北岸，处于江苏南京江浦县南部丘陵山区，1949年新中国成立之前，由于干旱缺水，土地贫瘠，只能靠天收种。当地农民终日辛勤劳作，一年到头也很难糊饱肚子，田里收获甚微，亩产量很低。当时，这里流传着这样一句民谣："陡坡连着穷山岗，十年播种九年荒。"因为在江边，本身由江滩演变而来，又处在丘陵地带，所以地里多石少土，加之夏天下雨很容易被淹，秋冬又因地处干旱的丘陵地带，所以长什么都不行。1950年代中期，陡岗乡首先拉开了治水的序幕，根据农田分散，山岗坡地多的特点，兴建小水库、小塘坝、小拦水坝、小提水站。1958年大旱，又兴建了大小电灌站40余座。我下放到陡岗乡劳动的时候，正赶上这一年大旱，地里的作物都干死了，于是就要补充一些耐旱的作物，比如绿豆，或者种大头菜、大白萝卜什么的，翻地、整地，抬水浇地，这对我来说也不算什么，因为从小在家就干过不少农活，上高中的时候休学在家半年，也在地里干活，所以很容易上手，也不觉得有多累，远离了喧嚣的校园，倒是落得一个清静。

工余我们也开会、学习，不过比学校气氛差不少、轻松不少。而且，当地农民都十分淳朴、善良，对从大学来的人还有一些崇拜，比较尊重，一些修水坝、抬石头的重活也不安排我干，所以，我空闲的时间还不少。不过，遗憾

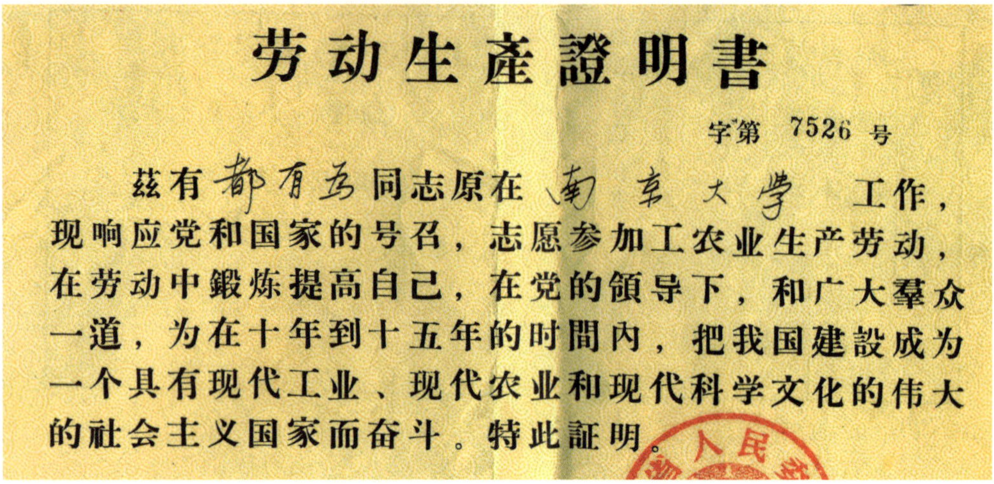

劳动生产證明書

字第 7526 号

兹有 都有为 同志原在 南京大学 工作，现响应党和国家的号召，志愿参加工农业生产劳动，在劳动中锻炼提高自已，在党的领导下，和广大群众一道，为在十年到十五年的时间内，把我国建设成为一个具有现代工业、现代农业和现代科学文化的伟大的社会主义国家而奋斗。特此证明。

图28　1957年12月，都有为到南京郊县江浦县陡岗乡参加劳动锻炼，前后8个月时间

的是没什么书看，带来的两本书早就翻烂了，中间也没有返回学校，那时过个江太不容易了，又花钱，又花时间。不像现在，复兴号高铁，几分钟就跨过长江，国家发展太快了，真是沧海桑田。

在农村没事的时候，我还教孩子们识字，给他们讲故事，好多孩子不上学，还有些光屁股的小孩子整天在外面疯跑，乡亲们也管不了，但他们对听故事很有兴趣，《钢铁是怎样炼成的》《西游记》都是孩子们爱听的。时间过得很快，8个月一晃就过去了，离开的时候，当地还给我评了个"乡先进社员"。①

---

① 都有为人事档案：工作队队员鉴定表，1966 年 6 月 28 日填写，现藏南京大学档案馆。

第二节　短暂研发矩磁存储器

1958年上半年，正当我在江浦县的陡岗乡参加生产劳动的期间，南京大学校内如火如荼的勤工俭学、大办工厂全面铺开，提出"雨后春笋，遍地生芽"的口号。"文科办农场、工厂，以从事工农业生产为主，接触实际，体验生活，配合中心，进行社会工作；理科结合专业特点，利用实验设备与工矿企业协作，大办工厂，进行工业生产。"[①]在全国"大跃进"的形势下，南京大学又提出"大学既是学校，又是工厂，又是研究所"的口号，设想在国家第二个五年计划期间，学生半工半读，学校经费部分自给，办万人大学，吃饭不要钱。在此情况下，学校正式成立化学试剂厂、综合电子仪器厂、光学仪器厂、半导体厂等共11个工厂，参加的学生人数达到95%。[②]物理系办起了和专业相关的"滚珠厂""喇叭厂""红外眼镜厂"，磁学教研室也成立了一个磁性材料加工厂，叫"铁淦氧"厂。

办了这么多工厂，人手不够了，技术上也需要有人指导，南京大学陆陆续续又把下放劳动的一些干部职工召回来，我在陡岗劳动了8个月，又回到学校，参加到学校"大跃进"办厂和大炼钢铁的工作中来。一起在陡岗的5个人中，有3个人调回南京大学，我是其中之一，另外两名一位是物理系的女老师李象晋，还有一位是历史系女老师洪兴慧，物理系另外两名年轻老师没有再回南京大学，而是被调去南京化工学院（现南京工业大学）。

当时因为数学系要发明新的计算机，搞得热火朝天。简单来说，计算机的硬件主要分为两个部分：中央处理器，也叫CPU，负责计算；硬盘，负责存储信息。数学系主要负责做中央处理器，存储信息的硬盘就请磁学教研室来做。

---

① 南京大学校史编写组编著：《南京大学史》，南京大学出版社，1992年，第292页。
② 南京大学校史编写组编著：《南京大学史》，南京大学出版社，1992年，第293页。

一开始的计算机存储设备主要是用硅材料，因其具有质优、价廉、稳定等多种优势，后来逐渐成为主流。数学系做不了存储器件，就请物理系来做，不知道什么原因，物理系半导体教研室的兴趣不在这方面，七转八转这个任务就安排给磁学教研室来做，最后落到我头上，我就带了几个学生做。没有材料，没有技术，我想起曾看过一些文献中提到磁性材料的特性，可能适合用来做计算机的存储设备。于是我又去找这些文献，并向鲍家善、翟宏如等人请教，最后确定用矩磁铁氧体磁性材料来做存储器件。

矩磁铁氧体是指具有矩形磁滞回线的铁氧体，由于它具有 $\pm B_r$ 两个稳定态，因而在计算技术中可以作为磁性存储器，在自动控制中作开关元件，在微波相移器中作固定位相移的锁式相移器等。从理论上来说是可行的，大家热情也很高，想了很多办法，在自己的工厂里热火朝天地干活。与我同一届的郑有炓[①]（1935—）是南京大学物理系研究半导体的，他回忆当时的情形[②]：

1958 年的"大跃进"时期，全国各行各业都掀起"赶超"热潮。大学也发生了巨大的变革，停课搞科研，即用科学实践取代课堂教学。对于半导体这样一个新兴高新技术领域，很自然成为当时的"大跃进"的热门领域，刚刚自主新建的南大半导体学科也就顺势被推上"大跃进"热潮。一批物理系四年级和三年级学生进了半导体实验室，师生一起分成多个科研小组，以大会战形式，日日夜夜，热火朝天大干半导体技术。

但刚从北京大学搬迁回来的半导体教研室，除了从五校联合教研室解散带回的几台电子仪器（电子示波器、信号发生器、真空管毫伏计等）和少量器材（如真空光电倍增管、电炉丝等）外，基本上可以说是"一穷二白"，"大跃进"必需自力更生，按当时的流行语"土法上马"来攻克半导体这一新兴

[①] 郑有炓，半导体材料与器件物理专家。1935 年 10 月 1 日生于福建大田，1957 年毕业于南京大学物理系，现任南京大学电子科学与工程学院教授，2003 年当选为中国科学院院士。

[②] 鞠艳：《南大百年物理——口述史》，高等教育出版社，2015 年，第 27 页。

图29 1958年9月，都有为下放回学校后与当时磁学教研组的教师在南京大学内合影。后排左起为：胡洪铨，蔡鲁戈，鲍家善，翟宏如，金通政；前排左起：郝文惠，都有为，赵骥万

前沿技术。先从最容易自己动手的传统半导体材料如氧化亚铜、硒、硫化镉、硫化铅、锑化铋等的制备入手，自己安装各式各样的电加热炉，到校玻璃车间加工各式玻璃器具、石英管和真空系统，到学校的金工厂加工各种金属配件，然后制备材料、研制器件（如整流器、光敏电阻、热敏电阻和温差发电器件）。……总之，师生齐动手，安装设备，日夜苦干，从研制材料到制备器件和电子装备，全面铺开，真是像当时流行口号"大干快上"半导体的热烈场面。

我所在的磁性存储材料研究小组大致情形也差不多，大家热情很高，干劲很足，设备和材料很少，许多东西都要靠自己想办法动手做。经过大家的努力，取得了一些成果，不过距离实际应用还有很大的距离。这个时候，又开始"大炼钢铁"，大家又放下手中的活计，没日没夜地烧炉子、炼钢铁。因为当时提出来，要在钢产量上超过英国，所以全民炼钢，南京大学也不例外，不过，当时的校长郭影秋"曾冒着被开除党籍的风险，顶住了砸掉正在使用的铁床钢门来炼钢的错误指示"[1]，可算是保住了一些师生的生活用品，避免了不必要的人为破坏和无谓的浪费。

---

[1] 南京大学校史编写组编著：《南京大学史》，南京大学出版社，1992 年，第 296 页。

第三节　校长匡亚明

　　"大跃进"、大炼钢铁伴随着知识分子改造的教育革命，到1958年年底的时候，中央注意到大学师生过多参与生产劳动从而忽视正常教学科研工作出现的一些问题，开始有所改变。"1959年1月20日，中共中央召开教育工作会议，对1958年的教育革命进行了总结，在肯定成绩的同时，针对劳动过多，没有很好地上课，学术批判打击面太大，教育质量有所下降等问题，提出1959学年的教育工作目标主要是'巩固、调整和提高，并在这个基础上重点发展'。"①根据中央精神，南京大学做了很好的调整，全校师生开始从频繁的政治运动和生产劳动中逐步转向"认真读书、认真教学"的轨道。

　　到1961年1月，党的八届九中全会确定了国民经济领域"调整、巩固、充实、提高"的八字方针，事实上也运用到其他领域，全国上下、各行各业都在逐步恢复正常秩序。虽然因为"大跃进"、大炼钢铁给国民经济带来了很大的伤害，又加上三年困难时期，但从1961年至1963年，南京大学整体气氛是融洽的。1962年5月，"中共中央又发出《关于加速进行党员、干部甄别工作的指示》，指出'对于批判处分完全错了或基本错了的党员、干部，应当采取简便的办法，认真地、迅速地加以甄别平反'。南大经过甄别，对全校被错误地批判处分的党员、教师和干部进行了公开平反。对于受批判伤了感情的也赔礼道歉，解除疙瘩。郭影秋同志主动找有些受了委屈的同志谈心，承担责任，表示歉意。对受批判处分的学生也进行了甄别工作。此外，这期间，还给一部分'右派分子'摘了帽子或减轻处分。由此，党内外关系得到明显改善。"②

　　1963年5月，匡亚明（1906—1996）任南京大学校长。他的到来给南京大学

---

① 南京大学校史编写组编著：《南京大学史》，南京大学出版社，1992年，第296页。
② 南京大学校史编写组编著：《南京大学史》，南京大学出版社，1992年，第309页。

师生留下了深刻印象，更留下了一笔丰厚的资产，为南京大学后来的发展奠定了坚实的基础。他主要做了两件事，一是拓展办学空间，二是重视人才。南京大学物理系成立百年时，我曾专门撰文回忆匡校长，感慨不已，认为"匡亚明对南京大学发展起了奠基作用"[①]。

匡校长的前任是郭影秋校长，他原先担任云南省省长，后来主动要求到高校工作，1957年组织上派他到南京大学任校长。在任期间，适逢各种运动不断，"大跃进"、反右、大炼钢铁等，一些师生受到不公正对待。虽然他顶住了一些压力，但在全国上下"汹涌奔腾的革命大潮流中，只能带领群众上，而不能退"。[②]既要跟上形势，又要保护师生。同时，他考虑到国家经济困难，又恰逢三年困难时期，所以一直提倡节俭办学，能节省的地方尽量节省，把教育部划拨的经费省下来的部分又上交给教育部。虽然当时多数单位都这样做，但难免给"嗷嗷待哺"的南京大学在办学条件上又打了个折扣。当时郭影秋校长就在草棚房里办公，学生的餐厅也是单层的草棚饭厅，被火烧毁才盖成后来的砖瓦房的食堂。

即便如此，"到1960年全校实验室达到137个，比1958年增加了89个；实验设备三年共添置5454件，价值336万元；图书资料添置58万8千册；新建和扩建了7个工厂，开垦了一个综合农场，工厂农场总产值达到290万元，盈利37万元，其他劳动收入53万元；此外，建成了东大楼、声学楼、上海路宿舍、学生食堂（二幢）、学生宿舍（二幢）、南大新校门以及收发室、传达室、银行、邮局等附属用房，学校建筑面积增加到12.9万平方米，比1958年增加20%"。[③]可见，郭影秋来南京大学后，尽管前三年面对各种复杂情况，学校各方面还是

---

① 鞠艳：《南大百年物理——口述史》，高等教育出版社，2015年，第31页。
② 南京大学校史编写组编著：《南京大学史》，南京大学出版社，1992年，第296页。
③ 南京大学校史编写组编著：《南京大学史》，南京大学出版社，1992年，第302页。都有为回忆，东大楼，又名科学馆，是金陵大学建筑，建成于1915年，20世纪50年代因火灾被毁。1958年，南京大学重建东大楼，与原建筑相比已多有改动。而声学楼、上海路宿舍等则为新建建筑。

取得了长足的进步。但是，由于各项事业发展很快，无论是教学用房还是生活用房都显得十分紧张。郭影秋带病工作，与师生同甘共苦，大家也是有目共睹的。郭校长平时生活简朴，人品高尚，堪称道德楷模。相传有次深夜，他夫人生病，他没有用校车，而是自己背着夫人到附近的鼓楼医院看病。

匡亚明来南京大学后，十分重视学校各方面的条件建设，想师生所想，急师生所急，却又比师生考虑得更长远。"面对在当时被认为有'历史问题'的大学，他并没有采取激进的办学政策来显示自己的'老革命'，而是坚持实践第一的观点，采取稳健的态度和务实的方法，在批判继承学校历史遗产的基础上搞建设、抓发展。在当时'左'倾错误不断滋长的条件下，匡亚明依然强调对待知识分子要分清思想问题和政治问题、分清思想问题和学术问题、分清个人主义和个人的合理要求这三个界限，强调既要对知识分子不断进行思想改造，也要充分发挥其知识和技能。当两者不能兼顾的时候，还要首先发挥知识分子的知识技能。为此，他主动登门拜访老教师，恢复教师职称评审，积极为知识分子创造科研条件，在政治上、生活上给知识分子应有的地位。"[①]1963年8月2日，匡亚明在中共南京大学第三次代表大会上做总结发言时，阐述了办好学校的十大问题，系统地概括和总结了自己对办好南京大学的主张。并且，经他倡议，在这次党代会上通过了突出学术研究的《关于切实办好学报，提高学报质量的决议》。这次党代会起到了统一思想、凝聚人心的作用。

匡校长既是老革命（属五级干部），又是著名的教育家。他眼光深远，敢于冲破旧束缚，创新创业。他尊重人才，求贤若渴，"文革"刚结束时，匡校长甘冒风险引进了很多著名学者，例如，中文系的程千帆先生，当时是戴帽子的右派，在武汉大学不受重用，1978年被匡校长引进到南京大学；又引进著名剧作家陈白尘为中文系主任，对南大文科发展起了重要的作用。他在吉林大学

---

① 王永义：改革开放初期我国大学的转型发展：以匡亚明推进南京大学改革为例，《扬州大学学报（高教研究版）》，2018年第2期，第28页。

时，聘请古文字学家于省吾"出山"，被高教界誉为"三顾茅庐"聘贤才，传为美谈。匡校长始终认为："一所大学水平的标志不是看别的，而是看学校拥有教授的数量和学术水平，如果没有可观的教授就不成其为大学。"到南京大学后，他一直强调高校应以教师为中心，行政应当为教学、科研服务。

随后，"南京大学从1963年5月到11月间，贯彻教育部有关会议精神，先后制定并颁布了《南京大学1963~1972年科学研究事业规划纲要》《南京大学1963~1972年培养研究生规划》《南京大学10年师资培养提高规划》和《南京大学培养提高师资暂行办法》。从而在调整的基础上，把学校的教学科研工作进一步引上了有计划地提高与发展的轨道，使全校出现了蒸蒸日上之势"。[①]不但从思想上，还从制度上为学校的教学科研发展提供保障，给尚处在强调阶级斗争为纲、左的思潮重又抬头气氛下战战兢兢的教师吃了颗定心丸。

为了进一步激发教师的积极性，1963年下半年，学校成立了两个学术委员会，一个是"南京大学自然科学学术委员会"，由23名教授组成，主任是时任副校长、有机化学家高济宇教授；另一个是"南京大学人文科学学术委员会"，由13名教授组成，主任是时任副校长、英国语言学家范存忠教授。由学术委员会来制定学校的科研规划和计划，讨论科研和学术方面的重大问题，并且评议教师职称。"1964年5月，南京大学破例又提升了104名讲师，并在建校62周年的校庆典礼上宣布了提升名单，还规定每年校庆期间，都要提升教师职称，使广大教师受到极大的鼓舞。"[②]我当时还不到30岁，感到生活一下子又有了盼头，总想着做点什么。不过，当时磁学教研组才开头，磁学专门化是新成立的一个专业方向，主要工作还在培养学生，大家一门心思就是做好教学，其他的像科研方面还没有什么方向和头绪，再说一个运动接着一个运动，也没人顾得上。

① 南京大学校史编写组编著：《南京大学史》，南京大学出版社，1992年，第312页。
② 南京大学校史编写组编著：《南京大学史》，南京大学出版社，1992年，第313页。

第四节　磁学教研组的早期工作

南京大学物理系磁学教研室成立后，1955年先是派翟宏如去北京参加培训一年，学习结束回来以后，不久又派胡洪铨和蔡鲁戈去培训一年。翟宏如回来以后就担任磁学教研室副主任，1960年起任主任，主持磁学教研室的工作。

1956年9月，磁学专门化开始招进第一批学生，也就是在物理系三年级学生中选择一些学生学习磁学，另外还有半导体专门化等，相当于现在大学里分专业。因为之前的大学是学习英美两国，不分专业，或者说没有分那么细，物理系就是学习物理，至于今后具体做什么工作，根据各人的兴趣和特长来决定方向，并没有在大学里针对特定的群体专门开设相关课程。学习苏联以后，就开始专门化的改革，相当于细分学科专业，学半导体的就专修与半导体有关的课程，学磁学的就专门修习磁学方面的课程。

翟宏如从北京学习回来，承担了主要的磁学课程，一开始给四年级的学生讲授"铁磁学"，后来又开设了"磁性材料"和"磁性分析"这两门课。后来，胡洪铨和蔡鲁戈两位年轻教师也去北京学习，回来后相继开设"磁性测量"和"磁性理论"两门课，这样磁学专门化的学生就有了五门磁学的专业课。

为了工作需要，磁学教研组陆陆续续进了一些新毕业的年轻教师，我是留校的，后来的又有韩世莹、张瑞玲、王自钧、路权、张世远、陆怀先、刘公强、鹿牧、薛荣华、顾光祺、顾本喜等人。年轻教师干劲十足，做了不少工作，设计并建立系统的磁学专门化实验。没有教材，翟宏如等人则组织大家写出全部讲义，建成一套完整的磁学专门化的教材。

由于磁学是个古老而新颖的专业方向，发现磁的现象、使用磁的材料很早，中国古代的司南、指南针、指南车都是利用了磁的特性，但一直未进行深入的机理研究，在科学史中只是作为中国古代对世界文明所做出的贡献提一下而已。19世纪欧洲与美国的科学家，如安培、高斯、洛伦兹、法拉第、特斯拉等人，系统地开展了电与磁的相互作用研究，奠定了人类社会电气化的基础，同时开拓了磁学研究与应用的领域。对中国而言，20世纪50年代开始在高校建立磁学专门化，刚刚起步，教材奇缺，只有苏联的一些材料，没有现成的教科书。因此，那个时候的磁学教研组跟其他一些新成立的比如半导体教研组一样，主要任务就是坐下来编写几门专门化课程的教材。

图30　1960年4月28日，都有为（前排右2）获得南京大学先进工作者称号，参加表彰大会后与鲍家善（后排右4）等一起合影留念

在国家经济极度困难，生活十分艰苦的条件下，教研组的老师们的确是不怕苦不怕累，坚持编写教学讲义，从查文献看国外参考书入手，很快就编写出五门主要磁学专门化课程的教材讲义，满足了课堂教学需求。教师将教材书稿交给印刷厂，那时印刷技术很陈旧，都是在钢板上刻蜡纸，然后用油墨印在纸张上，所用的印刷纸又都是略带黄颜色的粗糙纸张，因此，教材讲义总是一本本黄黄厚厚的。

尽管如此，大家都有股子劲，敢想敢做，不怕困难。当时有一个思想，大概就是国外有的我们要有，国外没有的我们也敢做。根据不同的方向，由教师牵头，带几个学生，分成各个小组，说干就干，不断地尝试，也别说，还真做出了很多新材料、新器件，包括微波磁性材料、矩形回线磁性材料、铁氧体单晶、铁氧体永磁和细长纳米铁颗粒永磁等。其中，矩形回线磁性材料就是我带着几个学生捣鼓的，不过，后来数学系研制的计算机并没有用它来做存储器。

当时，不分教师或学生，都一起动手，共同工作。1960年，在一位苏联专家帮助下，磁学教研室建立了中国第一台反射波导型铁磁共振仪，并筹建高功率铁磁共振设备，比较深入地对微波铁氧体进行研究。翟宏如和几个老师就负责做相移器、铁氧体永磁等研究工作。为了把科研成果变成产品，还开办了制造铁氧体和制造永磁材料的工厂——铁淦氧厂，赵骥万是永磁厂的厂长。在这个过程中，我逐步接触到铁氧体和永磁材料的工作，为今后的科学研究埋下了种子。因为工作认真负责，做起事来有思路，遇到困难有办法，我虽然才留校时间不长，工作还是得到大家的认可，被评为学校先进工作者，受到表彰[1]。

纳米量级的单畴铁微粒的矫顽力（Hc）很高。当时，美国人把这些微粒用胶合剂粘合起来，加上磁场，就变成性能非常好的复合永磁体。翟宏如也带着大家尝试做，通过电解含有三价铁的电解液，三价的铁离子变成原子聚集在水银阴极上，一个原子一个原子地进去。一旦在磁场里面加热，这些原子就聚

---

[1] 都有为人事档案，工作队队员鉴定表，1966 年 6 月，现藏南京大学档案馆。

成一个细长的粒子，具有形状各向异性的性质。因为缺乏安全操作的经验，有三位学生在研究中水银中毒。但不管怎么说，"大跃进"的时候，磁学教研组确实做出不少成果。当时中国科学院物理所的潘孝硕研究员就曾经写过一个通报，介绍南京大学物理系磁学教研组所做的研究工作。

由于鲍家善是微波专家，最早磁学教研室以微波铁氧体为重点开展工作，研制出高电阻率低微波损耗的锰镁（MnMg）铁氧体，提供给无线电教研室研制微波相移器。此外，还在国内首次研制出相移器阵列雷达的扫描天线的雏形，把12个相移器排成一排，每个相移器的外加磁场不同，各相移的相位就不一样，它们都连到一个微波辐射器上，辐射出去的微波束的方向就会由电流产生的磁场控制，扫描前方物体，这就叫电扫描，比机械扫描快，就是最早的相控阵雷达。我的大学毕业论文是在鲍家善指导下完成的，题目就是《电磁波在回旋磁媒质中的传播理论》，研究的就是与相控阵雷达相关的基本原理。1965年这个成果在北京全国高校科研成果展览会上展示过。

第五章

不愿蹉跎的岁月

我下放劳动结束回到校园后，各方面工作都在恢复和进行，马上参加大炼钢铁，接着又去苏北农村参加"四清"，之后又去灵山挖煤、参加溧阳校区建设、南京长江大桥工地劳动以及南京大学挖防空洞等。虽然大部分时间都在参加劳动，没有机会参与到教学科研工作中来，但我始终没有放弃自己心中的理想。

第一节　去如皋参加"四清"

1963年，三年困难时期已经结束，社会生活各方面逐步走上正轨，南京大学在新校长匡亚明的带领下，各方面也都呈现出可喜的变化，师生员工都抱着很大的热情投入到工作中去。因为学校里就开办了工厂，好多教师都跟工人师傅学，动手能力都很强。

新街口有个卖电子零件的地方，东西比较便宜。很多人就自己去买电子管和晶体管，自己焊接，做电子管收音机、半导体收音机，原理大家都懂，物理系的天然有优势。那时收音机贵得很，商店里卖的便宜的收音机一个也差不多要半个月的工资，贵的就不用说了，一般的大学教师根本买不起，也舍不得。所以，买点零件，利用学校里实验室的便利条件，做一个收音机，也算是小福利，听听新闻听听音乐，也可以过过瘾。

有的人还自己做煤油炉，因为煤油相对便宜，燃烧起来也比较干净，放在宿舍里也不占地方。有些人，尤其是有小家庭的，两个人带个孩子，还有老人，供应的蜂窝煤不够烧，就需要用煤油炉来补充补充。而且使用起来很方便，火柴一点就可以，不像煤球炉子，要生火，一般人没练习过几回还不容易生火，许多年轻人嫌麻烦，另外炉灰什么的，打扫起来也不方便。

做煤油炉要先收集一堆马口铁的空罐头，然后把各种空罐头打上小孔，再找一段细细的钢管，截成十厘米左右一小段一小段的，用来装棉纱做成的灯芯，最后一个个焊起来，就装配成煤油炉，用来烧饭、做菜。还有的老师做出大型的煤油炉，带回老家煮猪食。我单身一人，一人吃饱全家不饿，都是在学校食堂吃饭，从来不自己烧，也不感兴趣，但对做炉子很感兴趣，一边帮别人做，一边还动脑筋不断改进，要保证煤油燃烧充分，又要避免漏油。

1964年10月，根据上级要求，南京大学组织高年级文科学生以及教师470多人，在校长匡亚明的带领下，去江苏南通市海安县参加第一期"四清"社会主义教育运动，为期10个月。1965年2月，中共中央、国务院又发出关于组织高等学校理工科学生参加社会主义教育运动的通知，于是继第一批去海安参加运动的师生之后，南京大学又先后于1965年8月和1966年3月组织第二批（1400多人）、第三批（2272人）师生赴南通参加"四清"运动。[1]

我参加了第三批"四清"工作，去的是江苏省南通市如皋县搬经公社倪垞大队四队（现如皋市搬经镇焦港村，由原来的焦港、倪垞、冯港三个自然村合并而成），前后四个多月。在结束返校后填写"工作队队员鉴定表"，我相当详细地记述了当时工作的情况[2]：

我们25户的小队，新中国成立前却有十二三户讨过饭，现在生活是有了很大的提高，但每到青黄不接的时候，还有不少户需要国家救济粮、钱，整天吃的是薄薄的糁儿粥，从清早劳累到夜晚，他们整天、整年的这样辛苦地劳动，自己种稻，吃的是玉米、大麦糁；自己养猪，吃的是盐小菜。除了过年过节吃得好些外，根本没有星期天、星期六夜晚的休息。长好粮食，先送公粮，他们总先想到国家、前方、工人，由于他们辛勤的劳动，才养活了城里人，想想自己，在大学里工作，每月拿上近60元的工资，生活过得挺

---

[1] 南京大学校史编写组编著：《南京大学史》，南京大学出版社，1992年，第316页。
[2] 都有为人事档案，工作队队员鉴定表，1966年6月，现藏南京大学档案馆。

图31　1965年夏天，都有为（前排右2）与毕业学生在南京大学校园里合影

舒适……在这近四个月的时间中，与倪垳四队的贫下中农、干部、多数社员建立了深厚感情，他们听到我要走，都流露出深情的留恋，要不是因为队员手册上不许可，他们定要送一面大的红旗给我留念。

　　"四清"工作结束后，我又回到学校，校园里也没什么人，刚好是放暑假的时候，不过，不放假也见不到几个人，大家都在外面搞运动，"工业学大庆，农业学大寨，全国学解放军"，好多专业课程都被压缩了。"各系本着少而精的原则，普遍修改了教学大纲，全校精简合并了80多门课程，有100多门课程减少了学时，而学制、专业、教学计划等均未变动，从而保持了稳定的教学秩序。"①南京大学努力保持相对稳定的教学秩序，科研工作在原先的基础上仍有所发展，但总的来说，大部分师生都与科学研究渐行渐远。

① 南京大学校史编写组编著：《南京大学史》，南京大学出版社，1992年，第318页。

第二节　人不能太闲

在农村——南京大学的溧阳校区参加劳动的时候，那儿离城镇比较远，理发比较困难，每个人的头发都长得比较长，我就学着理发。虽然大家一开始是热情高涨地从南京步行到溧阳，但到后来除了一些劳动之外，更多时间也没有事情干，于是我从别人那儿借来一把手动的推子，要帮大家从头做起，先把乱七八糟的头发理理清爽。一开始，要请人家来做试验，免费理发，谁也不愿意，都怕被我理出个怪模样来。好说歹说来了几个人，我似乎是无师自通，因为只要理短了，也不讲究发型什么的，理了几个以后，大家发现我的手艺还可以，一传十、十传百，就经常有人找上门来理发，我也很高兴地免费为大家服务。

后来回到南京，学校没有复课，教师也无所事事，不去参加劳动就老老实实待在学校，有家庭的就在家里，没有家庭的就是集体宿舍。我结婚后，同住的室友搬出去，到另外的单身宿舍挤挤，这个房间就变成新房。

但我是个闲不住的人，利用这段时间学会了照相。当年二哥都锦生大学毕业时，父亲曾送给他一架相机，让他拍西湖美景，间接促成了都锦生创业并取得了很大的成功。这给年幼的我留下了深刻的印象，对相机充满了好奇，心里也一直痒痒的。不过，后来家里条件越来越艰难，不要说相机，就是去拍张照片感觉都是很奢侈的。

磁学教研室的蔡鲁戈老师有一架相机，我就经常借来拍照片。我小的时候就喜欢摆弄各种玩意儿，爱自己琢磨、自己动手，拿到相机自然很兴奋，有事没事就钻研，基本原理都是懂的，但是要拍出好的照片来，还是要下一番功夫。而且那时拍照用胶卷，根本舍不得随便拍，都是选了又选，试了又试，按快门时都要屏住气，非常认真地拍一张。拍了也看不到，还要等一卷胶卷都拍完了，送去冲洗，再印成照片，才能看到"成果"。

当时在外面照相馆洗照片还是很贵的，还费时间。为了省钱，我索性自己掏钱买了些设备，无非是一些洗印用的白色的搪瓷盆和一些显影药水，蔡鲁戈找了平常不用的一个镜头给我，我就自己做了一个相片放大器，利用光学放大的原理，采用空罐头等废旧材料，做成放大器，用来把照片放大。由于镜头质量不错，在土得不能更土的自制放大机上，所放大的照片质量还不错。可惜，结婚后因房间面积小，就将它报废了，没有作为纪念品而保留下来。

那时能拍照也是很让人羡慕的，我经常去给都锦生女儿——时任南京大学化学系教师都恒华的儿女拍照，再把照片冲印、放大、着色。休息日我还出去拍拍风景照，拍完一卷黑白的胶卷，就自己冲洗。没有冲洗照片的暗房，我就找我的学姐张淑仪，她一个人住在南园，对印照片也很感兴趣，十分爽快地答应借地方做暗房。她比我早一年毕业，是魏荣爵的研究生，从事声学方面的研究，1991年当选中国科学院院士。

因为其他男同学留校后都是两个人一间，或者三个人一间，人来人往的不方便，刚好张淑仪一个人住，以前人也没有什么家具，显得房间很大，就腾出一块地方来放冲洗照片的药水瓶、盆、盘以及镊子等一堆用品。要冲印的时候，一般等天黑了，再拿一块厚布把窗户蒙上，用一块红布把本来就不太亮的

图32 1965年，都有为在南京市鼓楼广场附近拍照，手持的相机为磁学组蔡鲁戈的一架胶卷相机

白炽灯蒙上，一个暗室就成了。那时胶卷、相纸都很宝贵，一点也舍不得浪费，但是看到影像从显影液里一点点露出来，我心中十分高兴，乐此不疲。照片印出来以后，往往还要在背面写上一些反映自己当时心情的句子，抒发一下情感。

除了照相，我还跟其他年轻老师学着拉小提琴、拉二胡，尽管很有兴趣，但似乎没有什么音乐细胞，仅仅是自娱自乐而已。小提琴是从南京新街口一个旧货拍卖店买来的，花了大约7块钱，在当年也是很大一笔钱了。也没有人教，当时物理系声学组吴玉奎、邱树业以及杨正举等老师小提琴拉得不错，我跟着他们学，拉着玩玩。另外我还学着拉二胡，因为听过一些二胡名曲，很感兴趣，尤其是二泉映月，这个曲子我每次听都感觉有深沉的情感融合在音符里，震撼心灵，情不自禁地勾引起心灵深处的千情万绪，叹人生起伏，恰似一江春水向东流。我觉得二胡是具有中国特色的乐器，一点也不比钢琴、小提琴差，属于不同风味的乐器。这两件乐器都学了一段时间，也能拉简单的曲调，不过后来都荒废了。

图33　1965年6月，都有为（左2）与许自然（左1）、王挺祥（右1）在南京大学南苑7舍的集体宿舍里练习乐器

响应中央"深挖洞，广积粮"的号召，南京大学也开始挖防空洞，称为"500工程"，实际上是500米长的防空洞，在南京大学鼓楼校区的标志性建筑北大楼前草坪下边挖出一块很大的地方作为防空洞，而且要把校园内这些洞都连在一起。我与物理系的一部分教师、学生负责挖土、搬煤灰砖，已经挖空的地方要用煤灰砖（一种用煤灰和泥土掺合在一起烧制的砖）砌墙。砖块比较大，要比一般的砖大几十倍，所以特别沉，一个人搬很吃力，两个人搬又不方便。开始大家搬了两天，都累得不行，但任务紧，还有人看着，不好好干可能还要被批斗。当时我动了一下脑筋，想出一个办法，就是不用人工搬，而是用一个和剪刀同样原理的装置，两边一拉以后自动合起来，4个爪子一收就可以把一块煤灰砖提起来，然后从洞口放下去，两边一松，4个爪子放开，砖块就可以取走。把这个想法与为工程服务、修理工具的打铁师傅商量后，师傅很快就把这个装置做出来投入使用，大大减轻了师生的劳动强度，加快了工程的进展。

　　总之，从1957年毕业留校开始，我先是下乡劳动8个月，返校以后又是大炼钢铁，1960年国家进入三年困难时期，南京大学开始自力更生，在校园里养猪，物理系组织师生到南京郊区的中山陵等地打猪草，我这段时间基本上都没有在学校里工作，多数时间是在学校外面参加各种劳动，这中间短暂回学校一段时间，1964年接着又是去江苏如皋搞"四清"运动，1966年6月，校长匡亚明被打倒，学校各项工作陷入停顿。

　　1968年6月起，我和物理系其他师生先后前往南京的江宁县和八卦洲等地参加夏收夏种，长江大桥建设开始以后，又到工地上支援大桥建设。我在大桥下面的工地上参加水泥黄沙的搬运，干的是重体力活儿，之后不久我又去南京郊区不远的灵山挖煤。地质系的老师讲，专业上称为鸡窝煤矿，矿不是一层层的，而是一堆一堆的，没有开采价值，所以大家实际也没有挖，只是在那待了一段时间。时间不长，1969年下半年，物理系师生又开赴江苏溧阳的南京大学校区看管果园，果园里栽种梨树，梨子很甜，收获季节附近的农民常在夜里来偷梨子，师生们需要晚上值班看管，此外，还要参加校区的基础建设。我在那里时间比较长，前后有三年多，一直到1972年秋天工农兵学员进入南京大学，才回到学校开始一部分正式的教学工作。

从1957年留校一直到工农兵学员进校，我在这十五六年时间里基本上没有接触业务，不是参加劳动就是在参加各种运动，将最好的年华献给中华大地。但就在这运动的缝隙里，我也没有闲着，总是想方设法动动手、做点儿事。

第三节　逐步恢复正常

1963年5月，匡亚明出任南京大学党委书记兼校长以后，采取了一系列的措施，一手抓基础建设，改善办学条件，一手抓统一思想，推进学校各项事业。在他的推动下，南京大学于当年8月召开的学校第三次党代会上通过了突出学术研究的决议——《关于切实办好学报，提高学报质量的决议》，并成立了"南京大学自然科学学术委员会"（23人组成）和"南京大学人文科学学术委员会"（13人组成）；1964年5月，南京大学破例提升了104名讲师。这些措施都产生了很好的效果，广大教师迸发了高度的积极性，做出了突出的成果，在1965年高教部举办的高校科研展览会上，南京大学有20多项成果参加展出，尤其以"分子筛""华南花岗岩""金属缺陷""内蒙草原综合考察""大米草引种与利用"五项成果令人瞩目，被誉为南京大学科学研究的"五朵金花"。[1]

南京大学物理系当时师资力量最强、实验设备最好的是金属组，学术带头人施士元，他是居里夫人弟子中唯一的中国博士，之前担任中央大学物理系的系主任，新中国成立前他没有离开大陆，把物理系的一些仪器设备都保留下来了。后来成立教研室，施士元带一拨人马组建了核物理教研室，金属教研室就由冯端担任主任。

冯端没有留过学，但是他学贯中西，知识面很宽。他能十分敏锐地掌握学科前沿方向，"文革"以后就提出改变金属教研室的研究方向，由金属教研室改为晶体教研室。晶体教研室是冯端一手成立的，新的研究方向也是他提出来的，要搞人工周期性微结构材料的非线性光学性质。冯端学识渊博，方向看得很准，对国际科研前沿十分关注，喜欢看国外的论文、文献，不过他自己并不在实验室具体做实验，实验都是他指导学生或一些年轻老师来做，但是科研思

---

[1] 南京大学校史编写组编著：《南京大学史》，南京大学出版社，1992年，第311-313页。

想与实验思路都是他提出来的。

"金属缺陷"的科研成果成为南京大学的一朵"金花"，在校内外都产生了很大的反响。我做学生的时候就知道冯端，知道他是1946年中央大学物理系毕业后留校工作的，是比自己高11届的学长，无论是渊博的学识还是在学界的影响，都是值得尊敬的师长。我做学生的时候，有些实验就在金属教研组的实验室做，因为他们条件相对要好很多；留校当助教以后，我经常带学生实验，也要到那儿去做。所以，虽然是同一个物理系，但是在不同的教研组、不同的实验室，我与冯端接触、交往并不多。之前经常下乡、下矿、下工地参加劳动，长时间不在学校里，后来在工地上劳动，两人有时候即使碰面了，也不多话。但是，在我的心里，对冯端一直很认可，当成自己的榜样。

1972年，全国各地逐步地开始恢复一些秩序，南京大学开始招收一批工农兵学员，慢慢地把教学秩序恢复起来，教师们也从各自的劳动工地、农场返回久别的校园、教室、实验室。我也回到了磁学教研室，开始为工农兵学员做上课的准备。

磁学教研室没有几个人，所以真正开始搞研究工作是在工农兵学员进来以后，因为工农兵学员进来以后要教师教，要有人带他们做论文。那时候物理系在北大楼，磁学组在地下室有一个房间，主要是做磁材料样品的制备，房间里有几个炉子和几个小的千斤顶之类的设备，一楼的一个房间里有直流磁测量设备，二楼有几间办公室和做实验教学的教室。地下室平时还可以，一到下雨特别是黄梅天雨下得很大的时候，雨水会通过靠近地面的小气窗进入实验室，有一年水特别满，师生要穿着雨鞋进去工作，所以当时磁学组搞研究工作是很困难的。

工农兵学员已经来了，但学校里还是很多地方没有恢复正常。磁学教研室条件更差一点，没有仪器设备，也没有什么项目可以申报，所以也没有经费。为了给学生做实验，我就到处找能用的实验器具，比如从化学系走廊里丢弃的一些瓶瓶罐罐里再挑挑拣拣，看哪些能用就拿回实验室来。因为磁性样品的制备用化学方法是最省费用、最简单的，用两种化学原料，一混合、一反应就可以做出样品来了，有人将化学家比拟为魔术师，所以我一开始都是采用化学方法制备样品。就这样，我带着学生自己制作设备做实验。金属组的条件比较好，是物理系的主力，有些实验测量就到他们实验室去蹭着做。1978年，学校利用世界银行贷款筹建为全校服务的科技楼并成立了现代分析中心。1984年，分析中心建成后，翟宏如任中心主任购买了大量通用性强的仪器设备，如电镜、X光衍射仪、铁磁、顺磁共振仪等，面向全校师生，不但有效缓解了南大教学、科研大型仪器设备使用困难的问题，也为社会及其他院校服务。

尽管全国各种政治运动此起彼伏，但科学研究与学会活动还是断断续续，在夹缝中生存与发展，一有宽松的环境就冒出绿叶红花。1963年4月，由中国电子学会、中国物理学会合办，在江苏省无锡市召开了第一届全国磁学及磁性材料会议，来自全国各地高校、研究所、企业等65个单位，114位代表参加这次会议，提交论文85篇。会后，国内最早成立磁学专业的五个高校的教师在太湖之滨的蠡园相聚合影留念，其中有中国磁学创始人、德高望重的物理界泰斗北京大学的叶企孙先生和山东大学的郭贻诚先生等人，机会十分难得，是一张在中国磁学界具有历史意义的照片。

那时候，物理系所在的北大楼每天要安排人值班。大门口放了一张桌子，值班时没什么事情，我就自己买了一套工具，从闹钟开始修理，一直到表，先是捣鼓自己的闹钟和手表，后来是系里老师的手表拿来上上油，慢慢就有人把钟、表都拿来让我修。我爱动手，对钟表感兴趣，书不给看，但是钟表是日常用品，所以修钟表并没有人干涉。那时一般人家里有个闹钟就不错了，有手表就算是富人了，所以钟表坏了、慢了、不准了都要拿去修。修个钟表还是挺贵的，我不收钱，都是免费修理，所以不少人都拿来给我，死马当活马医，要不然就丢掉了。其余就是闹钟、座钟，我一一拆开看看，发现哪里坏了，或者只是要上上油，哪些值得修、哪些可以修、哪些不能修，一一告诉他们。后来到20世纪80年代，有一次我去福建厦门的鼓浪屿开会，岛上有很多走私的手表很

图34　1963年4月，由中国电子学会、中国物理学会合办，在江苏省无锡市召开了第一届全国磁学及磁性材料会议，国内最早成立磁学专业的五个高校的教师在太湖之滨的蠡园合影留念。前排左起：山东大学郭贻诚、北京大学叶企孙、南京大学都有为、吉林大学张裕普；二排左起：兰州大学周华、山东大学王士波、兰州大学杨正、吉林大学潘寿复；三排左起：北京大学戴道生、南京大学蔡鲁戈、南京大学翟宏如

便宜，一起开会的人都想买，但是卖表的规定不能拆开表，可以讨价还价就是不能拆，拆了以后必须要买。有些老师不知道怎么选择，我就主动帮他们挑选。因为表不能拆，我就听秒针走时的声音，滴答滴答很清脆的，说明表的轴承比较好，有些走私表是用铜做轴承，不是水晶的，就会有嚓嚓声，一听就可以分辨出来。

　　除了修钟表，我有时偶然看到化学系有些瓶瓶罐罐丢弃在走廊里，好像还可以用，就顺便挑挑拣拣，拿到磁学实验室来，看看能不能在教学实验中用上，谁知后来养成习惯了，经常去北大楼的各个走廊里转转，捡别人扔掉的水浴锅、烧瓶、烧杯、量筒、量杯、吸管等，哪怕一截电线头，只要我看上了，都带回磁学实验室，作为工农兵学员教学实验设备使用。时间长了，我得了一个"破烂王"的绰号。

第四节　与叶绪华结婚

我出生的时候，家里境况还不错，后来因为日本人入侵，二哥都锦生的丝织厂生意也是一波三折，每况愈下了。中华人民共和国成立以后，我靠国家助学金才上完大学，之后留校工作，每月工资也舍不得乱花，而且运动一个接着一个，一会儿去这里劳动，一会儿去那里劳动，长期没有固定的规律生活，所以不知不觉就把终身大事耽搁下来。也有热心的同事帮着张罗，因为都在运动当中，也没有办法找合适的对象。

1972年下半年，我36周岁，虚岁37，又有好心人来关心我的婚姻大事。南京大学后勤部门的罗瑛老师很热心地跟我讲，该考虑考虑个人的事情了，总该有个家庭。我觉得自己是该有个家，但也担心别人看不上自己，那时知识分子可不是什么香饽饽，也不奢望什么举案齐眉，只要能互相尊重就不错。罗瑛既热心又稳重，两头的情况都了解得不少，家庭经济状况、兄弟姐妹、亲戚朋友等等，都问得差不多了，才拿了女方的照片来给我看。我一看她的照片，就被一双好似西湖水一样清澈的大眼睛吸引了，心里悄悄点了一个赞。

女方叫叶绪华，是南京人，在自行车厂上班，之前当过小学教师，后来到自行车厂做会计、干出纳，当时也30岁了，家里父母都很着急，但她自己一点也没有急着要嫁人，每天上班下班，怡然自得。在叶绪华父母和罗瑛的努力下，我与叶绪华见面了。我发现，人跟照片上一样美，并不像30岁的样子，讲话轻言慢语，虽在厂里上班，却比较文静，性格比较温柔，于是就基本确定下来。

谈了不到半年的时间，到了1973年春节的时候，我要回杭州老家去，在两人见面的时候就吞吞吐吐地向叶绪华提出来，能不能两个人一起回杭州，其实就是很绕弯子地求婚。因为母亲年纪很大了，一直希望儿子能有个家，不然一个人在南京，冷热都没有人照顾，实在不放心。叶绪华在这几个月与我相处的过程中大概也看出我的各种好吧，不但大大方方地答应了去杭州见我的家人，还先带我回家给她的父母瞧瞧。

叶家父母平时没少看女儿的脸色、情绪，看到她这半年来有说有笑的，心里早就对未来的女婿有了八九分的满意，所以一听说新女婿要到家里来，赶紧准备多烧几个菜，对我十分热情，让我一下子感受到家的温暖。特别是叶绪华的母亲，开心地忙前忙后，怎么看怎么喜欢。这一关过了以后，1973年1月15号，我跟叶绪华领了结婚证。

结婚后，我分配住在南京大学南园14幢宿舍楼的集体宿舍里，门对门的筒子楼，之前是学生宿舍。大概16~18平方米的简易房间，本来是两三个青年教师合住，有人要结婚，其他一起住的人就搬到另外的宿舍。这种房子没有烧饭的地方，家家户户煮饭烧菜都是在楼道里，一张课桌、一个煤球炉、一口小铁锅是标配。烧的都是蜂窝煤，要自己买了搬到楼上来，堆到桌子底下，每天都要生炉子，烧水、烧饭、烧菜全靠烧煤。卫生间也是公用的，在楼房的两边，外面是用水房，里面是厕所，洗衣、洗菜、淘米、刷锅、刷碗、打水、冲凉、上厕所都要到那儿去。不管怎么说，这间房子是属于自己的空间，而且充满温馨。我在自己家门口的桌子下，曾养过一只母鸡，生些鸡蛋补充一点营养。同住在一起的邻居还有地理系的陈钦峦、董文娟，物理系的杨选民、易明等几家，彼此间相处十分和谐。

我和叶绪华两人没有举办婚礼，那时候买东西都要凭票，还要排队，都是岳母去张罗，买了一张床、一个橱、还有一个洗衣服的大盆，然后准备一些被褥，还有一些叶绪华自己的平常生活用品，都搬过来，把一间房子归置得整整齐齐的。当时家里缺少一个碗橱，我还自己动手当木工，打了一个碗橱。然后，我带着新婚的妻子回杭州老家，就算结婚了。结婚以后，因为我们夫妻两个人都要上班，岳父母为照顾我们这个小家庭付出很大心血。儿子都宇清出生以后，白天是岳母照料大人和孩子，晚上我带着孩子睡觉，因为叶绪华产后气虚，有段时间需要好好地休息调养。

图35　婚后不久都有为与叶绪华合影

图36　叶绪华因体弱，奶水不足，给出生不久的儿子都宇清喂牛奶

叶绪华还有一个姐姐，在上海工作，嫁给了中国科学院上海细胞研究所的郭礼和研究员（后来任所长）。我儿子大概1岁的时候，他们也有了孩子，需要岳母去上海照看。于是岳父母就做了分工，岳父主要照顾南京的家和小女儿一家，岳母去上海照顾大女儿家的小孩。因为大女儿后来又生一个，一儿一女，所以岳母便一直留在上海。岳父虽然能帮着照看，但当时孩子太小了，男人不擅长做家务、带小孩，我和叶绪华又都要上班，就把儿子送去镇江叶绪华的舅舅家，跟他家的孩子一起，由舅妈照看，前后大约一年多近两年的时间。南京大学的幼儿园3岁可以入园，上小托班，于是儿子都宇清在3岁时就被送到幼儿园，我上下班之前先接送，当起了奶爸。

　　岳父大概70岁的时候中风了，还很严重，一条腿行动不便，虽然可以请一个保姆来照顾，但是很多时候只靠保姆也不行，主要还靠叶绪华照顾父亲，当时我正是忙的时候，老出差，家里就全交给妻子。我在家的时候，家里的一些重活，比如搬煤球、换煤气以及一些修修补补的事情都抢着干，对岳父、岳母更是十分孝顺。岳父中风以后行动不便，不能去理发店理发，全是我帮他理发，这还是在乡下参加劳动时学来的手艺。自儿子出生后，岳父叶仲年一直与我们一家生活在一起，一直到2014年春节前在家中安然辞世，享年99岁。邻居们都说我是岳父前世修来的好女婿。无论生活中遇到什么困难，我与叶绪华从来没有抱怨过对方，没有红过脸吵过架，一辈子都是两个人相互关心、相互帮助。夫人虽看着身材娇小，文质彬彬，但只要是和我有关的事情，她就会奋不顾身。有一天我们俩乘公共汽车外出，她坐着，我站着，手握头顶的吊环，一位年轻男人紧挨着我，正在低头看报纸。突然我夫人大喝一声："干什么！"原来那位年轻人以报纸为掩护，一只手伸向我的上衣口袋，想要偷走我的钱包。闻声后他将手撤离，恶狠狠地盯着我夫人，夫人却毫无畏惧地与他对视。随着我们年纪越来越大，她十分担心我走路不看路。出门时，她总是挽着我的手臂，不时提醒我：有台阶了，小心。在我心中，夫人心地善良，温柔体贴，这些年风风雨雨，同舟共济，相濡以沫，正所谓执子之手，与子偕老。

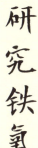

第六章

研究铁氧体

1972年工农兵学员进校以后，我以及其他一些教师从南京大学的溧阳农场陆续返校，开始从事教学、实验工作，科研还谈不上，主要带学生到工厂实习，在生产实践中发现问题、解决问题。改革开放以后，中国磁性材料生产企业增加迅速，在永磁铁氧体材料出口方面起到很大作用。我在接到企业求助后，尽心尽力帮助企业解决技术问题、培训企业员工，并与企业技术人员合作做一些科研工作。

第一节　从磁记录磁粉制备做起

工农兵学员进校以后，学制改短，由原来的四年、五年改为三年，学习采取教学、科研和生产三结合的形式。因为这些学员都是基层推荐上大学的，基础较薄弱，所以学习主要以生产实践为主。南京大学虽然也进行文化补课，但做了两三年被叫停了。同时，实行开门办学，老师、同学都到厂矿、农村，参加体力劳动，有的专业的学生整个学期都在工厂开门办学。我主要负责带着物理系磁学专门化的学生做实验和毕业实习，所以经常往南京的几家磁性材料厂里跑。

从溧阳农场回来以后，虽然白天要带学生，参加政治学习等，有点空余时间很多人都开始复习荒废多年的专业知识和英语。我也不例外，积极了解世界科技发展的新动向，带工农兵学员制备磁记录用的超细氧化物磁粉，开展研究工作。1972年年底，因为热心人的介绍，我与叶绪华认识并确定了恋爱关系，到第二年春节就结婚了。有了稳定的家庭，我在工作上就可以投入更多的精力和时间。1973年年底，儿子出生，本来岳母帮忙带孩子，后来她在上海的大女儿的孩子也出生了，岳母又去上海帮忙。为了不影响工作，我与妻子商量后，把孩子送到镇江她舅舅家抚养，一直到3岁多可以上幼儿园小托班才接回南京。

图37　1974年2月，都有为（二排右3）、李国栋（二排右5）、褚圣麟（二排右6）在广西南宁参加四机部磁性材料与器件术语起草会议

1976年10月"文革"结束，南京大学上上下下跟全国的形势一样，都是憋了一股子劲，教师、学生都是铆足了劲儿，好好学习、认真科研，真的是如饥似渴，一定要把失去的时间抢回来，把失去的青春补回来，把丢掉的损失争回来。我整天忙着带学生实验、去工厂实习，虽然忙得团团转，但还是注意在学中干，在干中学，并且把自己的经验与心得总结提炼出来，记录下来，并进行理论分析，与国内外文献参照、对比，写成文章发表。

磁记录材料主要用的是伽马三氧化二铁磁粉，它的颗粒呈现针状、针型的时候，磁记录的性能最好。那时候主要都是用化学方法来制备，做出来以后再脱水分解，为了提高性能，所以要研究它怎么生成。那时候什么条件都没有，用化学的方法制备，瓶瓶罐罐是从化学系楼道里捡过来的。另外还捡了一台空气压缩机，捡来的时候也是坏的。因为反应过程当中要通空气氧化，所以有一台坏的空气压缩机总比没有要好。我和学生把它拖回来，检修一番，发现也就是电路问题，换了一些小零件就修好了。做实验的时候有专门的工农兵学员管理，因为它时不时还会罢工，很多时候要踹它一脚才能重新工作。反正那个时候条件是比较艰苦的，但是不管怎么样还能安排学生做研究，发表文章，为以后与物理所罗河烈研究员合编《磁记录材料》打下了基础。

在带学员制备磁粉的过程中，我所采用的化学方法来制备超细磁粉相较于物理方法更为简便。1976年，我在《南京大学学报》（自然科学版）第一期上发表了"应力取向成型法制备永磁铁氧体"，该文介绍了具有孪晶的片状 α-FeOOH 的制备，以及用此粉料采用应力取向成型法制备各向异性的永磁铁氧体。新工艺较传统的磁场取向成型法要简单得多，它只需要一次成型，一

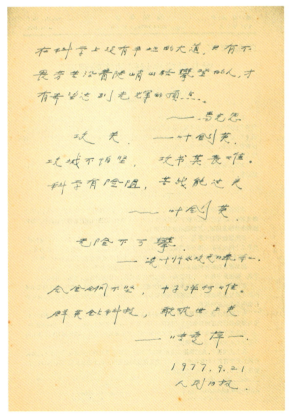

图38　1977年，都有为在整理的文献资料空白处抄录了《人民日报》上刊登的鼓励科研人员拼搏的金句以自勉

次烧结。文章发表时的作者标注为"物理系磁学专业1975届毕业生：曲会通、李瑞胜、贾亚德、徐红兰；物理系磁学组七·二一小组"。"物理系磁学组七·二一小组"其实是由我、陆怀先、顾本喜、王桂琴四人组成，但当时只能标注某某小组，以强调集体的作用，而非个人的作用。

这篇文章是学员在南京898厂做的毕业实践小结，是与898厂协作的一个课题，但也有前面学员做的一些工作，应该是基本总结了我从1972年返校带工农兵学员做磁学实验、进行生产实习在永磁铁氧体制备方面所取得的主要成果。因为"永磁铁氧体的生产，自从1954年采用磁场取向成型法以来，由于其性能较各向同性的约高4倍，因此，二十多年来已成为国内外永磁铁氧体的通用工艺。事物总是一分为二的，伴随着优点亦带来了缺点，一般来讲，这种工艺是比较复杂的，需要预烧，二次球磨，磁场成型等，因此，工序多，周期长，效率低"[1]。片状 α-FeOOH原料难以制备，无法进入产业化。而我采取的新工艺相较于生产中通用的做法工艺大大简化了，只需要一次成型，一次烧结，因而工序少，周期短，劳动强度低，容易实行自动化生产，可以说是工艺上的一次突破。

这篇文章具有重要的意义，因为这是我发表在正式刊物上的第一篇论文。而之前在鲍家善指导下所做的本科毕业论文"电磁波在回旋磁媒质中的传播理论"，只是在1957年5月在全国物理学会年会上报告，并没有在正规刊物上正式发表。从1957年完成本科毕业论文，到1976年发表第一篇科研论文，时间已经过去20年。之所以取得这样的成绩，与南京大学上下同心、坚持科研的努力是分不开的。"在广大教师和科研人员的努力下，从1973年到1976年粉碎'四人帮'前夕，理科各系共取得260项科研成果。正是因为有了在极其困难条件下所进行的科研工作作为基础，1977年南京大学获重要科技成果达51项（其中36

---

[1] 都有为等：应力取向成型法制备永磁铁氧体，《南京大学学报》（自然科学版），1976年第1期，第63页。

项经省科技大会评选）。1978年3月，在离粉碎'四人帮'仅一年多就召开的全国科学大会上，南京大学有48项科技成果获奖，居全国高校之首。"[①]物理系共有11项科研成果获江苏省科技成果奖，磁学教研组有两项，其中就包括我的"FeOOH的研究"，另一项是赵骥万等人的"铝镍钴5永磁合金"。

在带工农兵学员实验和工厂实习的过程中，我深知，这些学员虽然基础较弱，但学习热情很高，动手能力较强。由于自己20年都没有接触专业研究，想要把学生带好，首先自己就要站在国内磁学研究领域的前沿，国外的研究至少要了解一些皮毛。于是，我就利用一切机会看资料和文献。当时国外的文章发表以后，并不能马上就看到，而是要等中国图书进出口公司或者大的图书馆得到国外的刊物，再经过复印，才能到学校的图书馆。南京大学在全国高校里得到国外刊物算比较早一点的，即便如此，我也要差不多比国外同行晚上半年甚至一年时间才能看到最新的研究进展。

即使面临很多的困难，我还是尽力把自己了解到的国内外研究进展写成综述，介绍给国内的同行，尤其是磁性材料生产企业。1977年，我在《磁性材料与器件》第3期上发表"铁氧体新工艺国外情况介绍"，作者标注"南京大学磁学教研组七·二一小组"，对1970年以来国外有关铁氧体工艺方面的情况予以介绍，包括铁氧体单晶制备工艺、单晶外延薄膜工艺、多晶铁氧体薄膜工艺、热压法、注浆法、化学共沉淀法以及取向多晶铁氧体的制备等内容，同时对比了国内企业的一些工艺改进做法，全面而详细。单看这篇论文，只是一篇国外铁氧体工艺的简要介绍，并没有多大的科研价值，但在文章的结束语部分，我指出："往昔，制备材料的人对原料往往不甚熟悉，原料和材料分家，这给生产带来了不少麻烦，料源一变，一切工艺都要相应地改变。原料、材料、元件这三者应当有机地联系在一起，尤其是原料问题，常常为人们所轻视，原料问题不仅仅是纯度问题，它还攸关于颗粒的形态、尺寸、活性以及其他性能，例

---

① 南京大学校史编写组编著：《南京大学史》，南京大学出版社，1992年，第332页。

图39　1978年9月，戴道生（二排右7）、都有为（二排右8）、杨正（二排右9）、李国栋（二排右11）参加中国电子学会在江西上饶召开的4706会议

如仅仅从形态上考虑，如用氧化物法，颗粒形态最好是球状，以有利于混合均匀，防止晶粒的非连续生长，而在应力取向成型法中，却要求颗粒呈片形或上有单晶的片形。在湿法制备铁氧体工艺中，关键亦是在于粉料到制备。加强对原料的研究工作是材料制备中很关键的一环。"[1]

也就是说，从那时起，我已经认识到，在磁性材料的制备中，加强对原料的研究是非常关键的。这成为我科学研究的起点，也使磁学后来成为冯端关注的研究方向。1978年物理系专业调整，原先的8个专业包括固体物理、磁学、晶体物理、半导体物理、低温物理、理论物理、声学、无线电物理被改为5个，把固体物理、磁学、晶体物理、半导体物理、低温物理合并为固体物理专业，增加了一个原子核物理专业。

---

　　[1] 都有为：铁氧体新工艺国外情况介绍，《磁性材料与器件》，1977年第3期，第30页。

第二节　关注永磁铁氧体

从1976年《南京大学学报》（自然科学版）发表第一篇学术论文起，我的注意力逐步从磁粉生产工艺上转移到磁性材料，甚至原料上来。1978年，我跟899厂的技术人员郑宗瑜合作发表了"永磁铁氧体概况（一）""永磁铁氧体概况（二）"，这是1978年中国电子学会在江苏无锡召开的全国永磁材料技术交流会议上我们俩的报告，会后发表在《电子技术》上。其中，前者主要介绍工艺进展，后者主要介绍永磁铁氧体的基础研究。

1933年，日本首先制成立方晶系的永磁钴铁氧体，揭开了氧化物永磁材料的工业生产的序幕，到1970年代，随着电子工业的飞跃发展，在电讯、电声、仪表、选矿、电机等多方面的积极促进之下，永磁铁氧体的研究、生产发展迅猛，应用领域日益宽广，成为永磁材料的一大支流。我在介绍了相关内容以后，于文末提出一个问题：永磁铁氧体是否值得进一步研究？我认为："对目前永磁铁氧体的深入研究，各离子间相互作用，结晶学等方面的研究等，将有助于新的非金属永磁材料的发现与发展，起着铺路石的作用。"[1]当时，国内磁性材料的生产更侧重于工艺的改进、产量的增长，对永磁铁氧体的固相反应、反磁化机制等方面的研究寥寥无几，而国外相关的研究却比较深入而细致。

这一段时间里，我虽然主要带学生在工厂实习，学校也没有什么像样的实验条件，但已敏锐地感觉到科研工作的重要，在一些方向上开始有自己的认识和见解，如"通过永磁铁氧体中的离子置换，研究其微观的相互作用与宏观磁性的关系，对提高或改善现有永磁铁氧体的性能，尤其是提高永磁铁氧体的温度稳定性，降低温度系数具有重要的实际意义"[2]。在还没有相应的科研条件的情况下，通过阅读资料和文献以及在磁性材料厂的生产一线的观察，我已经考

---

[1] 都有为、郑宗瑜："永磁铁氧体概况（二）"，《电子技术》，1978年第10期，第27页。

[2] 都有为、郑宗瑜："永磁铁氧体概况（二）"，《电子技术》，1978年第10期，第27页。

虑到某些研究方向的重要性及出现新的突破的可能性。

　　1978年恢复高考以后，南京大学物理系的专业做了调整，磁学归到固体物理专业，一些科研条件得到改善，我与核子组的张毓昌、焦洪震二位老师合作，开展了穆斯堡尔谱研究磁性材料的磁有序与磁性离子在晶格中的占位，所用的穆斯堡尔谱仪，是他们首先在国内自主研发成功的。"穆斯堡尔谱仪及其应用"获1978年全国科学大会奖，主要获奖人：夏元复、张毓昌、都有为。在合作研究中，连续发表了"δ-FeOOH的结构与相变过程的研究""α-FeOOH穆斯堡尔谱线形状的非对称性""FeOOH生成条件的研究（Ⅱ）""$La_xBa_{1-x}Fe_{12-x}Zn_xO_{19}$铁氧体磁性与穆斯堡尔谱的研究"等多篇研究论文。稀土元素R（La、Ce等15个元素）部分取代Ba、Sr六角铁氧体的研究，从1978年我首届硕士研究生黄纪圣、顾本喜开始研究以来，一直到2000级博士生刘先松完成博士

图40　1978年获得江苏省科学技术奖励

毕业论文为止，26年中一直安排部分研究生系统地开展研究工作，这些基础研究为开拓高性能永磁铁氧体系列奠定了基础，同时意外地为打赢中日企业界专利官司提供了有力的支持。

1976年开始，我尝试着写一些综述性的、介绍性的文章，主要是让国内的一些企业了解、关注国外的磁性材料行业动态及生产工艺水平，包括"应力取向成型法制备永磁铁氧体""铁氧体新工艺国外情况介绍""永磁铁氧体概况（一）""永磁铁氧体概况（二）""干法磁场成型制备永磁铁氧体""铁氧体新工艺""永磁铁氧体现状与展望"等7篇，其中5篇是介绍新工艺，2篇是行业发展概述、综述。因为1972年工农兵学员进校，我一直带实验和工厂实习，没有条件做科研，也没有时间做科研，但这并不妨碍我在生产实践中总结、思考，一有机会就把一些想法、做法记下来，整理出来，既指导工作，又为其他人提供借鉴。

从国外的文献中，我敏锐地感觉到，磁性材料生产、永磁铁氧体的制备，工艺改进上仍然大有可为，有改进的空间，有进一步研究、挖掘的必要，但从原料上来研究，有可能突破工艺上的瓶颈，这在"永磁铁氧体概况（二）"中关于永磁铁氧体的基础研究内容的结语部分即有体现。可以说，关于原料的研究，我考虑不是一天两天了。因此，1978年物理系条件改善以后，我就与张毓昌合作开展了这方面的研究，取得一些重要成果，其中"δ-FeOOH的结构与相变过程的研究"是我与张毓昌合作的第一篇论文，1978年5月20日在南京大学第九届科学报告会上宣读，经修改后在《物理学报》1979年第6期发表，这也是我发表的第一篇真正有分量的科研论文，国外同行看到相关信息后也有人来函索取该文。

"本文的电子显微镜观察、X射线衍射、热重、差热分析，分别是在南京大学物理系晶体组、化学系分析组以及南京化工厂理化室大力协助下完成的。此外，中国科学院物理研究所二室协助测量了真空条件下的σ_s-T曲线。南京大学物理系穆斯堡尔科研组其他同志亦参加了测量工作，左观梅同学参加了空气条

件下 σ_s-T 测量工作。在成文过程中与中国科学院物理所李国栋同志进行了有益的讨论。在此一并致谢。"[1] 从这段文后致谢中可以看出，当时虽然磁学组条件不太好，但我善于与其他单位、人员合作，可以利用多个单位的已有条件，来完成在别人看来不可能完成的任务，变不可能为可能，变可能为可行。多年来，我独辟蹊径、勤奋苦干、与多方协作、坚持不懈，每年发表两篇论文，终于在科学的春天到来的时候，开始在磁学研究领域崭露头角，也使从1955年就开始的磁学专门化在南京大学物理系生根发芽，并引起冯端的注意，成为固体物理实验室五个方向之一。

---

① 都有为、张毓昌等：δ-FeOOH 的结构与相变过程的研究，《物理学报》，1979 年第 6 期，第 782 页。

第三节　加强与企业合作

20世纪50年代，氧化物磁性材料被发现。氧化物磁性材料电阻率远高于金属，因此从应用层面来讲它比金属磁性材料应用范围更广，不仅可以作为永磁材料，同时也可以做软磁材料，还可以做微波、光学磁性材料，是一个新的材料领域。国内50年代就开始有生产铁氧体磁性材料的企业，南京是898厂，主要生产软磁材料、微波铁氧体和器件；宜宾是899厂，主要生产永磁铁氧体；北京是798厂，西安是4390厂。这些厂曾经都是电子工业部下属生产铁氧体材料的大企业。

南京898厂是南京大学的联系单位，因为898是国营的大厂，南京大学毕业生不少人被分配到898厂去工作，以前的厂长、总工程师、主要部门的技术负责人都是南大毕业生。当时我带学生到工厂实习，开展实践教学，带学生参观磁性材料的整个生产流程，指导学生参与生产实践。同时，与厂里的技术员、工

图41　1981年12月，都有为（前排左3）在南京898厂与培训班部分学员合影

人讨论生产中遇到的问题。另外，南京大学还跟898厂一起办了个培训班。

在改革开放初期，也就是20世纪80年代初期，当时强调教学科研工作要和应用相结合。南京大学和一些在南京的电声器件生产企业合作，我和南京电声厂负责技术的张鹏、盛振翔等人都很熟悉，因为他们需要用永磁铁氧体生产扬声器，而生产永磁铁氧体的工厂因为刚开始生产，技术力量储备不足，对工艺、性能并不是很了解，完全是土法上马，只能生产一些低端产品，而且产品合格率都不高。为了解决这些问题，企业向南京大学求助，当时大学里人手也不足，有些人也不太愿意去企业。

我几乎是有求必应，一来科学研究就是为生产服务的，成果要转化成生产力才有意义；二来从企业生产一线发现问题可以更好地促进科学研究；三来是因为这些企业里有不少我的学生在，他们特别希望曾经的老师来厂里帮帮忙。最早，我是去南京的溧水县帮助一家生产永磁铁氧体磁性材料的企业。他们在生产中遇到一个问题，就是在生产高性能的铁氧体磁性材料的时候采用湿法工艺，一面压一面抽水，效率比较低。当时，有些企业改用干法工艺，但性能不高。这时候刚好有工农兵学员，我就带着部分工农兵学员与企业技术人员一起，在磁粉的粘结剂与润滑剂方面进行研究，采用樟脑作为润滑剂，同时又具有粘结的功能，使得干压的性能可以达到湿压的90%以上，大大提高了生产效率，提升了产品品质。为了降低成本，后来改用人工合成樟脑，有效降低了生产成本。这项工作是无偿为企业提供的帮助。2016年前后，有一次我出差，在火车上碰到一个年轻人，聊天聊起来，得知现在江苏的一些企业仍然做永磁铁氧体磁性材料的生产，这位年轻人在企业就是技术负责人，使用的技术仍然是当时我建议企业所用的工艺，而且使用干压工艺可以使材料的性能达到湿压工艺的94%~95%。我听到这些，很是欣慰，没想到当时和企业合作所做的工作已经在产业界生根开花了。

20世纪80年代初，浙江诸暨磁性材料厂产品质量不过关，积压了很多产品卖不出去，濒临倒闭。他们跑来南京几次，希望我帮助解决技术问题。当时交通不方便，我先开始远程指导，首先把永磁铁氧体是什么、结构是什么这些基本原理跟他们介绍了一下，另外帮助他们厂里的一些技术骨干开展工作，后来还请了南京从事磁性材料的盛振翔工程师协助他们，大概花了一年时间，帮他们把产品的性能提高到当时国内的最高水平，产品很快打开销路并出口了。

铁氧体磁性材料在永磁材料当中产量很高，价廉、稳定，但是它的性能只有稀土永磁材料的1/10。而稀土永磁很容易氧化，一氧化就容易粉碎了，化学稳定性差；另外它的温度系数比较差，对于钕铁硼稀土永磁材料，居里温度约为312摄氏度，温度稳定性差，通常不适宜应用在100摄氏度以上的环境中，因为在高温环境中其性能将显著变差。如提高使用温度，则需要添加价格昂贵的重稀土元素Dy、Tb。铁氧体是氧化物，氧化铁、氧化锶这样的氧化物是通过陶瓷工艺制备而成的，因此不怕氧化，而且价钱都很便宜。永磁铁氧体通常应用于要求不高的民用产品中，如冰箱、民用电机等，稀土永磁用于精密、小型而且要求高性能永磁体的设备中，如磁盘中的微特电机、风力发电机、磁悬浮列车等，2020年全球永磁铁氧体产量约为100万吨。

改革开放以前，江苏的磁性材料生产是远超过浙江的，浙江基本上没有什么磁性材料厂；改革开放以后，浙江涌现出不少民营的磁性材料厂，他们没什么技术力量，就开始到江苏挖人。当时，技术人员工资待遇大概五十元钱一个月，浙江企业给出的工资往往加倍还拐弯，就把他们聘过去了。因此，后来浙江的磁性材料行业异军突起，变成全国最领先的地方。现在全国磁性材料生产量最大的企业都集中在浙江，铁氧体磁性材料生产主要集中在东阳的东磁、诸暨安特的永磁、海宁天通的软磁；稀土永磁材料生产主要聚集在宁波、东阳，可以说浙江在磁性材料产量方面占了全国的半壁江山。

除了技术问题，企业经营中还涉及专利问题，我也是尽心尽力予以帮助。2000年前后，日本住友公司辗转到南京大学来找我，为一件磁性材料的专利问题，希望我能出一个证明。事情的原委，涉及我课题组早先发表的有关永磁铁氧体中采用稀土元素离子代换钡离子的一些文章。之前做多晶永磁铁氧体离子

图42 1983年12月，都有为（二排左2）、唐余贵（二排左3）、欧阳容百（二排左4）、沈乃玄（二排左5）、李国栋（二排左6）在浙江诸暨磁性材料厂参加提高钡铁氧体磁能积研究鉴定会议

代换研究的时候，我指导研究生做了相关工作的一些基础研究，针对稀土离子代换钡离子、性能怎么变化发表了一系列文章。我当时也没有觉得有多重要，就是些基础研究工作，没想到后来日本TDK公司看到这些文章，利用相关研究结论做出了含稀土的高性能永磁铁氧体产品，并在日本国内申报专利，申报专利的材料中也引用了我和其他人1983年发表在*Journal of Magnetism and Magnetic Materials*期刊上的一篇文章。而住友公司当时也研制出了同类的产品，假如TDK申报专利成功，则住友公司要么放弃该产品，要么给TDK公司交专利费。所以，住友公司很着急，组织人员和材料予以反击，而我的证明则是其中一份最为关键的材料。住友公司技术组的人就跟我联系，非要到南京来拜访，那时候还没有电子邮件，来来回回发了好几次传真、信件，最后还是上门拜访，把他们掌握的我和其他人发表在中外刊物上有关永磁铁氧体的文章提供给我，说清楚事情的来龙去脉，希望我出一个证明，证明相关研究成果已经公开发表了论

文，根据专利法律条款不能再申报专利。我考虑到国内的企业与国外的公司将来也会存在这样的产品竞争，希望科研成果能为全社会服务，所以最后同意给住友出个证明。住友公司的技术人员回去以后，第二年公司会长亲自到南京来当面向我表示感谢，并且告诉我，住友公司和TDK公司达成和解，相关技术双方都可以用，但是专利估计还是TDK公司申请获批了。

果然，住友会长回去后大概隔了一两年，浙江东阳东磁有限公司（现为横店集团东磁股份有限公司，简称东磁，下同）来找我，因为日本人要申报中国的专利了，并且向东磁发了警告函。同时，日本TDK公司在美国、欧洲也申请专利，影响到东磁甚至中国磁性材料企业的产品出口。美国已经批准了日本专利，欧洲尚未批准，中国磁性材料主要出口欧洲，美国反而少，影响不大。所以，当时东磁请北京物理所韩宝善研究员等人组成了一个小组帮着企业打官司，利用我发表的论文与"铁氧体"书中有关材料以及其他有关文献等，终于帮助企业打赢了专利官司。这场被称为"关于LaCo高性能铁氧体专利侵权及无效诉讼事件"，前后历时11年。

2002年，日本TDK公司在LaCo高性能铁氧体产品领域对东磁公司的经销商和使用用户发送警告函，提出该产品侵犯了TDK的专利权。同时东磁公司涉外专利的申请均被驳回，严重影响了公司在LaCo高性能铁氧体相关产品的销售和技术的保护。面对如此不利的情况，经请示相关管理部门并咨询技术、法律专家，2003年，东磁公司做出决定，由董事长牵头，立即启动了LaCo高性能铁氧体专利侵权排查工作，从法律和技术两方面收集相关证据。

在查找资料和对比文献的过程中，我、韩宝善、戴道生等提供了最直接的技术证据，包括我编著的《铁氧体》（江苏科学技术出版社，1996）相关章节（第三章第二节，第八章第二、四节，有关稀土元素在钡、锶永磁铁氧体的代换、相图以及对磁性能的影响）的内容以及苏联Smolenskietal.关于在铁氧体中进行LaCo添加的有关报道（《USSR科学学院公报》，1961，卷25，第11期，第1392–1394页）。在此基础上，东磁公司委托律师事务所发起了对日本TDK公司在欧洲专利权的异议程序。历经多年的艰苦努力，经过多次庭审，法庭最后做出对东磁有利的判决，由"发明专利"改判为"方法专利"，使其无法对东磁公司的产品出口欧洲构成威胁，东磁成功将TDK这一专利保护范围大大缩小。

之后东磁又乘胜追击，进一步对TDK公司在中国申请的发明专利提出无效程序。2011年8月19日，国家知识产权局专利复审委员会下达无效宣告请求审查决定书，以专利法第33条判定TDK公司在中国的专利权全部无效。之后TDK提起两次诉讼，在我以及其他专家指导下，东磁公司没有退让、没有妥协，而是积极应诉、认真准备，在充分准备技术材料的基础上，委托资深专利代理人起草了书面答辩状，针对TDK上诉状中的质疑，列举了大量确凿的事实证据，予以一一反驳。2013年12月20日，北京市高级人民法院知识产权庭下达终审判决，"驳回上诉，维持原判"。自此，东磁公司和TDK公司的专利大战，以东磁公司的胜利告终。

此次专利诉讼案，前后历时7年。在欧洲，法院最终将产品"发明专利"改判为"方法专利"，极大地缩小了该专利实质性保护范围，消除了国内磁材行业产品出口欧洲市场的专利威胁。在中国，该专利被判专利权全部无效，打破了TDK公司在LaCo高性能永磁铁氧体材料方面的专利壁垒，产生的经济效益和社会效益都十分巨大。在保护中国永磁铁氧体磁性材料产业和磁性材料企业的利益上，我与其他专家一起，群策群力，帮助企业最终打赢了法律战。这个事情为我国永磁铁氧体产业的健康、可持续发展做出了重大贡献，当然不是我一个人的功劳，但是涉及国家利益，当有力出力。

第四节　编写铁氧体教材

我毕业留校后，主要承担普通物理课程的实验教学工作。三个月后，1957年12月，根据中央文件规定，1957届的大学毕业生必须下乡接受教育，经学校安排，我和其他四位老师到江浦县陡岗乡插队落户与老农民同吃同住同劳动，接受农民再教育。直到1972年工农兵学员进校，才回校一边参加政治学习，一边承担教学任务。

当时我主要承担磁学教研组的铁氧体课程，为了更好地开展教学工作，我一边看文献一边编教材一边上课，不断丰富讲义内容。当时要求教学、科研与生产相结合，而我对磁性材料厂的生产过程比较熟悉，因此，在我所编写的讲义中有很多介绍生产工艺与产品性能关系的内容，对工厂的生产实践具有重要的指导作用。

20世纪90年代，市场经济大潮汹涌澎湃，很多人下海挣钱，冲击着象牙塔里的教学科研人员。工资低、没奖金，搞原子弹不如卖茶叶蛋，一些教师利用业余时间创收，无心教学科研。我不为所动，专心从事教学科研工作，上好课、带好学生、服务企业，从来不问钱多钱少、有钱没钱。很多磁性材料厂都出高薪希望我去，但我一般是介绍别人去，我觉得自己更适合窝在学校里做科研，认认真真地编写教材，教教学生。从1972年工农兵学员进校，我一直承担"铁氧体"课程的教学任务，二十多年积累了很多资料，为了给磁学专业的本科生提供优质的教材、参考书，把很多晚上的时间都放在编写工作上，终于完成四十多万字的《铁氧体》书稿。我做事喜欢快，粗糙一点不要紧，先拿出成果来。

图43　1996年《铁氧体》由江苏科学技术出版社出版

该书共分十五章，从材料科学的角度出发，结合生产实际与科研，积多年教学与实践成果编写而成，介绍了尖晶石型、石榴石型及六角铁氧体三大晶系的晶体化学、晶体结构、离子分布与本征性能，在此基础上以分子设计为指导思想，着重介绍各种离子的择优占位与对磁性的影响，为确定配方与生产工艺奠定了科学的基础。全书涉及铁氧体材料的各个方面，尤其是生产应用最为广泛的永磁铁氧体、软磁铁氧体、微波铁氧体及磁记录介质等各类铁氧体材料的性能要求、配方、工艺、磁特性与实例，而且每一章都列出详细的参考文献，为从事铁氧体磁性材料生产的技术人员及高校与研究所中从事铁氧体研究、教学的师生和科研人员提供一本较为系统的参考书。

　　生活艰苦一点、工作上条件差一点都可以克服、都可以忍耐，辛辛苦苦写出来的书稿没钱出版，却是我始料未及的。好在1990年，江苏省科学技术委员会、江苏省出版总社和江苏科学技术出版社共同建立了"江苏省金陵科技出版基金"，用来支持自然科学范围内的符合条件的优秀科技著作的出版。我把书稿交到江苏科学技术出版社，申请到该基金的补助，但还是不够。好在天无绝人之路，一些磁性材料企业伸出了援助之手，在书末印制企业广告解决了一部分出版费用，《铁氧体》得以在1996年正式出版，在磁性材料行业产生了很大的影响。当时，中国科学院物理所李国栋研究员评价："最近出版的这部《铁氧体》新著，不但是我国铁氧体界十年一出的佳作，而且具有取材新颖、内容全面、理论和实际结合、国内和国外并重的突出优点。"[1]后来我去磁性材料企业，常常会碰到有企业里的技术人员很真诚地跟我讲，多少年来一直就是看《铁氧体》这本书。

---

　　① 李国栋：喜看铁氧体新著的出版——评介都有为编著的《铁氧体》，《物理》，1997年第9期，第576页。

第七章

赴美访学

1978年党的十一届三中全会以后，改革开放成为中国建设发展的主旋律，中美关系得到极大改善，学术交流蓬勃开展，很多学者和留学生都赴美国各大学和科研机构学习，我也获得去美国访学的机会，主要是想利用美国霍普金斯大学天文物理系一个实验室内的穆斯堡尔谱设备来测试相关磁性材料的性能，刚好赶上超导材料研究在物理学界走红，经与合作导师商量后，与两名博士研究生合作，利用穆斯堡尔谱仪研究超导性与磁有序的共存，在高温超导氧化物中对3d过渡族元素代换对材料超导性能的影响做了些探索。

第一节　冯端推荐赴美进修

新中国成立以后，因为西方的封锁，与苏联关系特别好，因此在科学研究方面主要是向苏联学习，与苏联以及东欧社会主义国家的一些大学和科研机构开展合作与学术交流。后来因为种种原因，中苏不睦，苏联专家撤走了，国内也陷入各种运动，很多科研工作基本上处于停滞状态，特别是大学里的教学科研，都停了。

1972年美国总统尼克松访华以后，中美关系得到改善，1979年中美建交，两国各方面的交流开始增加，特别是科学文化方面。1979年春天，美国哥伦比亚大学华裔学者李政道在北京讲课时，请他在美国工作的大学物理系的同事出了一份研究生入学考试题寄到北京，在中国科学技术大学研究生院的协助下，选出5位优秀的学生赴哥伦比亚大学读书，当时遭遇不少阻力，后在邓小平等老一辈领导人的支持下，项目得以推进，称为CUSPEA，即China-U.S. Physics Examination and Application（中美联合培养物理类研究生计划）的英文简称。1980年2月，项目正式启动，中国专门成立了委员会，严济慈任主任，成员单位包括中国科学院、教育部、中国科学技术大学、北京大学、清华大学等，委员包括黄辛白、钱三强、王淦昌、王竹溪、黄昆等。截至1988年年底，合作院校最后拓展到76所美国大学、21所加拿大大学、95所中国大学。CUSPEA项目先后培养了915名物理学高级人才，回国人员占比达到30%，其中12位科学家成为中国、欧洲、美国、加拿大等国院士，约300多人在国际科学技术组织中担任职位或成为委员，100余人次获得各类国际科技大奖，有400多位成功的高科技发明家和企业家。[①]

除了李政道推动的研究生培养项目，20世纪80年代，在杨振宁先生努力协调下，中美物理学界还有一个互动。那时候复旦大学的校长谢希德先生已是半导体物理学家，在国内外都很有名。当时她是中国物理学会会长，在杨振宁先生牵线与推动下跟美国物理学会有一个合作协议，叫凝聚态物理的合作协议，实际上就是美国帮助中国培养凝聚态物理学方面的人才。1982年，中美两国物理学会签订了"中美原子分子与凝聚态物理合作基础研究计划"的协议。推动和执行这个协议的中方负责人，就是时任复旦大学校长的谢希德先生。根据这个协议，从1983年至1988年，中国五所重点大学物理系和中国科学院五个研究所每年各派一名中年物理学科研究人员，到美国著名大学的物理系去从事合作研究两年，以提高中方人员学术水平。通过此协议赴美参加有关研究工作的学者，回国后基本上成为学术骨干，有的被遴选为中科院院士，如顾秉林、杨国桢、苏肇冰等。

1985年，南京大学物理系获得两个到美国大学进修的名额，派教师到美国的科研院所进行合作研究，冯端院士推荐了我。冯端并不动手做实验，却知道怎么做实验，而且非常重视科研实验。他认为中国传统教育里过于偏重于知识的传授和灌输，创新不够，他说："一个科学家既要会动脑，也要会动手，单

---

① 黄庆桥：论 CUSPEA 对中国大学物理教育的影响，《自然辩证法研究》，2017 年第 1 期，第 76 页。

单在教室里是培养不出科学家来的。"[1]冯端喜欢动手能力强的人，所以他一直比较认可我。冯端时刻关注国外最新的物理学研究进展，那个时候还没有互联网，英文的文献总要晚个半年甚至更长时间传到国内，但不影响他从这些文章中找到亮点，并找准研究方向，组织人马开展工作。我也喜欢看文献，这点跟冯端很像，也可能跟着他有样学样，对国际磁学研究前沿盯得很紧，同时，又能做实验，而且是在条件不足的时候能想方设法完成实验。这些都让冯端比较欣赏。

据冯端的学生李齐回忆，在研究晶体缺陷的实验中，当时有用电子显微镜、化学方法、X射线等多种方法来进行。可是，当时的实验室条件比较差，没有电子显微镜，X射线的设备也十分落后。冯先生把实验室里的家伙挨个扫描了一遍，结果发现，只有光学显微镜可以派上用场。李齐认为光学显微镜比电子显微镜差远了，不可能完成实验，但在冯端的指导下，实验成功了。[2]这还是在条件比较好的晶体实验室，而我所在的磁学实验室，条件就更差了，好多东西都是捡来的，即使这样，还是完成了不少实验，取得了一定的成果。这些，冯端都看在眼里。

另外一个方面，磁学方向也是冯端看好的一个研究方向。1978年物理系专业调整以后，磁学归到固体物理专业，也就是从那个时候起，我在磁学上的科研才真正开始起步，研究铁氧体、永磁铁氧体，磁记录磁粉的原料——FeOOH，当时我在国内利用穆斯堡尔谱（Mössbauer）效应研究磁性材料是比较早的，跟核子组的张毓昌合作的论文也在正式的学术刊物《物理学报》上发表，已经显示出较强的科研能力。

物理系当时推荐了两个人，一个是我，另一个是半导体的何宇亮。我正在做穆斯堡尔谱方面的研究，联系美国大学的时候看到霍普金斯大学天文物理系

① 冯步云：《点滴凝聚铸人生——冯端传》，南京大学出版社，2012年，第105页。
② 冯步云：《点滴凝聚铸人生——冯端传》，南京大学出版社，2012年，第89页。

有一位教授叫沃克，是搞穆斯堡尔谱方面研究很有名的专家，就写了一封信寄给他，想在他那儿做一些研究工作。同时又有冯先生的推荐信，时间不长就接到沃克教授的回信，同意接受我去他的实验室工作。我把家里安顿好，办好各项手续以后，与何宇亮两个人就一起出国了。

第二节　初到美国

1985年11月月底，我到达美国纽约的肯尼迪机场，弟弟都诚成到机场接机。都诚成是1979年办理好赴美移民手续的，但根据美国移民局规定，须在香港居住满三年才能赴美。都家不少后人早早就到国外工作生活，都诚成当时因为要照顾年迈的母亲，一直未能成行，连婚姻大事也是一拖再拖。后来年龄比较大了，在其他人的撮合下，总算成了家。母亲仙逝后，办好一切后事，他即携妻带子乘火车离开美丽的故乡杭州，奔往香港。香港生活水平很高，夫妻二人都不愿意继续依靠兄长支持过日子，要自立更生、奋发图强，当时还带着两个年幼的孩子，生活的艰辛可想而知。都诚成毕业于杭州高级中学，由于品学兼优，上学时被推选为班长，可惜后来未能进入大学进一步深造，命蹇时乖，深以为憾。1982年，在大哥都福临的帮助下，他们全家离开香港，移民到美国寻找新的生活，落脚在新泽西州。新泽西州与纽约仅仅隔着一条哈德逊河，登高一望，纽约就在眼前，相互毗邻，新泽西州已成为纽约的后花园。许多人白天在纽约工作，晚上回到新泽西州的家中休息，交通十分便捷。不过，到美国以后，也是生活不易，他们先是在别处打工，慢慢地过渡到自己开了一家中餐馆，生活总算稳定下来。不过，餐馆规模不大，基本上从老板、厨师到跑堂，全由自家人充当，也是从早忙到晚。

我在弟弟家住了两天，就到巴尔的摩的约翰·霍普金斯大学（Johns Hopkins University）报到，迎接我的是南京大学物理系的学生肖钢。他也是通过李政道的CUSPEA项目出国的，比我早一年到霍普金斯大学物理系攻读博士学位，师从从中国台湾到美国的钱嘉陵教授，在他手下做研究，而钱嘉陵曾是沃克教授的博士后，因而留在霍普金斯大学物理系。师生异国相见，倍感亲切。在肖钢的帮助下，我顺利办好各种报到手续，住进离学校不远的一幢房子里。

这幢房子的房东来自中国台湾，他本来应聘了霍普金斯大学的教职，但后来期满没有被留下来，就去了马里兰大学任教。美国大学一般是层层选拔，确定下来以后签合同，约定5年时间给50万美元（各校有差异，大致如此），看5年时间里做得怎么样，做得比较好就可以留下来当终身教授，如果校方不满意就只能另谋他就。这位教授来的时候就在霍普金斯大学旁边买了一幢房子，离开以后，他的夫人就把房子租给来霍普金斯大学进修的中国人。我也租住在这里，一起在里面住的大概五六人，中间有走的、也有来的，每人单独一间房，厨房是公用的，大家都是自己做饭做菜，生活没有什么问题。当时出国访学的人员，待遇比留学的学生稍微高一点，每个月1000美元，留学生每个月400美元。我每月的生活费1000美元是沃克教授支付的。美国的东西比较便宜，我每个月大概100多块钱就够基本的开销，买买菜、日用品，离住的地方不远就有一个超市、一个农贸市场，很方便。

都安顿好以后，我就去物理系见联系的合作导师沃克，沃克很热情地接待了我。沃克比我年长，很有学者气质。我们两个人聊了聊相关的学术话题，更多地聊了聊中美不同的生活方式。当时正好赶上美国的感恩节，沃克就邀请我到他家里去做客，亲自烤火鸡招待我。因为我新到美国，沃克还利用休息日带我去外面兜风，看看美国的风景，了解一些风土人情，介绍当地的特色，让我更快地适应在美的生活。

沃克祖辈是德国人，后来移民到美国的。他胆子很大，因为喜欢二战时候一架老式的螺旋桨战斗机，就花费5000美元购买它，放在家附近的农场里，有空的时候就去飞一飞，跟普通人开汽车差不多。飞机发动的时候，要先站到飞机前面，用手去转动螺旋桨，然后才能打开油门发动起飞。有一天，正好是周末，沃克带着我和邱子强、唐焕三人去农场飞一飞。飞机停放在农场，这是一架两座的战斗机，每次只能带一个人。沃克先带我上去，可能考虑到我是第一次坐，年龄又大，所以小心翼翼的，没有做什么动作，在农场上空平稳地飞了两圈，远望了一下市区就降落了。接着带邱子强与唐焕的时候，沃克开着飞机一会儿上冲、一会儿俯冲，做了一些惊险动作，使得他们两人心惊肉跳，十分

图44　1986年，都有为（右）到美国不久，时任南京大学校长曲钦岳访问霍普金斯大学，期间沃克（左）带都有为到宾馆去见曲校长并一起餐叙，期间与沃克合影留念

刺激。种种事迹可以看出，沃克人很好，是一个很爽快的人，富有冒险精神，对我也非常友好。我回国后，曾建议他参加在北京召开的国际会议，顺便邀请他访问南京大学，观光南京市容，他赞叹中国的巨大变化，也对南京的花生米情有独钟。平时他身体十分强壮，没想到却在2016年因病逝世。愿他在天堂安好！

因为计划是两年时间，而且沃克是以穆斯堡尔谱方面研究见长，对材料的研究并不十分在行。我出国前对美国的情况并不了解，因此只是带了一点从国内制备的磁性材料样品——超细微粉（也就是后来所谓的纳米材料，那时候还没有用"纳米"二字来指称材料），想通过穆斯堡尔谱研究材料的性能。这些超细微粉是磁性的铁粉，我在国内已经与张毓昌等人合作做了一些磁性化合物的穆斯堡尔谱效应方面的研究，正好可以利用中美凝聚态物理的合作计划，到美国穆斯堡尔谱效应研究的顶尖的实验室来研究金属超细微粉的磁性与穆斯堡尔谱。所以，一开始沃克并没有想好怎么安排我的研究工作，只是让我自己利用实验室内的一些仪器设备做研究，这让我也比较自由。

第三节　爆炸性的物理发现

　　我1985年年底到美国，过完感恩节后，又是美国人的圣诞节假期，之后又是中国的春节，转眼就到了1986年的春天。这时候物理学界发生了一件非常著名的事情——高温超导氧化物材料被发现了。

　　美国物理学会每年都会开一个春季讨论会，邀请世界各地的物理学研究方面的学者来参加，在这个会上一般会发布一些物理学上最新的研究成果。1986年3月16日至20日，在纽约的希尔顿饭店召开美国物理学会一年一度的春季讨论会，有来自亚欧美三大洲的数千名学者参加，盛况空前。我也去参加，发现现场人很多，因为晚上要宣布最新的物理学进展，一个不是十分大的会议室，周围围了一圈圈的听众。"超导这一组的讨论，被安排在18日晚上7时30分进行。那天从下午5时起，就有许多科学家带着干粮在会场外等候。进场时，大家争先恐后，一下子把大厅1200只座位坐满了。下午6点多就到的谢教授也不得不像其余1000多位科学家那样，被挤在会场外面的过道里。幸好，在离现场转播电视屏幕很近的地方，找到了一把椅子坐下，能清楚地听到各国科学家的发言和报告。"①"谢教授"就是复旦大学的谢希德，中美凝聚态物理合作计划的推动者之一，从1983年起，每年都受邀参加美国物理学会的春季讨论会。超导组的这个会，一直开到凌晨3点，气氛十分热烈。

　　超导体在1911年被发现，荷兰科学家海克·卡末林·昂内斯（Heike Kamerlingh Onnes）等人发现，汞在极低的温度下，其电阻消失，呈超导状态。当水银的温度降到4.2K（零下268.95摄氏度）时，水银的电阻变成了0，这种没有电阻或者叫0电阻的现象就叫作超导。此后超导体的研究日趋深入，一方面，

---

　　① 毛秀宝：赴美归来话"超导"——访固体物理学专家、复旦大学校长谢希德教授，《新闻记者》，1987年第9期，第41页。

多种具有实用潜力的超导材料被发现，另一方面，对超导机理的研究也有一定进展。超导的好处就是电流通过电线的时候不会产生热量，如果有电阻就等于给电阻加热，电能变为热能，能量被损耗，特别是远距离输送电能的话，线路上的损耗就很大。

所以，超导现象一经发现，世界上许多科学家和企业家都希望温度可以由4.2K走向高温，以期达到室温使用的可能。大概经过75年的努力，世界各国无数的科学家都投身进去，不过收效都不是很理想。人们只是把超导温度从原来的4.2K提高到了23.2K，只提升了19K，就花了75年，所以科学上要前进一步都不是很容易，大部分都失败了。科学发展通常不是随时间线性增长的，往往呈现阶梯形的进展，积累—突破—再积累—再突破，积累过程中基本上是失败的，却是成功突破的奠基石，所谓"失败为成功之母"，坚忍不拔、锲而不舍是成功的秘诀。

1986年4月，美国IBM公司瑞士苏黎世研究室的贝德诺兹和缪勒（J. G. Bednorz，K. A. Muller）在联邦德国 *Z. Phys. B.* 杂志上发表了关于Ba–La–Cu–O系可能具有35K高温超导性的文章。该项研究成果被认为是超导材料研究的第四块里程碑。[①]他们发现在氧化物中35K的超导温度，之前都是在水银、半导体当中发现的，这个发现也被写成文章投给了很多高级的刊物，比如《自然》（*Nature*）和《科学》（*Science*），但是都没有被接受，这些刊物认为他们的数据可能不正确，因为以前他们也收到过类似的文章，最后都没有得到确实成立的证据。后来才发表在德国《物理学报》上，相当于中国的《物理学报》这样一个国家级刊物，并不是国际上特别有影响的刊物，但文章发表以后引起了各个国家科学家的重视。南京大学有一位从事理论物理研究的蔡建华教授刚好在意大利开国际会议，看到这篇文章就把它带回了国。因为蔡建华是搞理论物理的，不做实验，他就把这篇文章带给他在中国科学技术大学工作的学生张其

---

① 付波：超导研究的历史、现状和未来，《材料科学与工程》，1987年第3期，第40页。

图45　1986年11月20日，都有为（左1），孙晋方（左2），魏玉年（右1）在美国巴尔的摩参加3M会议

瑞，让他去关注高温超导问题。后来，张其瑞是在国内高校中最早做出高温超导材料的。另外，中国科学院物理所的赵忠贤同时也在做相应的研究工作，并在美国物理学会春季讨论会上做了12分钟的报告[1]。

　　贝德诺兹和缪勒的样品是复相材料，就是多种材料组合在一起，到底是哪一种材料起超导作用，没有讲清楚。休斯敦大学美籍华人朱经武想了一个巧妙的办法，把制备材料的温度升高，让晶粒长大，然后选择其中一颗大晶粒，送到华盛顿一个有名的搞地质晶体结构的专家那边鉴定。经过检测，发现高温超导材料中起超导作用的钇钡铜的比例是1∶2∶3，组成被确定后，制备成单相超导材料，立刻把超导温度由30K提高到90K。

　　这个研究成果在那次纽约会议上是一个爆炸性的新闻。尽管朱经武做出单相、高超导温度的钙钛矿超导氧化物材料，但他还是无缘诺贝尔奖，因为诺贝尔奖仅颁发给原始创新者，这也是诺贝尔奖含金量的核心价值所在。

　　肖钢听了大会报告十分兴奋，摩拳擦掌准备研究超导材料。会议结束回到

①毛秀宝：赴美归来话"超导"——访固体物理学专家、复旦大学校长谢希德教授，《新闻记者》，1987年第9期，第41页。

霍普金斯大学，他就找到我，向我咨询如何制备高温超导材料。肖钢在钱嘉陵的实验室攻读博士学位，我初到美国，也得到了他不少帮助，特别是生活上琐碎的事情，而且我对铁氧体制备工艺十分熟悉，而高温超导材料是钙钛矿型的氧化物，原则上制备工艺与铁氧体相同，属于粉末冶金陶瓷工艺，所以我很爽快地跟肖钢说，我们一起干吧。由于纯的$YBa_2Cu_3O_7$样品研究者甚多，而Cu是3d过渡元素，原则上可被其他过渡族元素所取代，因此，我提出研究3d过渡族元素代换对材料超导性能的影响。

当时，钱嘉陵的实验室还不具备制备的条件，连炉子和一些试剂都没有，而天文物理系有个为全系服务的加工车间，室内有一个手动的压机，肖钢的个子很高，一米八几，每次做实验都要跳上去才能把长长的把手拉下来。研究方向确定后，我想了一些办法，利用他们实验室很简单的条件制备样品，可以说是土法上马，但又简易实用，前后大概花了一个星期的时间就把样品做出来了。

肖钢很高兴，花了不少时间对样品进行各种测量，整天泡在实验室里，对制备的样品$YBa_2(Cu_{0.9}A_{0.1})_3O_{6+y}$（A=Ti，Cr，Mn，Fe，Co，Ni，Cu，Zn）采用磁性测量与电阻测量研究样品的超导性能。在实验中，超过T_c的磁化率也被测量，发现强烈地关联顺磁矩大小，主要是由于磁性的散射作用。对于含Zn的样品，由于反键d带的充满导致T_c急剧下降。从提出思路、样品制备到实验测量，整个过程是我与肖钢两个人共同完成的，在我俩的紧密合作下，相关研究成果"过渡金属元素对Y-Ba-Cu-O超导性的影响"一文很快发表在美国《物理评论B》上，至今被引用414次。

第四节　研究高温超导氧化物

霍普金斯大学物理系的沃克教授长期从事穆斯堡尔谱效应方面的研究，是穆斯堡尔谱效应研究早期开创者之一。我一开始到美国霍普金斯大学并没有想到会研究超导材料，只是想把在国内做的纳米的，或者超细的铁与锌铁氧体的颗粒样品带过去，用沃克实验室的仪器设备来做这些材料的穆斯堡尔谱效应方面的研究。

不过，我没想到第二年，也就是1986年春季的美国物理学会大型讨论会上，高温超导材料成为物理学研究的大热门，而且跟自己从事的磁性铁氧体材料研究在实验方法、制备手段等方面不但不冲突，而且还存在一定的联系，极有可能做出一些成果。通过与肖钢的合作，我更增强了在超导材料研究上的信心。于是，在一次与导师讨论问题的时候，我就跟沃克提出建议，能不能把研究方向集中到高温超导材料上来，他一听也很感兴趣。

沃克并不很了解超导材料的制备，但对这方面的研究持开放态度，对我与钱、肖二人的合作也看在眼里，听到我提出研究高温超导材料，就让我到他自己的实验室来做，并把自己手下带的两个中国博士生交给我，跟我一起做高温超导氧化物研究。

两个中国留学生，一个是北京大学的邱子强，正在攻读博士学位，通过李政道的中美联合培养物理类研究生计划参加考试被选拔到美国大学来攻读学位的优秀学生；另外一个是华东师范大学的年轻教师唐焕，也是物理系的博士生。他们比我早到霍普金斯大学，已经修完大部分基础课，正在准备毕业论文，但是研究方向还没有最终确定。我刚到沃克实验室的时候，带了样品做实验，但是一开始对仪器设备不十分了解，他们两个人帮着我一起做实验，也发表了一些SCI论文。其中，"超细铁颗粒的磁性"一文就是采用我从南京大学带去的样品，利用沃克实验室的穆斯堡尔谱仪与磁测量设备进行研究的成果，被引用44次。这篇文章主要介绍在氮气中采用蒸发工艺制备超细铁颗粒，氮气压力将影响颗粒尺寸、形状与磁性能，该法制备的颗粒在空气中相对稳定未被严重氧化，表面氧化层的无反冲因子很低，因此在室温条件下无法用穆斯堡尔谱测定，由于铁颗粒间磁的相互作用与低的德拜温度，表面氧化的超顺磁性穆斯堡尔谱线未被呈现，从电镜观察磁化反转取决于球链模式，但H_c –T在低温与M_s曲线并不一致，H_c的增加与磁晶各向异性有关。实验表明，在低温磁化强度显示出反常增大，当表面各向异性足够强时，即使在40KOe，5.5K低温度下都难以将表面氧化物磁化到饱和。

我与邱、唐二人商量，决定利用沃克实验室的特长，同时又不与其他研究工作简单重复，遂决定用同位素铁57作为探针研究不同的稀土元素代换Y的钙钛矿高温超导材料性能，也就是采用稀土元素Gd代换Y，并以少量的^{57}Fe作为探针元素，以穆斯堡尔谱为工具，研究超导与磁有序的关系。在国际上，这是首次开展这方面的研究，发现超导性与磁有序共存的实验结果为理论上深入研究超导机制提供实验的启迪。

三人亦师亦友，相处十分融洽，1987年9月，在美国的《物理评论》上发

图46　1987年夏天，都有为（左2）与邱子强（左1）、唐焕（右1）在美国霍普金斯大学校园内合影

表的论文"低于超导转变温度下$GdBa_2$($Cu_{0.94}Fe_{0.06}$)$_3O_{9-\delta}$中的磁有序"介绍了在4.2K温度下$GdBa_2$($Cu_{0.94}Fe_{0.06}$)$_3O_{9-\delta}$中发现超导性与磁有序共存。采用穆斯堡尔谱的方法,可以发现Fe的磁有序,以少量Fe为探针研究孤立Fe离子周围的晶场与磁性,讨论了有关磁有序的本性与可能的机理。这篇文章被引用58次。另外一篇文章"YBa_2($Cu_{0.94}Fe_{0.06}$)$_3O_{9-\sigma}$中的磁有序与超导性共存"指出在Y-Ba-Cu-O体系中,用6%的Fe取代Cu获得具有超导性的样品,该样品已用X-射线衍射证明为1-2-3相化合物,6%的Fe的取代导致T_c从94K下降到80K。其室温穆斯堡尔谱显示出两对双峰,意味着在样品中有两类Cu的晶位,最令人惊讶的是在4.2K温度下,Fe的磁有序与样品的超导性共存。这篇文章被引用达47次。

1987年年底,我原计划访学两年,转眼就要结束了,但当时一些研究表明,超导机制——也就是材料为什么会产生超导,用穆斯堡尔谱的方法发现可能跟反铁磁有关。我当时就提出来材料中可能存在超导和反铁磁共存的有关观点,沃克对这个观点也很感兴趣,又挽留我一年,让我继续做超导方面的研究,一直到1988年年底。1988年,我发表文章"锌铁氧体颗粒的穆斯堡尔效应研究",研究了$Zn_{0.2}Fe_{2.8}O_4$颗粒在不同温度下的穆斯堡尔谱可以分为5种组份,其一是处于A座的Fe^{3+}离子,其他的是处于B座的Fe^{3+}与Fe^{2+}离子,讨论了锌离子的代换引起磁与电性质的变化。这篇文章被引用39次。1989年发表了"采用穆斯堡尔谱研究$YBa_2Cu_3O_{6+d}$中的反铁磁性",在Y-Ba-Cu1-2-3化合物中,采用少量^{57}Fe(约0.3%)代换其中的Cu,少量的Fe可忽略Fe-Fe间的相互作用,^{57}Fe仅仅作为探针研究高T_c超导化合物的磁结构,将样品置于Ar气体中750摄氏度10个小时,大概30%的铁离子从Cu(2)-O2迁移到Cu(2)晶位,Fe在Cu(2)的穆斯堡尔谱表明Cu(2)-O2为反铁磁性有序与中子衍射结果相一致,磁成分精细场的温度依赖性服从$T^{2/3}$规律表明三维自旋波的激发,这是符合4.2K温度下Fe在Cu(1)中的磁有序,对具有不同氧缺陷,在不同温度下的穆斯堡尔谱也进行了分析与讨论。这篇文章被引用达32次。

在美国3年,我共发表SCI论文22篇,被引用达880多次,不仅数量比较多,而且所做的研究质量都非常高，得到业内认可。因为我的研究思路和循之开展的研究工作都很有开创性，取得了不少研究成果。我离开美国之前，沃克的实验室新买了一个磁性薄膜制备的设备，我就跟邱子强、唐焕两人建议，论文的方向主要放在研究磁性薄膜方面，建议他们转方向，因为高温超导体研究的人太多了，并且没有解决的问题都是硬骨头。他们后来就转向薄膜研究方向，都顺利毕业了。邱子强成为美国加州伯克利大学物理系的一位知名教授，主要开展薄膜磁性的研究，唐焕则就职于美国希捷公司。

人的一生，有很多机遇，有的是事先完全没有想到的，比如1985年年底，我去美国霍普金斯大学物理系访学，本来想利用穆斯堡尔谱仪研究纳米磁性材料，没想到1986年高温氧化物超导材料的研究热潮兴起，又遇到肖钢博士热衷于高温超导氧化物材料的研究，机缘巧合，我自然而然地"卷"入其中。下一步该如何走呢？当情况发生变化时，需审时度势，做出正确的选择。经过考虑，我建议沃克教授开展新领域的研究，并在超导研究中加入磁与穆斯堡尔谱的特色，这一想法得到了沃克的支持。这样做不仅仅对我自己，对沃克、唐焕以及邱子强都是影响人生轨迹的决定。

第五节　毅然回国

1985年年底我到美国时，弟弟一家已经在美国新泽西州安顿下来，开了一家中餐馆，虽然人手紧张，但已经比较安稳，不需要东奔西走。1986年年底，我帮妻子和儿子也办理了探亲手续，到美国团聚。

当时儿子都宇清已经13岁，正是念初中的时候，到美国以后要安排进入当地的初中继续上学。因为霍普金斯大学所在的巴尔的摩地区多为黑人聚居地，社区治安不是太好，所以我听从弟弟一家的建议，把孩子送到他们那里，与他们家的孩子一起上学。妻子叶绪华因为要照顾身体不太好的岳父早早就从厂里办了退休手续，这时走起来倒是十分方便，到美国后就跟着住到新泽西弟弟家里，一边照顾儿子，一边在弟弟家的中餐馆里帮忙。

1965年，兄长都福临（都自成）就帮弟弟都诚成办理了移民巴西圣保罗的手续，但因对老母亲难舍难分，都诚成决定只要老母亲在世就绝对不离开她。待老母亲逝世七天后，1979年1月27日，正是中国的大年三十，都诚成一家搭乘火车离开美丽的故乡杭州，奔往香港。

弟媳每天要打两份工，先是在一家电子工厂做完早班，马上匆匆忙忙冲过马路到街对面另外一家电子工厂做中班。都诚成白天在家照顾两个孩子，一个五岁，一个才一岁，晚上等妻子下班回来后，马上赶到一家美国电子厂摩托罗拉公司在香港的分公司做深夜班。两个人每天这么轮流倒班，只能睡三四个小时，虽然十分辛苦，心情却十分愉快，因为能够自力更生站住脚，完全不依赖兄长接济。

在香港三年后，为了两个孩子有一个美好的前程，都诚成又带着全家依依不舍地离开香港奔赴美国，到新泽西落脚。到美国以后，因为他在学校学的是俄语，没有英语基础，想要在人地生疏且语言不通的地方生存下来是一件很不容易的事情。兄长坚决不同意让弟媳妇去别人家当女佣，要他们去夜校修读英文，生活费由他来出。正好在上学的路上，都诚成遇到了一位在美国开玩具工厂的中国老板娘，互相聊了以后，对方让他们去她家工厂上班，一边工作、一边学习。为了培育两个孩子，夫妻二人一周上五天班，晚上加班，周六、周日拿着工厂生产的玩具到车程一个半小时的郊区的农贸市场摆地摊。一到摆摊的日子，全家人凌晨四点就起床，两个孩子在汽车后座睡觉，到了农贸市场，摆摊吆喝，孩子也帮忙推销，忙得不亦乐乎。无论是在刺骨的寒冬，或是在炎热的盛夏，夫妻二人风雨无阻又拼搏了三年，后在另外一对夫妇的帮助下开了一家中国餐馆，生活相对安定下来。

开餐馆需要人手，夫妻二人忙里忙外，根本忙不过来，又不敢雇人，毕竟餐馆规模不大，雇人花费还是比较大的，能省一个是一个，两个孩子又要上学，各方面费用都要增加。这个时候正好我到霍普金斯大学做访问学者，叶绪华也跟着到美国，正是弟弟一家急需的好帮手，帮助他们在餐馆做事。这样我安心在霍普金斯大学做研究，妻子、儿子在新泽西跟弟弟一家在一起，上学的上学，工作的工作，虽然相隔有一段距离，也要逢到节假日一家人才能团聚，但总的来说，生活安逸而平静。

我在美国工作期间，除了不定期地到弟弟家相聚，也会到相距不远的兄长家看望哥哥。由于年龄的差距，小时候我与哥哥也难得见面，当我念小学时，哥哥已经是南京中央大学电机系学生了。在我记忆中最难忘的事是有一年暑假，哥哥从南京回家看望母亲，有一天，我在家门外放鹅，突然两个国民党的警察强行把鹅抢走了，我回家哭诉，哥哥听后立马到警察局，亮出中大学生的身份，怒斥警察，还顺利地将鹅拿回家了。因此在我幼小的心灵中，哥哥是英雄。1972年中美建交后，哥哥参加美国的一个专家访问团回国访问，到南京后，通过南大有关部门告诉我他住的宾馆，我们才久别重逢，后来，慧珠姐在哥哥帮助下赴美定居，我的身份也变成"侨眷"，还曾获"侨眷爱国奉献奖"。在美期间，哥哥带我与夫人畅游纽约，参观艺术馆、自然博物馆、世贸双子大厦等，人生如梦，如今只留下深深的思念。

在霍普金斯大学工作期间，我发现，美国的同行们，或者欧美的学者们，搞研究工作主要就是根据自己的兴趣，进行独立的创新研究，倒也没有必须固定一个方向，这样反而经常会做出一些意想不到的成果。

我对国外大学与公司的学术休假制度很感兴趣，教授每隔七八年都会有一次整年的休假，这一年休假照发工资，不一定在这个大学、公司甚至国内工作，可以去全世界旅游，也可以到其他公司去工作。比如，在瑞士从事电介质研究的学者缪勒（A. Müller），利用假期到美国IBM公司工作，接触超导材料，十分感兴趣，结合他自己原有的工作经验，别开蹊径，开展钙钛矿氧化物超导电性的研究，最终取得30K超导的突破。以往75年里，尽管世界上无数学者投入超导研究，但超导温度仅仅提高了19度，即铌三锗的23.22K，可以说超导材料一直没有显著进展。而缪勒原来是搞电介质的，要利用物理现象中的晶格畸变效应提高超导温度，这个想法显然是异想天开，但是兴趣一直驱使他追求新的高温超导材料，最终成功了。

一开始他是自己做，可是毫无结果，后来一个年轻的学者被吸引来了跟他一起做，两年当中毫无收获，在氧化物中只做到十几度，比原有的还低。偶然的一次机会，他们看到一篇文章，是一名法国化学家做的实验，发现钙钛矿氧化物的电阻是随着温度的下降而下降的，受到启发后，他就带着年轻人对钙钛矿氧化物进行进一步的研究，终于取得了突破，从而进入钙钛矿高温超导化合物的新时代，获得了诺贝尔物理学奖。但他的原始发明中，超导材料是复相，究竟什么相是超导相并不清楚。

后来，美国休斯敦大学的朱经武教授巧妙地根据复相材料将超导相的组成研究清楚了，制备出单相的超导材料，从而把温度从30K提升到90K，这都是很了不起的工作。从此事例可以看出，科学研究要坚持不懈，要感兴趣，要有开阔的思路，不要拘于原有框架的约束，提出新思想，在合理的思考下，各种可能都可以尝试。

科研比较顺利，该完成的任务都超额完成了，不在计划内的任务也完成不少，各方对我的科研能力都比较认可；妻子和孩子在美国的生活也逐渐适应，都氏后人也有不少在国外工作生活，我完全有理由留下来，留在美国工作并过上比较优渥的生活。20世纪80年代，正是中国人潮水般涌出国门的时代，无论有无一技之长，都要通过各种渠道出国，对很多人来说，国外就是天堂。但我仍然选择回国，回到南京大学物理系任教。

一个原因是感恩之心，南京大学培养自己，总不能翅膀硬了马上另择高枝；老师们提携自己，特别是鲍先生、冯先生，我还是冯端推荐出国的。

另一个原因或许是求知之心，虽然国外科研条件要更好一些，但是当时超导研究大热，大学、企业有一哄而上之势，而我已经看到其中存在的一些困难，所以后来建议邱子强和唐焕改到磁性薄膜的方向，而自己选择离美回国，可以好好做自己的老本行。

还有一个原因或许是报答之心，知识分子讲究"士为知己者死"，当时磁学专业在南京大学是新专业，弱势专业，正缺核心领军人才，翟宏如调到检测中心，自己再一走，师资结构上就有些接不上了。1986年南京大学在我刚出国、不在学校的情况下，仍提任我为教授，并且委托龚昌德于当年去美国开会时把提任教授的通知亲手送给我，个中深意，尽在不言中。

1988年年底，我怀着报国之心，带着全家从美国返回南京，回到阔别三年的南京大学校园。

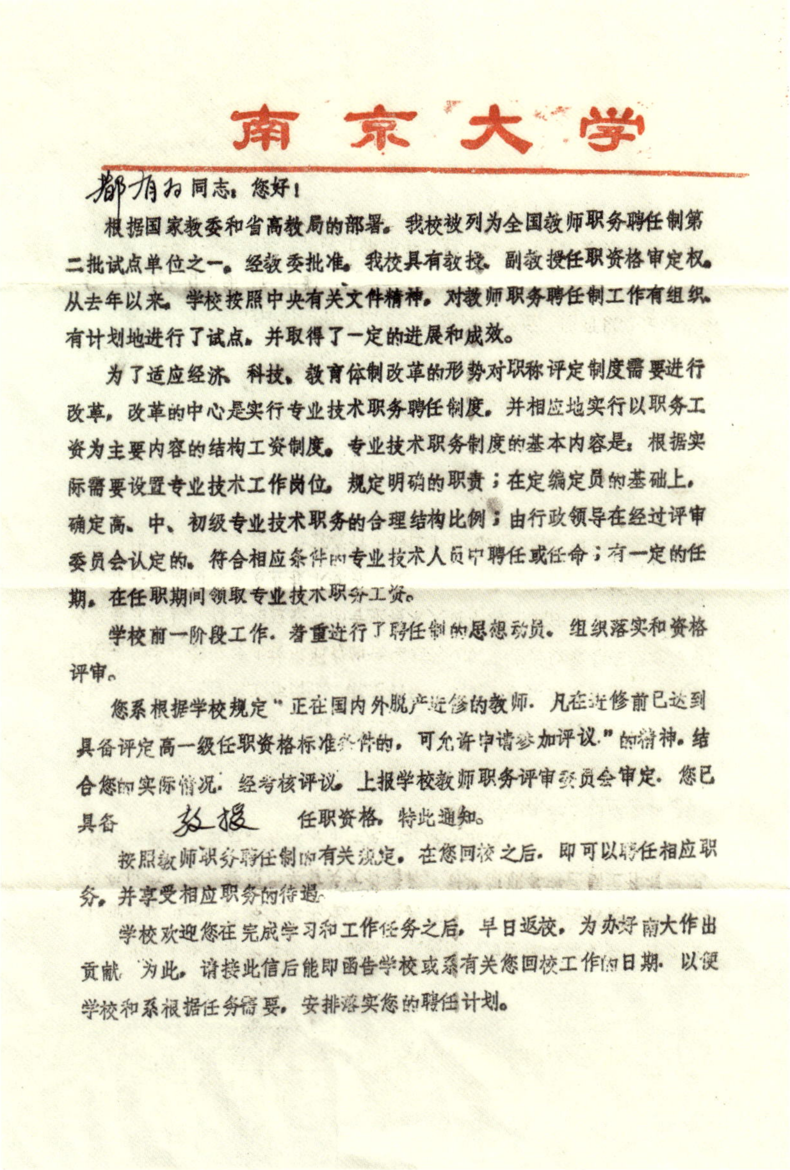

南 京 大 学

都有为同志：您好！

根据国家教委和省高教局的部署，我校被列为全国教师职务聘任制第二批试点单位之一。经教委批准，我校具有教授、副教授任职资格审定权。从去年以来，学校按照中央有关文件精神，对教师职务聘任制工作有组织、有计划地进行了试点，并取得了一定的进展和成效。

为了适应经济、科技、教育体制改革的形势对职称评定制度需要进行改革，改革的中心是实行专业技术职务聘任制度，并相应地实行以职务工资为主要内容的结构工资制度。专业技术职务制度的基本内容是：根据实际需要设置专业技术工作岗位，规定明确的职责；在定编定员的基础上，确定高、中、初级专业技术职务的合理结构比例；由行政领导在经过评审委员会认定的、符合相应条件的专业技术人员中聘任或任命；有一定的任期，在任职期间领取专业技术职务工资。

学校前一阶段工作，着重进行了聘任制的思想动员、组织落实和资格评审。

您系根据学校规定"正在国内外脱产进修的教师，凡在进修前已达到具备评定高一级任职资格标准条件的，可允许申请参加评议。"的精神，结合您的实际情况，经考核评议，上报学校教师职务评审委员会审定，您已具备 教授 任职资格，特此通知。

按照教师职务聘任制的有关规定，在您回校之后，即可以聘任相应职务，并享受相应职务的待遇。

学校欢迎您在完成学习和工作任务之后，早日返校，为办好南大作出贡献，为此，请接此信后能即函告学校或系有关您回校工作的日期，以便学校和系根据任务需要，安排落实您的聘任计划。

图47 1986年，南京大学提升都有为为教授的通知

第八章　从超细粉到纳米材料

搞科学研究要坐得了冷板凳，既要追踪学术前沿，但又不能老跟在别人屁股后面，要善于在别人并不关注的领域做出成绩，而不是热衷于蹭别人的热点。我回国以后，不再研究超导材料，而是重返磁学领域。去美国之前，我在超细微粉的制备方面已经有了比较深入的研究，部分颗粒已达纳米级别。到20世纪90年代，国际物理学界开始研究纳米材料之后，南京大学物理系在冯端等人的推动下，成功申请到国家攀登项目，取得一系列重要成果。

第一节　紧盯国际磁学前沿

我是南京大学磁学专门化第一批毕业生，所以老本行就是磁学专业，毕业以后20余年时间主要是参加各种体力劳动和政治运动，脱离教学科研。1972年工农兵学员进校以后，教学秩序慢慢恢复正常，但科研条件还是很差，捉襟见肘，实验室很多器材都是从化学系的楼道里捡回来的，小到瓶瓶罐罐，大到水浴锅、烘箱，别人不要的、扔掉的，我都捡回来，修修补补，凑合着用。

虽然条件差、经费少，但因为思路好，做法巧妙，还是取得不少成果。正所谓活人不能被尿憋死，当时我带学生在工厂实习、搞毕业设计，工厂里的条件有时比学校要好一些，于是有的实验就放在工厂里做，或者与厂家一起搞一些研究。我从小受母亲影响，性格比较温和，不管做什么事情都善于与人合作。工作以后，只要可以做科研，我就很满足，更关注实验结果，对于文章的排名、获奖的排名、成果的利益却不很关注。至于别人因为我提供了一条新思路、甚至说了一句话而取得技术上的突破、取得很大的效益，我也从来没有吹嘘自己贡献有多大，更没有提出利益分配方面的要求。即便有人问起，我也只是笑笑，自己就是搞基础研究，即使对企业生产有所帮助，也只是一些启发，

图48　1988年年底回国后，都有为在蒙民伟楼办公室的工作照

具体工作都是企业生产经营有方。

　　在美国三年，因为1986年春天国际物理学界开始的超导研究热潮，我也开展了一些超导方面的研究，取得了不俗的成果，发表22篇论文，被引用达880多次。与肖钢合作的离子代换研究制备超导材料具有特色；与邱、唐二人合作研究超导中的磁有序，也是学界首次采用穆斯堡尔谱学方法开展这方面的工作。仅从这两项工作来看，我在超导方面的研究是打开了另外一条思路。但是，在从美国回来之前，我就已经清醒地认识到，研究高温超导体材料的人太多了，一般能解决的问题很快都能解决，但是一些内涵的超导机制的问题都没有得到解决，没有一个统一的普适的理论提出，高温超导材料的研究并不适合自己再进一步深入，并且及时提醒合作的邱、唐二人转向磁性薄膜的研究。当时，南

京大学物理系低温教研室主要研究超导材料，他们的工作在当时国内外具有特色，所以，我1988年年底回国以后，还是专注自己的老本行，研究磁性材料，毕竟从兴趣上来说也是对它情有独钟。

20世纪80年代，金属人工超晶格的研究已成为人们十分感兴趣的研究领域，磁有序、层间耦合、电子运输、量子限域等性质的研究广泛进行。1988年，在法国巴黎大学物理系Fert教授的科研组工作的博士后——巴西学者Baibich，研究了（Fe/Cr）n磁性超晶格的电子输运性质。他把他的研究工作发表在《物理评论快报》上，指出在低温下，采用分子束外延的方法制备出由金属铁层和金属铬层交替重叠的纳米多层膜，其电阻随外磁场的增加变化达50%，并冠以"巨磁电阻效应——GMR"[①]。通常所有的材料都有电阻，一般情况下，加上磁场以后材料的电阻基本上不会变化，而Fert科研组发现了一种人工纳米结构材料——（Fe/Cr）纳米多层膜，加了磁场以后，电阻很明显地变化，甚至比原来的要降低很多，达到50%。（Fe/Cr）多层膜巨磁电阻效应的发现，无论从基础研究或技术应用均开拓了新的研究领域，为此法国的Fert教授与德国的Grunberg教授获2007年诺贝尔物理学奖。[②]

磁性和非磁性层交替重叠构成的金属磁性多层膜具有巨磁电阻效应，其中每层膜约几个纳米厚。这是一个很了不起的发现，实验结果的本质表明：在纳米结构的材料中，电子输运过程中尚需考虑自旋的取向，调控自旋取向就可以改变电子的输运过程。此外，巨磁电阻效应在信息记录上很有应用前景，所以引起科学界极大的关注，也引起我极大的兴趣。但是，当时南京大学物理系磁学组没有条件像国外同行一样做分子束外延，这是半导体材料的制备工艺，南京大学半导体组也没有这个条件。

[①] 阎明朗、李淑祥：金属磁性多层膜的新颖特性——巨磁电阻效应，《物理》，1990年第6期，第336–337页。

[②] 都有为：巨磁电阻效应，《自然杂志》，1996年第2期，第75页。

1990年的时候，南京大学物理系很多教授连办公桌都没有，因为空间非常紧张，那个时候物理系只有一栋物理楼。我有一间办公室，在物理楼314，大约是十三四平方米，还隔出一半，摆着磁秤、天平，这些在当时就算"高端"仪器了。办公室外间放了一张桌子、两把椅子。臧文成回来工作的时候，一时没有地方落脚，我就请他坐到自己的这间办公室。

不过，他在这个办公室坐了也没几天，一开始觉得有间办公室比较方便，后来越来越觉得不对劲，因为慢慢发现自他来之后，我没有办公室了。之前不知道这个情况，还以为我找了一间空的实验室给他，其实我是把自己的办公桌腾出来了。臧文成知道这个情况以后，也没有特地跟我讲，怕拂了我的美意，后来不声不响地慢慢把这个房间交给系里研究生，用来做他们读书学习的地方，让研究生在里面晚上读读书。物理系的教师们有什么事情，要看书、看文献资料、写材料、写论文都是在家里、在宿舍里。条件虽然差，但工作热情一点也没有减弱。

"巨磁电阻效应"出来以后，我很感兴趣，也想做些研究工作，但是没有必要的仪器设备，经费也没有，虽然拿了一个项目，但钱很少。怎么办呢？动脑筋。我考虑问题总是喜欢举一反三，既然采用分子束外延的办法无法实现，那就采用其他能达到相似效果的制备方法。于是，经过一段时间的思考，我考虑用颗粒膜的方法来替代多层膜。颗粒膜（granular films）是将微颗粒镶嵌在互不固溶的薄膜中所形成的复合薄膜，它具有微颗粒和薄膜双重特性及其交互作用效应。颗粒膜是一类人工功能材料，改变组成比例，控制颗粒尺寸、分布、形状等微结构，可以很方便地调节颗粒膜的声、光、电、磁等物理性质。它比多层膜容易制备且价廉，也具有广泛的应用前景。

当时刚好申请到自然科学基金，我就买了一台离子束溅射仪，开展颗粒膜巨磁电阻效应的研究。原来研究颗粒的磁性，稍稍转变一下思路，改为研究颗粒膜的磁性，取代多层膜。例如，将Fe与SiO_2组成复合靶材，可以在Fe靶材上贴SiO_2小片，或反之，将离子束辐照复合靶，就可生成颗粒膜，如铁的面积小于SiO$_2$则Fe以颗粒形态嵌于SiO$_2$薄膜之中，反之，SiO$_2$以颗粒形态嵌于Fe薄膜之中，调控二者比例，就可获得颗粒尺寸大小不同，形态不同的颗粒膜，从而可获得不同性能的颗粒膜。同样可开展类似于多层膜的研究工作。除开展颗粒膜的磁电阻效应外，科研组还进行了磁光效应、霍尔效应等研究。

第二节 争取"攀登计划"项目

1982年教育部批准南京大学成立固体物理研究所，当时我采用化学工艺制备超细微粒并研究其磁学性质，冯端在组建固体物理研究所时没有局限于晶体组，而是胸襟开阔地从全系范围内选择了五个方向，没想到没有知名度、研究工作也不出色的小课题组——我的科研组也被他选中。也许冯端从科学发展的战略高度认为"超细微粒"是值得重视的研究方向，其尺度范围已包括后来提出的纳米范畴。20世纪90年代初，国内兴起了纳米材料研究热潮，大家不禁惊讶于冯端的远见卓识。[①]

1984年，冯端又牵头创建了南京大学固体微结构物理国家重点实验室，把科研方向定位在从研究微结构入手，进而通过控制微结构来获得性能优异的新型材料，这是一项重大的战略调整[②]。1984年，在物理系与固体物理研究所基础上，经国家计委批准，冯端开始筹建南京大学固体微结构物理国家重点实验室，实验室于1987年建成，是国内首批建立的开放国家重点实验室之一。冯端首先提出"微结构"的名称，从微结构层次上开展材料物性的研究，通过微结构调控材料性能，研发新型的人工微结构材料，以微结构为纽带将凝聚态物理、材料科学和电子信息科学等学科有机地关联在一起，实现了不同学科间的交叉融合。

微结构实验室成立以后，我的科研组也进入固体微结构实验室。冯端任第一届实验室主任，兼任学术委员会主任。他不仅关心光学超晶格，同时也关心磁学领域，关心原子团簇、半导体、超导等领域，关心物理学科的发展，从战略方向上为实验室掌舵，创建"大师+团队"的人才培养模式，团结师生们

---

① 都有为："深切怀念冯端先生"，《物理》，2021年第7期。
② 张世远：《南大物理百年 1915—2015》纪念册，2015年，第24页。

图49　1990年代初，都有为在南京大学物理系磁学组的实验室里做实验

不断开拓创新，从而奠定了南京大学物理系数十年辉煌的基础，为南京大学的发展做出了卓越的贡献。南京大学原校长曲钦岳评价冯端："要形成一支结构合理、充满活力、具有凝聚力的学术队伍，学术领导人的人格魅力、学术眼光十分重要。要心胸开阔、不计名利；为人师表、诲人不倦；知识渊博、治学严谨；要营造宽松的学术氛围、造就和谐的人际环境。冯端院士就是我校的一个典范。我校物理学科持续快速发展的最重要原因之一，就是因为有冯端院士这样高瞻远瞩、勇于开拓、具有敏锐洞察力的学科领导人。"[①]

　　1988年年底，我从美国回到南京大学，当时国内正掀起研究纳米材料的热潮。1989年，因为高温超导研究可以说好吃的肉都被吃了，剩下都是难啃的骨头，所以国内研究高温超导的热度也慢慢退了，而纳米材料的研究开始热起来。我出国以前就是研究超细微粉的制备与物性，所谓超细微粉，实际上，其中部分细颗粒已进入属于准零维的纳米材料。

　　纳米材料虽然是新提出的名词，但它其实就是纳米级别的超细微粉末，之

---

① 冯步云：《点滴凝聚铸人生——冯端传》，南京大学出版社，2012年，第112页。

前我在磁性材料的制备上已经做了不少超细微粉的研究工作，因此也积极投入其中，研究纳米材料。当时，在合肥的中国科学院固体物理研究所也投入了不少研究力量，张立德牵头，积极组织各种有关纳米材料研究的学术活动，联系各科研院所和高校的同行，力推国家立项以争取经费支持。张立德在固体所组织、举办有关纳米研究的会议我经常参加，可以说一次不落，从会议上了解学科进展、研究前沿，在交流中两人产生了很多共识。

新中国成立以后，为了提升整体科研水平，在条件有限、经费不足的情况下，发挥体制优势，集中力量办大事，取得了不少重要的成果，如"两弹一星"、人工合成胰岛素、哥德巴赫猜想的证明等等。改革开放以后，各方面条件有了很大的改善，但科研经费不足依然是普遍存在的现象，"863计划"的启动，为一系列重大应用基础研究提供了支持。到20世纪90年代初，为提升国家整体原始创新能力，加强基础研究，国家制定和实施"攀登计划"，由国家科委（现科技部）、国家教委（现教育部）、中国科学院和国家自然科学基金委员会等相关部委共同遴选，先后于1991年和1992年启动30个A类项目。1992年7月，国家科委在北京召开了"攀登计划"实施大会，宋健在会上做了《加强基础性研究攀登科学技术高峰》的报告，给"攀登计划"的正式实施做了一个总动员。

"攀登计划"项目经费在当时来说还是比较多的，每个项目每年100万，连续资助5年，共500万。而且它是滚动资助，即5年期满，考核通过，可以再资助5年。在20世纪90年代初，这笔钱可以算巨款了，因此项目竞争的激烈程度可想而知。当时，由中国科学院固体物理研究所和南京大学物理系联合其他一些研究机构一起申报，牵头单位为固体所和南京大学。为了增强竞争力，中国科学院推出严东生带头申报"攀登计划"项目。严东生院士在化学界、科学界都很有名，是国内外著名的科学家。

为了稳妥起见，我建议由南京大学科研处领导出面，请冯端挂帅，与严东生一起担任项目牵头人。1991年，冯端已参加首批"攀登计划"项目"光电功能材料的结构、性能、分子设计与制备过程的研究",但他仍然关心着其他项目的入选。为了支持"纳米材料"这个方向纳入"攀登计划",冯端当机立断,毫不犹豫地离开原光电功能材料项目。光电功能材料项目是首批"攀登计划"项目,可以预见到不久的将来一定会出大的成果。但冯端认为纳米材料的研究更重要、很关键,更需要关注和支持,显示了他高瞻远瞩的学术视野,也凸显其淡泊名利的大师风范。

纳米科学技术是指在纳米尺度(约在1~100纳米之间)上研究物质的特性和相互作用(包括原子、分子的操纵),以及利用这些特性的多学科交叉的科学和技术。这一技术使人类认识和改造物质世界的能力延伸到了原子和分子水平。"纳米科学"最初的设想来自著名物理学家费曼(Richard Feynman)1959年在加州理工大学举办的美国物理学会年会上一次富有远见的报告,他在这篇报告中幻想了在原子和分子水平上操纵和控制物质。1990年,第一届国际纳米科技会议与第五届国际扫描隧道显微学会议同时在美国巴尔的摩召开,同年,《纳米技术》和《纳米生物学》杂志创刊,宣告了纳米科技——一个国际上的前沿学科领域的正式诞生。[①]从费曼演讲到一个全新学科领域产生,前后不过30年时间,在当年来看是属于幻想的,现如今不少已成现实,而随后的发展更是出乎人们的意料,甚至是令人瞠目结舌。

冯端敏锐把握到国际物理学科的发展前沿,所以决定参加到这个项目的争取过程中来。原先大家提的项目名称为"纳米材料项目",经过商量,最后冯端先生提出名称为"纳米材料科学",得到严东生先生的支持与肯定。由严东生、冯端两位德高望重的院士联手申报,"纳米材料科学"顺利立项,成为国家"八五"攀登计划B类30个项目之一,位列第6项。

---

① 白春礼:纳米科学与技术的发展与展望,《科学通报》,1996年增刊,第4页。

第三节　担任首席科学家

"纳米材料科学"项目于1992年10月立项，参加的单位有中国科学院上海硅酸盐研究所、南京大学、中国科学院固体物理研究所、中国科学院物理所、吉林大学等单位，组织了3个重点课题，5个一般课题。南京大学承担了一个重点课题——"纳米微粒与固体的磁性、电性与催化性质研究"，我主要负责磁性、电性方面的工作。

项目首席专家由严东生、冯端担任，研究对象包括氧化物、氮化物、硫化物等无机材料和金属材料的纳米微粒与纳米固体（微粒膜和固体材料），着重研究纳米微粒、纳米固体材料、纳米微粒膜的制备与表征，并研究材料的力学性质、热学性质以及光、电、磁和催化等特性，同时开展了相关的理论研究。项目执行期间，各科研单位共发表论文534篇，其中SCI论文282篇，在多个方面取得重要成果。

1996年10月，国家自然科学基金委受国家科委的委托，邀请柯俊、梁敬魁、蒋民华、顾秉林、卢柯组成项目验收专家组，对"纳米材料科学"项目进行结题验收，通过听取课题组汇报、查看相关材料和认真评议，专家组一致通过，综合评价为"优"。[①]

同时，严东生、冯端、郭景坤、我、张立德五位专家提出了《纳米材料科学延续实施的建议书》，建议书中提到，凝聚态物理学的研究逐步明确了固体内存在一系列的特征长度，如电子平均自由程、量子限制效应的尺寸、隧道势垒的厚度、磁交换相互作用的振荡周期等，如果将材料中微结构的尺寸与这些长度相匹配，就可以获得全新的磁学性质、电学性质和光学性质等物性。由于

---

① 洪明苑：纳米材料科学攀登计划项目通过结题验收和延续初评，《物理》，1997 年第 4 期，第 249 页。

这些特征长度大多是在纳米尺度范围内，这就成为当代发展纳米材料的一项重要的驱动力。经专家组评议，一致推荐"九五"期间优先立项。

"九五"期间，纳米材料科学项目得到延续，冯端和严东生不再担任首席科学家，年龄是一方面，更重要的是为了培养年轻人，形成更好的学术梯队。于是，从1996年年底开始，项目进入第二个阶段，我与张立德担任首席科学家，一直到1999年。1997年6月4日，原国家科技领导小组第三次会议决定实施《国家重点基础研究发展规划》，提出新的重大研究项目计划，并于1998年开始组织实施，称为"973计划"。从1999年开始，原先的攀登计划项目，转为973重大项目。"纳米材料科学"项目也转为"973"项目，名称稍微做了一些修改，本来是"纳米材料科学"，后来改成"纳米结构与纳米材料"，我主持

图50　1996年，攀登计划"纳米材料科学"项目进行结题验收，首席科学家冯端（前排右5）、严东生（前排右7）和都有为（二排左5）及项目其他人员与参加验收组专家卢柯（前排右1）、顾秉林（前排右2）、梁敬魁（前排右3）、蒋民华（前排右4）、柯俊（前排右6）等在南京大学知行楼前合影留念

的"973"计划项目的课题名称为"纳米功能材料的特性和作用"。

严东生跟冯端主持攀登项目的时候，两个人的关系很密切，配合很好，为年轻学者树立了一个榜样。"攀登计划"项目是采用滚动的方式，每年都要进行科研工作总结，一方面指出各课题的优缺点，另一方面也进一步明确下一阶段的努力方向，不适合继续下去的要淘汰。吉林大学在第一轮总结后就被淘汰了，后来华东师范大学、中国科学院化学所、中国科技大学、中国科学院金属所、清华大学都先后参与这个项目。最早的三个单位没变，一个是中国科学院硅酸盐所，一个是南京大学，一个是中国科学院合肥固体物理所，这三个单位自始至终都在项目里。

"973"项目每隔4年也要考核更换一次，2016年，"973"项目也告一段落。从1992年"攀登计划"开始，到2016年"973"项目结束，"纳米材料科学"项目共实施了24年。24年当中，一共有7位中国科学院院士跟纳米材料科学项目结缘，在这个项目里工作过。

中国科学院金属所的卢柯，是中国科学院升院士当中当时最年轻的一位。金属所主要研究材料的力学性能，他在攀登项目里研究纳米金属的力学性能，主要研究了纳米铜。卢柯研究晶粒尺寸对力学性能的影响，发现晶粒处于纳米尺度时，相邻晶粒为孪晶。两个铜的晶粒跟孪生兄弟一样，孪晶纳米铜的力学性能会显著增强。这个工作做得很漂亮，成果当时是在著名的《科学》刊物上发表，得到国际公认。师昌绪院士对卢柯的工作非常看好，也力推他的项目。2003年卢柯当选为最年轻的中国科学院院士，才38岁。

中国科学院物理所的解思深，不是第一批参加攀登项目的。他主要是研究纳米碳管。碳的60个碳原子——碳的团簇，得了诺贝尔奖；石墨烯也得了诺贝尔奖。日本科学家在研究碳团簇的时候发现纳米碳管，解思深就专门研究碳管，做出了世界上最细的纳米碳管。因为这项工作，他2003年当选为中国科学院院士。

中国科学院化学所的江雷，是从日本回来的，回来以后主要研究物体的表面。肉眼可见的再光滑的物体表面，在显微镜下都不是光滑的，都是纳米与微米级的复合结构。人们看到下雨以后荷叶上的一颗颗晶莹的小水珠，风一吹动这些小水珠在里面滚动，为什么这个水珠不是平摊的，而是形成圆的水珠？这就是水跟荷叶表面的相互作用问题。在电子显微镜下观察荷叶表面，发现微米结构上面还有纳米结构，叫作微纳复合结构。假如微纳复合结构表面是疏水的，水是不粘滞的，靠表面张力，就会形成一个水珠。江雷研究材料的表面，可以疏水，也可以亲水。用微纳结构材料做的衣服、领带，吃饭的时候即使油水淋在上面，抖一抖就没有了，一点痕迹也不会留下。他因为研究材料表面的微纳结构取得重要成果于2009年当选中国科学院院士。

清华大学的范守善研究石墨烯在手机触摸屏上的应用。石墨烯也是纳米材料，他因为碳纳米管与石墨烯的基础研究与应用方面的优异工作以及低维物理的出色研究而于2003年当选院士。

中国科技大学的钱逸泰，在纳米材料研究方面，将溶剂热合成技术发展成一种重要的固体合成方法，创造性地发展了有机相中的无机合成化学，实现了一系列新的有机相无机反应。大大降低了非氧化物纳米结晶材料的合成温度；将γ射线辐照法，发展为制备纳米材料的新方法；发展了复合溶剂热方法，可控生长纳米结构。1996年，他在《科学》上发表论文，在280℃的温度下用苯热合成技术制得纳米结晶GaN，其中含有超高压相岩盐型GaN相。《科学》审稿人评价为"文章报道了两个激动人心的成果……"，文章被引用100余次。他因这方面出色的工作于1997年当选中国科学院院士。

南京大学一个是我，一直研究磁性材料，从1980年代就开始研究铁的超细微粉颗粒，直接跟纳米有关，只是那时还不叫纳米材料。从1992年开始承担"攀登计划"的"纳米材料科学"项目工作，先后开展了C_{60}、纳米螺旋碳管，纳米颗粒、纳米线、颗粒膜、纳米微晶等纳米材料磁性的研究，开展了类钙钛矿氧化物，纳米结构材料以及合金材料的巨磁电阻效应、磁热效应、磁弹效应、磁致伸缩效应、多铁性，热电效应等研究工作，在国内较早地开展了颗粒膜的磁光效应与磁电阻效应、反常霍尔效应的研究，进而又进入自旋电子学的领域，开拓了半金属与稀磁半导体材料的研究，取得了一系列创新性成果。2005年当选中国科学院院士。

南京大学另外一个是邢定钰，1998年承担"攀登计划"的"纳米结构和纳米材料"项目以及"973"项目的"人工带隙材料的物理机制、制备及其应用"项目工作，长期从事凝聚态理论研究，在电子输运理论、低维受限的量子系统和超导理论等方面做出一系列有创新意义的工作。发展了非平衡统计算子理论，正确处理半导体热电子的输运问题，修正了国际上长期沿用理论方案的缺陷；发展了具有多谷能带结构半导体的热电子输运理论；在掺杂锰钙钛矿氧化物的庞磁电阻机理研究中合作提出双交换机制和非磁无序相结合的理论模型，运用单参数标度理论计算扩散态和局域态迁移率边，解释实验结果；发展了磁多层结构和磁颗粒系统的解析输运理论，正确计算了巨磁电阻的角度依赖性和随颗粒尺度的变化。2007年，当选中国科学院院士。

"纳米材料科学"的"攀登"项目以及继后的"973"项目，为中国纳米材料研究与应用培养了一大批人才，被戏称为纳米材料科学人才的"黄埔军校"。后来解思深院士任"973"项目首席科学家时，我带领的研究组还承担其中的一个课题的研究工作，由我任第一届课题组长，此后张凤鸣、唐少龙相继担任过组长，项目团队以年轻人为主，工作开展得都挺不错，2011年获得科技部颁发的"优秀团队奖"。

第四节　钙钛矿化合物研究的突破

　　磁制冷是具有重要应用背景的国际前沿研究课题，其关键是研制成在低磁场下具有大磁熵的磁制冷材料。1993年，我的课题组开始涉足铁氧体的磁熵变效应的研究，1996年，在锰钙钛矿化合物中首次发现磁熵变与金属钆相当。

　　通常使用的制冷方法是靠气体压缩、膨胀，从热力学观点来讲，压缩就是熵减小，膨胀是熵增大，根据热力学理论，熵的改变就对应热量的改变。压缩的时候热量放出去，膨胀的时候把外面的热量吸进来，通过气体的压缩和膨胀，就可以达到制冷的目的。而在固体的世界里也会有这样的现象，磁排列整齐的时候磁熵小，紊乱的时候磁熵大。

　　物质由原子构成，原子由电子和原子核构成，电子有自旋磁矩还有轨道磁矩，这使得有些物质的原子或离子带有磁矩。顺磁性材料的离子或原子磁矩在无外磁场时是杂乱无章的，加外磁场之后，原子的磁矩沿外磁场取向排列，使磁矩有序化，从而减少材料的磁熵，因而会向外排出热量；而一旦去掉外磁场，材料系统的磁有序则减小，磁熵增大，因而会从外界吸取热量。如果把这样两个绝热去磁引起的吸热和绝热磁化引起的放热过程用一个循环连接起来，就可使得磁性材料不断地从一端吸热而在另一端放热，从而达到制冷的目的[1]。

　　磁制冷方式是一种以磁性材料为工质的制冷技术，其基本原理是借助磁制冷材料的可逆磁热效应，又称为磁卡效应（Magnetocaloric Effect, MCE），也就是磁制冷材料等温磁化时向外界放热，而绝热退磁时温度降低从外界吸收热量，实现制冷效果。因为用磁场的变化代替了压力变化，不但省略了压缩机以及配套的设备、部件，而且使机械运动的部件大量减少，从而有效减少了振

---

[1] 陈鹏、王敦辉、都有为：磁制冷工质材料的研究进展，《物理学进展》，1999 年第 4 期，第 372 页。

动、噪音。与采用气体压缩制冷的方法比较起来，磁制冷有更加广泛的应用场景。不但可以突破气体制冷的温度极限，达到更低的温度；更因为所需设备体积变小，因而可以适应更多的环境。在精密仪表、计算技术、超导技术、航空航天等领域都有强大的需求。

1881年，科学家Warburg就观察到金属铁在外加磁场中的热效应，后来又有人从理论和实验中都得出了可以利用磁制冷的结论，推动了磁制冷技术的进一步发展。不过，这项技术一直在极低温区获得较好的效果，在高温（室温）区还处于实验探索阶段。从20世纪70年代起，人们逐步在室温磁制冷方面取得一些突破。1976年，美国的科学家布朗采用金属钆作为磁工质，在7T磁场下首先实现了室温制冷，温差达80K。但是它有一个问题，要加很强的磁场，就需要建超导磁场，因此难以实用化。而且稀土金属钆价格高昂，易氧化，也为实际应用设置了障碍。我很早就关注磁热这一领域的研究进展，曾经让硕士研究生叶英做铁氧体的磁热效应的研究，但铁氧体磁热效应很小，没有太大的价值。我们还探索了尖晶石型、石榴石型，以及磁铅石型磁性化合物的磁熵变与组成的关系，结果都不理想。

20世纪90年代初，我从美国回来以后，钙钛矿氧化物的研究也很热门，因为高温超导材料的研究主要是钙钛矿化合物。虽然在美国时，我已经和肖钢、邱子强、唐焕等人一起做了一些高温超导方面的研究，在氧化物的离子代换方面取得了重要的研究成果，但是，感觉到当时高温超导方面研究的人太多了，从实践上来说，能做的工作都做得差不多了，理论上面一下子恐怕也很难有新的突破，所以就考虑能不能用同样的材料研究其他方面的性能。1992年博士研究生郭载兵入学以后，一开始还是研究铁氧体磁性材料，主要侧重于研究永磁铁氧体的性能。1994年，钙钛矿化合物庞磁电阻效应的发现引起了我的注意，由于该化合物居里温度在室温附近，并且通过离子代换可以在很大范围内调节居里温度，这给我一些启发。我建议郭载兵终止永磁铁氧体的研究，转而研究钙钛矿氧化物的磁热效应。因为钙钛矿化合物居里温度可调，没想到第一次做

图51 2004年，都有为课题组的"新型的氧化物磁制冷工质与隧道型磁电阻材料"项目获国家自然科学二等奖，都有为排名第一

下来就得到很高的磁热效应。这个工作之前没有人做过，没想到"运气"这么好，首轮研制的样品就显示出与金属钆相当的磁熵变，其峰值更高。又反复做了实验，并从理论上予以解释，确认是新的发现，我申请了国家发明专利。并将文章发给国际著名的一流物理刊物《物理评论快报》，投出两个星期就刊登了，特别快，至今被引用690次。后来，郭载兵的博士毕业论文《钙钛矿锰氧化合物的磁熵变及电、磁性质》被评为2000年全国优秀博士论文，毕业后他到新加坡的大学任教，后来又跟随该校时任校长到阿拉伯的大学任教。

发现在锰钙钛矿化合物中磁熵变后，我又组织人员开展系统性研究工作，对不同结构的钙钛矿化合物进行离子代换，研究晶粒尺寸等对磁性与磁熵变的影响，前后近10年的较为系统、全面而深入的研究，发表SCI论文48篇，观察到钙钛矿化合物在电荷转变点的大磁熵变，对双钙钛矿、双层钙钛矿化合物在居里温度同样发现大的磁熵变。发表于*Phys. Rev. Lett. 78（1997）*的论文被690篇SCI论文正面引用。除了获得前文提到过的磁学界颇具权威的系列丛书以及著名磁学家J.M.D. Coey的认可和引用之外，美国从事室温磁制冷研究的著名的爱荷华州立大学Ames实验室Gschneidner和Pecharsky教授在文章中引用我们课题组的论文和数据，并指出：“在最近几年中，有关钙钛矿化合物的大量基础与应用研究可望展开。”[1]

我们课题组钙钛矿氧化物磁熵变研究具有原创性，丰富与促进了磁制冷工质的研究范畴，扩大了锰钙钛矿研究的内涵。此后，课题组又将磁熵变的研究扩展到合金、纳米复合材料等体系中，也取得不少研究成果，为开拓新型磁制冷工质的研究做出了贡献。

---

[1] bAnnu. Rev. Mater. Sci. 30（2000）387-429.

第五节　开拓巨磁电阻效应研究

　　磁电阻效应在实际应用中有很大的市场，特别是在计算机的硬盘中作为读出头，探测硬盘每个磁存储单元产生的微弱磁场。1956年，美国IBM公司的科学家Reynold Johnson发明了世界上第一个计算机硬盘，当时采用电磁感应的方法读写信息。这种方法需要存储单元产生较强的磁场，因此存储单元很大，密度很小，存储的信息量较小，但已经是技术上的重大突破了。1980年代末，IBM公司把AMR磁电阻效应应用到硬盘读出头中，增强了读出头的磁场灵敏度，大幅提高了硬盘的存储密度。1994年，在巨磁电阻效应被发现6年之后，IBM公司的科学家Stuart Parkin根据这一物理原理，再一次大幅提高了硬盘读出头的灵敏度，从而提高了硬盘的存储容量。之后不久，IBM、希捷都相继推出了大容量的商用硬盘，可以说巨磁电阻的发现和应用使得磁盘技术发生了革命性的变化，极大地促进了计算机存储技术的进步。

　　巨磁电阻效应自1988年Baibich的文章发表后，吸引了不少学者投入其中，成为20世纪80年代后期继高温超导效应后又一个国际研究的热点。一方面，人们对已有的磁电阻材料进行广泛而深入的研究，以弄清巨磁电阻效应的机理和影响因素，研制出具有更高磁场灵敏度的材料；另一方面，人们也在努力寻找具有巨磁电阻效应的新材料。我也很重视这一重要的物理现象，不过苦于经费有限，实验条件较差，没有能放开手脚做一些更深入的研究。在冯端的大力支持下，南京大学物理系又争取到一个"攀登计划"项目——纳米材料科学，为我的科研生涯注入了第一笔"巨量"的资金。

　　我承担了其中的一个重点项目："纳米微粒与固体的磁性、电性与催化性质研究"，在研究锰钙钛矿化合物磁熵变的同时，又独辟蹊径，主要做颗粒膜的研究，系统地研究锰钙钛矿小颗粒体系的磁电阻效应。前人曾研究颗粒膜的电的性能，我则以颗粒膜代替多层膜开拓巨磁电阻效应的研究。在进行攀登项目的同时，我还承担了一个国家自然科学基金重大项目的工作——"颗粒膜物理特性研究，研究材料表面与界面的纳米结构，研究内容也是以磁电阻效应为主。

经费有了，还需要人。1990年，我担任南京大学博士生导师，可以招收博士研究生。正逢国家大力增加研究生招生的时机，一批有志于物理研究的青年人进入磁学组，成为研究的中坚力量。之前我每年招1~2名硕士，自1992年起，每年在招收2~3名硕士的基础上，还招收2~3名博士，这样，我的研究生就有10人左右了。

1994年，钙钛矿化合物庞磁电阻效应在《科学》上发表以后，我立即在科研组开展了这一课题的研究，并且让一些研究生盯住这一方向。除了研究生，我还鼓励、组织磁学组教师积极申报、参与科研项目，支持其他教师主持、承担项目，使磁学研究呈现出欣欣向荣的良好局面。

在庞磁电阻的研究上，我系统研究了锰钙钛矿小颗粒体系的磁电阻效应，观察到大晶粒材料不存在的双峰型电阻–温度曲线，由此提出小颗粒体系不仅有本征庞磁电阻效应，而且具有界面隧穿导致的隧道型磁电阻效应，推导出隧道磁电阻效应的解析公式，扩展了锰钙钛矿磁电阻效应的基础研究范畴。成果论文发表于 *Phys. Rev. B. 56*（1997），单篇被365篇SCI论文引用。该工作被大多数该领域的论文引为小颗粒体系的典型实验结果，解释颗粒体系输运的晶界隧穿模型被许多国内外同行列为两个具有代表性的理论之一。

磁电阻效应开拓了自旋电子学的新领域，我又组织人员在开展钙钛矿化合物庞磁电阻效应研究的基础上，进一步延伸到颗粒膜磁电阻效应研究，对Co/Ag颗粒膜的巨磁电阻效应与微结构的依赖性进行了系统而深入的实验研究，实时地观测了晶粒尺寸随热处理温度的变化，并用铁磁共振的方法研究其颗粒形态变化，提出了巨磁电阻随退火温度的变化是源于颗粒形态的改变，从球状演变为扁平状，以致巨磁电阻效应从电流垂直平面（CPP）转变为电流平行于平面（CIP）的磁电阻效应机制，合理解释了超过最佳温度后，磁电阻效应随退火温度的升高而下降的实验结果。在*Phys. Rev. B.* 发表的某篇文章的评审者指出："当人们对颗粒膜巨磁电阻效应随退火温度的变化感到困惑时，没有从微结构角度进行研究，该文填补了空白，带来了被欢迎的新鲜空气。"

1998年，我招收了一名博士叫陈鹏，也是慕名而来。基础课结束以后，如何确定未来的研究方向，论文该怎样开题，陈鹏与我讨论过很多次。当时超导方面、纳米材料方面、磁学方面的研究热点都不少，有点让人目不暇接，又有点让人望而生畏。1999年，国际上对巨磁电阻的研究方兴未艾，我鼓励陈鹏和其他人，要勇于探索新的巨磁电阻材料，既要在方向上追踪别人，又要在方法上独辟蹊径。经过多次讨论后，我指导陈鹏在半金属的掺杂Fe_3O_4材料中开展巨磁电阻的研究。

研究半金属Fe_3O_4的巨磁电阻效应时，进行了部分Zn离子取代Fe离子的研究，陈鹏在制备（FeZn$)_3$O$_4$样品时，将烧结温度设置较高，意外地获得室温下61%的巨大磁电阻，如何解释，其机理迷惑不解，我根据X衍射谱线，存在$\alpha-Fe_2O_3$微量相出发，提出：由于在高温烧结过程中，（FeZn$)_3$O$_4$相晶粒表面有部分Zn离子挥发，导致$\alpha-Fe_2O_3$生成，成为界面相，绝缘的反铁磁$\alpha-Fe_2O_3$层包裹铁磁（FeZn$)_3$O$_4$晶粒，从而导致隧道磁电阻效应的产生，如存在反铁磁$\alpha-Fe_2O_3$相必然产生与（FeZn$)_3$O$_4$的交换耦合作用，导致磁滞回线位移，因此建议陈鹏实验验证是否存在界面交换耦合，此外，在高分辨电子显微镜下证实$\alpha-Fe_2O_3$界面相的存在，陈鹏进行了过细的实验验证，证实了设想，研究结果发表在《物理评论快报》上，这在国际上首先报道了在多晶复相系统中存在隧道磁电阻效应。2003年，陈鹏的博士论文《磁性氧化物的磁电阻和磁热效应》被评为全国优秀博士论文。

在国内开展纳米材料相关研究的同时，我也积极与国际同行合作。以色列巴伊兰大学纳米材料实验室的A. Gedanken教授关注了我们科研组在国际刊物上发表的纳米材料方面的论文，十分感兴趣，主动与我联系，我们共同申报了中国国家自然科学基金国际合作项目，获2002年中以国际合作项目"通信中应用的纳米磁性材料的研究与开发" 4.8万美元资助。双方共同努力，合作发表论文，两年后圆满地完成了项目。

1988年年底我回国后，美国霍普金斯大学钱嘉陵教授也主动邀请我实施经中美双方自然科学基金委员会批准的合作项目"纳米材料磁性的研究"。项目合作期间，双方实验室安排研究生与教师互访，开展相关研究，1997年，我与桑海短期访问美国，我回来以后桑海留下进行一年的合作交流，后又延长一年，接着我又安排张世远等相继赴美开展合作研究。1997年，我在钱嘉陵实验室访问时，认识了被钱嘉陵邀请访问的法国兰斯大学的张葵教授，后推荐姬广斌访问兰斯大学，到张葵的实验室开展合作研究。

1998年，我访问祖国的宝岛台湾，在告别晚会上，台湾成功大学理学院物理学系主任黄荣俊教授邀请我访问成功大学，并建立合作关系。1999年，我被聘为台湾成功大学理学院物理学系讲座教授，先后安排路中林、邹文琴、苏海林、刘先翀等人赴台开展合作研究。此后，在我的努力下，南京大学物理学院磁学科研组先后与台湾各大学及从事磁学研究的同仁们建立了良好的合作关系。

第六节　关注自旋电子学

我在上大学的时候，正好赶上南京大学计算机教研组的人研制计算机，需要存储器件，当时磁学组就安排了几个学生做存储器用的磁性材料。做了一段时间，理论搞得有点小眉目，材料也开始试着做，计算机组那边已经采用其他的存储器件，这边的工作就停了。后来，计算机的存储器件——硬盘，还是用的磁性材料，但计算机的核心器件——芯片，向半导体方向发展，在一块硅片上安排尽可能多的电路，从微米量级一路发展到纳米量级，目前已经接近于物理的极限，向2纳米挺进。

在半导体芯片发展快到瓶颈的时候，人们又想到磁性材料所具有的特性。电磁学的发展经历了从电工学到电子学再到微电子学这样一个过程，微电子学研究的主要对象就是集成电路，体积小、密度高、规模大的集成电路称为芯片。世界万物都是原子构成的，原子都是由原子核和电子构成的。电子有带正电荷，有带负电荷，加一个电场，控制好电子的运动就可以形成电流。19世纪，电的出现引领了一场产业革命，导致美国、欧洲各国进入到电气化社会的产业革命。20世纪，半导体也引领了一场产业革命，可以称为信息化的产业革命。从19世纪的电气化产业革命，到20世纪的信息革命，都是利用电子具有电荷这一特性，这是电子很重要的特性。

电子还具有磁的特性，因为电子本身一直在转动。如果把电子想象为地球，地球除了绕太阳公转，还有自身的旋转，地球带有磁性，分为南极、北极，那么电子不停地自己旋转也带有磁矩，称为自旋磁矩。所以电子有两个本征性质，一是带有电荷，另一个性质就是带有自旋磁矩。磁矩和电荷同时存在，磁矩间相互耦合，全部整齐同向有序排列，就成为铁磁性材料。所以，磁性材料就是电子磁矩有序的排列，可以平行，也可以非平行排列。平行排列时呈现铁磁性，通常用的金属磁性材料有软磁、永磁等；反平行排列的具有反铁磁性，相互抵消不显示出宏观磁性，磁矩未被完全抵消的反铁磁排列称为亚铁磁材料，如铁氧体磁性材料。

以前，电子学研究只考虑电荷，不考虑自旋，现在发现，利用电子自旋特性同样可以用到信息存储上来，所以，在纳米结构材料的电子输运过程中，不仅仅要考虑电荷，同时还要考虑自旋，从而发展出自旋电子学的新交叉学科。从物理上面讲，电荷是标量，不管放在什么地方，正电荷是正电荷，负电荷是负电荷，这个特性不会改变。但是，电子的自旋状态是可变的，自旋是矢量，矢量是有方向的，朝上是一种状态，朝下是另一种状态。假如有10个电子，5个朝上，5个朝下，那么相互就抵消掉，对外就没有任何效应，这时候就显示不出来自旋的特性。电子在运动的时候，原先是朝上的，运动过程中会与晶格相互碰撞，经过碰撞以后，不能保持原来方向，可能会倒过来。由朝上转变为朝下，发生变化的这个距离叫作自旋的扩散长度。磁性材料中，自旋的扩散长度一般在纳米量级，50~100个纳米。如在远大于自旋扩散长度的距离当中，电子自旋来回反转，就显示不出磁性，所以在电工学、电子学甚至微电子学当中，电子自旋的方向是混乱的；尤其对于没有被取向极化的电流，自旋原来是混乱的，研究中不考虑自旋是合理的。

但是，当研究进入纳米量级，比如纳米多层膜材料的磁电阻效应，膜厚为纳米量级，正好处在电子的自旋扩散长度之内，在这个长度之内电子能保持自己的方向。因此，在纳米结构当中，必须要考虑电子的自旋特性。自旋电子学是研究纳米结构的材料中出现的一门全新的学科，在电子输运过程中同时考虑自旋。英文新名词Spintronics就是Spin 和 Electronics（自旋与电子）两个单词合并而成。

自旋电子学领域很宽广，因为电子具有自旋的特性，如果用自旋朝上代表1，朝下代表0，那么用纳米材料的自旋特性制成的芯片同样可以实现半导体芯片计算机0跟1的计算，这种利用纳米材料自旋特性制成的芯片我将他取名为"自旋芯片"（商品名MRAM芯片——磁性随机储存器的统称）以对应半导体芯片，同时反映了芯片的本质是利用电子自旋。自旋芯片与传统的半导体芯片相比，其优点是：（1）非易失性。由于它是靠自旋取向进行信息存储，即使断电，自旋取向不变，因此信息可继续保留，通电后可立即工作，因此称为非易失性；而半导体芯片是靠电荷进行信息存储，断电后电荷不存在，信息不保留，通电后需输入信息才能继续工作，因此称为易失性。（2）自旋芯片的抗辐射性远高于半导体芯片，尤其是飞机、卫星在高空中会受到宇宙高能粒子的辐射，半导体芯片易受损伤，而自旋芯片影响较小。（3）自旋芯片的功耗低于半导体芯片。除上述三点外，从研发未来的类脑芯片的角度考虑，自旋芯片优于半导体芯片。人脑可视为低损耗、高效率的存算一体化的计算机，而半导体芯片因易失性，大量信息需存储在磁盘中，存算分离，无法达到类脑芯片的效果。只有非易失性的存储单元，才有可能实现类脑芯片的功能，目前研发的类脑芯片主要为自旋芯片（MRAM）与利用电阻存储的阻存存储器（RRAM）两大类。国外自旋芯片早期应用如2008年日本发射的卫星上使用了自旋芯片，尽管当时自旋芯片的性能要比半导体芯片差很多，但它具有抗辐射性。为了避免高能粒子对半导体芯片的损伤，因此日本首先在卫星上使用自旋芯片。2013年，欧洲的"空客350"客机也开始使用自旋芯片，甚至宝马汽车也开始使用自旋芯片。2019年，据说韩国的三星手机也使用自旋芯片。当前，自旋芯片已进入产业化的阶段，在嵌入式模式中得到广泛的应用。

我一直十分重视自旋芯片的研究和应用，但目前国内产业化尚处于起步阶段。我自己不做企业，但一直愿意促进相关企业强强联合，自愿担任企业的"粘合剂"，通过自身的影响和努力，把国内有关的企业跟企业、企业跟高校结合起来，加强自旋芯片的研发和应用。现在，国内的一些单位已经开始组织研制与生产，如"海康公司"在杭州青山湖已经建立驰拓子公司，上海也有一批人从国外回来建立了磁宇公司，我曾力促两个公司联合攻关。以前，科研院所是研究的主体，不搞生产，企业是生产的主体，不搞研究；现在，时代要求把二者结合起来，而且要把生产企业变成研发主体。所以，任正非说"芯片问题，光砸钱不行，要砸数学家、物理学家”，我深以为然。

半导体芯片发展到今天，越来越细微，已经到7纳米，甚至到2纳米，进一步迫近物理极限，而且还会发热，花费的各种费用越来越大。21世纪以来，美国在高科技领域对中国的打压，特别是在半导体芯片上对中国卡脖子，让每一个中国人如鲠在喉。中国要在芯片上实现“自由”，不再受制于人，甚至赶超世界先进水平，除了在半导体芯片产业上加大投入外，自旋芯片也是一条新路。为此，2009年我通过中国科学院院部呈送报告给国务院，希望自旋芯片的研究和产业开发能受到重视。2013年年底，我又通过院士建言的方式，再次呈交报告，希望国家层面重视自旋芯片，争取在产业化进程中赶超国际先进水平。据最新报道，日本东北大学在磁性随机储存器（MRAM）方面的研究处于世界领先地位，磁性随机储存器突破了技术难关，已实现耗电量比现有半导体储存器降低五十分之一，有望应用于人工智能、自动驾驶等领域，耗电量可望降至千分之一。它不仅用于储存器，还可嵌入微控制器（MCU）及中央运算处理器（CPU），由于自旋芯片的非易失性，可望实现存算一体化的类脑芯片。目前台积电、三星、英特尔、索尼等公司已进入量产阶段，根据2022年4月《台积电的最新技术布局》一文报道，增加22纳米磁性随机存取存储器（MRAM）生产率已于2021年完成技术验证，以支援下一世代嵌入式存储器MCU、车用电子元件、物联网，以及人工智能应用。而我国尚处于产业化的起步阶段，需急起直追。

附：2013 年上报学部的院士咨询建议书

抢占战略制高点，实现自旋芯片与器件向产业化转移的建议

都有为等 [①]

　　自旋芯片具有存储数据非易失性、寿命长、低功耗、抗辐射等诸多优点，在工业自动化、嵌入式计算、网络和数据存储、汽车和航空航天等重要的民生、国防领域具有巨大的应用价值。2010 年美国国家纳米技术计划发布了《2020及未来纳米电子器件发展》报告，确定了五大重点研究领域，并把"探索用于感应的新技术，包括电子自旋器件、磁器件等"作为其第一重大领域；同年美国国家自然科学基金会提出"自旋电子科学的发展及应用将预示着第四次工业革命的到来"。

　　自旋电子学的发展与应用，强烈预示着未来以调控自旋为基础的新时代将取代调控电荷的时代，未来将引发存储技术的革命。

一、国外进展

　　20 世纪 80 年代，法国与德国科学家 Fert 与 Grünberg 独立开展了磁性纳米结构材料输运性质的研究，发现了巨磁电阻效应（GMR）。随后，美国迅速开展相应器件的研发并商业化，制备成高灵敏度的计算机读出磁头，使计算机存储密度与计算能力显著提高，单磁头产值就超过 35 亿美元，同时还开拓了磁电子学的新学科。鉴于该研究巨大的应用前景与重要的基础研究

[①] 中国科学院院士：都有为，朱静，沈保根，王崇愚，张泽，陈达，祝世宁，唐叔贤，葛昌纯，陶文铨，顾秉林，王阳元，夏建白，怀进鹏，褚君浩，王占国，吴培亨，郑有炓，周兴铭，邢定钰，张裕恒，王鼎盛，游效曾。

专家：韩秀峰，钱正洪，赵巍胜，张怀武，郝跃，徐永兵，薛松生，赵建华，丁海峰，吴镝，张维益，吴小山，唐少龙，刘明，赵超，姜勇，詹文山，成昭华，吴义政，黄如，李少波。

意义，法德二位科学家获 2007 年度的诺贝尔物理学奖。之后，磁电子学又扩展到半导体自旋电子学与分子自旋电子学，目前统称为自旋电子学。

1995 年日本宫崎照宣和美国 Parkin 等人分别制备出具有高室温隧穿磁电阻效应（TMR）的磁性隧道结（MTJ）材料。基于 TMR 效应的计算机读出磁头不仅进一步提高了计算机存储密度（目前实验室水平达到 1000Gbit/in^2），而且使更多种类的自旋传感器件进入开发和商业化阶段。

从 1996 年以来，美国政府投入数亿美元资助国际商业机器公司（IBM）、摩托罗拉半导体部（Motorola/Freescale）、格兰迪公司（Grandis）等几家知名公司研制磁电阻随机存取存储器（MRAM），以磁性隧道结为存储单元，可使信息的存储、运算与处理在同一个芯片中进行。特别是近十年，国外企业主要集中人力与物力研发自旋芯片（各种模式的 MRAM）。

飞思卡尔半导体公司（Freescale）在 2007 年实现磁场驱动嵌套型 4 Mbit 的非易失性、抗辐射 MRAM 芯片的量产；2008 年，日本卫星 SpriteSat 上全面采用 Freescale 公司的 MRAM 产品替代静态随机存储器（SRAM）和闪存（Flash），以避免太空中辐射的危害；三星公司（Samsung）和海力士公司（Hynix）合作研究自旋转移力矩随机存取内存（STT-MRAM）；东芝公司（Toshiba）宣布研制高容量的 1Gbit 的 STT-MRAM 芯片取得新进展，并期望在 2015 年商业化；Freescale 公司将 MRAM 业务拆分组建了新公司"Everspin"；Grandis 公司获得美国政府 1500 万美元资助进行 STT-MRAM 研究；2009 年，法国政府宣布投入 420 万欧元研制自旋电子可编程逻辑器件；韩国政府与 Hynix 和 Samsung 公司共同投资 5000 万美元开发 STT-MRAM；2010 年，日本研究人员开发出一种新的具有垂直磁各向异性的磁性隧道结构，原理上可以使 STT-MRAM 容量达到 10 Gbit；Everspin 公司推出了 16 Mbit MRAM 芯片产品；2011 年，Samsung 公司收购 Grandis 公司，进一步加强对 STT-RAM 的研究和投入；2012 年 11 月，EverSpin 公司首次发布基于 DDR3 的 64Mbit STT-MRAM，从而将第二代 MRAM 技术尝试推向市场，这对于

MRAM 的发展具有里程碑式的意义。欧洲空中客车公司最新的飞机 A350 已采用磁性随机存储器搭建其计算系统。2012 年，美国科学家提出采用电场调控自旋方案进一步降低功耗，有望使自旋芯片进入批量生产，乐观地展望，在 3~5 年内将走向产业化。

二、国内现状

中科院物理所、中科院半导体所、南京大学、北京大学、清华大学、北京科技大学、电子科技大学、山东大学、复旦大学等较早开展了自旋电子学的基础研究，北京航空航天大学于 2013 年成立自旋电子交叉学科研究中心。

中科院物理所在高灵敏度 TMR 磁敏传感器、自旋纳米振荡器、磁逻辑和自旋晶体管等器件设计方面，获得中国发明专利授权 40 余项和美国及日本国际专利授权 5 项。2006 年传统型 16x16 bit MRAM 演示器件通过鉴定，在国际上首次设计和制备出采用外直径为 100 纳米环状磁性隧道结为存储单元，并采用自旋极化电流直接驱动的新型 4x4 bit Nanoring MRAM 原理型演示器件，其纳米环磁随机存储器等多种设计具有自主知识产权。

宜昌东方微磁科技有限责任公司拥有磁电子传感器、GMR/MTJ 磁电信号耦合器件等磁电子芯片核心技术，申请及授权中国发明专利 11 项，实用专利 8 项，美国发明专利 1 项；研制了系列的磁电子传感芯片，正在研发磁电信号耦合芯片，以及能将信号的接收、传输和存储有机结合起来的多通道接口和逻辑芯片。东方微磁科技有限公司与杭州电子科技大学产学研一体化团队"高性能集成巨磁电阻传感器及磁电信号耦合器件"项目研究成果通过专家组鉴定，项目总体研究水平达到同类产品的"国际先进水平"。

成都电子科技大学 2005 年推出三种集成自旋传感器产品，拥有中国发明专利 10 项，美国发明专利 1 项。2006 年完成国防 973 项目，设计出菱形"磁隧道结"存储单元，实现 3×3 bit MRAM 原型芯片的设计和微电子工艺制作。2011 年与美国特拉华大学合作，研制出自旋微波探测芯片和系统，可对

2–18GHz 微弱微波信号进行探测。江苏多维科技有限公司、宁波稀磁科技有限公司等也在进行 MTJ 传感器的研发与产业化。

相对国外，我国自旋电子学基础研究虽有一定的基础与成果，但尚需加强原创性的研究。我国在研究成果转化方面，尤其产业化基础十分薄弱，与国外差距甚大，起步迟，投入少，急需国家大力支持，研发出有自主知识产权的自旋芯片。

三、自旋芯片研发、中试和产业化的必要性

自旋芯片已经历了三个发展阶段；2006 年前利用隧穿磁电阻效应（TMR），采用电流重合法，用电流产生的磁场调控自旋，制成低密度的第一代自旋芯片——MRAM；2006 年后利用自旋极化电流调控自旋，功耗下降，存储密度提高，成为第二代自旋芯片——STT-MRAM；目前研发电场调控自旋，功耗将进一步下降的第三代自旋芯片——MeRAM，可望在近年取得突破，从而进入到商业化的阶段；此后，自旋芯片将与半导体芯片进行市场化的竞争。

自旋芯片优点：与 DRAM 相比，非易失性、抗辐射性、高运算速度；与 Flash 相比，低功耗、长寿命、存取速度比 Flash 快千倍。此外，除做内存外，尚可做外存，磁硬盘与芯片可以合二为一。各类存储器性能对比列表如下：

自旋芯片兼具 SRAM 的高速度、DRAM 的高密度和 Flash 的非易失性

	SRAM	DRAM	Flash (NOR)	Flash (NAND)	FeRAM	RRAM	STT-RAM
Non-volatile	No	No	Yes	Yes	Yes	Yes	Yes
Cell size (F²)	50–120	6–10	10	5.5	15–34	4.5	6.5
Read time (ns)	1–100	30	10	50	10–20	10–50	1–10
Write / Erase time (ns)	1–100	15	1 μs / 10 ms	1 ms / 0.1 ms	10–50	10–50	1–10
Endurance	10^{16}	10^{16}	10^5	10^5	10^{12}	10^8	$>10^{15}$
Write power	Low	Low	Very high	Very high	Low	Low	Low
Other power consumption	Current leakage	Refresh current	None	None	None	None	None
High voltage required	No	3 V	6–8 V	2–4V	2–3 V	1.5–3 V	<1.5 V
				Existing products		Prototype	

等优点，其抗辐射性尤为军方所青睐，原则上可取代各类存储器的应用，成为未来的通用存储器。自旋芯片属于核心高端芯片，是科技关键核心技术，可军民两用，具有高达上千亿美元的巨大市场前景，有可能成为后摩尔时代的主流芯片，这对于提升国家的高科技水平和增强国防安全意义重大，国家应予以高度重视和支持，莫失良机。

2012年我国进口半导体芯片约1920亿美元（其中包含了大量的存储器芯片），超过石油进口1200亿美元，如我们当前不重视自旋芯片的研发与产业化，将来必将受制于国外，重蹈半导体芯片落后的覆辙。

四、相关建议

1. 设立具有国家战略意义的自旋芯片与相关自旋器件重大攻关项目，成立专家委员会，负责整合与组织全国相关的力量，产、学、研相结合，建立国家级的自旋芯片中试基地，争取在产业化进程中赶超国际先进水平。

2. 作为长期的战略目标，积极推进自旋芯片与相关器件的研发与产业化，从基础研究、应用基础研究、实验室研发，最后进入产业化生产，逐步形成一个有机的体系。发改委，科技部，基金委等立专项，坚持长期稳定的经费支持，在微电子与集成电路推进计划中建立相关专项，鼓励研发向产业化转化，国家给予政策优惠，不断创造具有中国知识产权的自旋器件。

贺 信

尊敬的**都有为**院士：

在您八十华诞之际，我谨代表中国科学院和中国科学院学部主席团，并以我个人的名义向您致以衷心的祝贺和诚挚的问候！

您是我国著名的磁学与磁性材料专家，在五十余载的科教生涯中，您不断开拓创新，提携后学，为我国材料科教事业的发展做出了系统性和创造性的突出贡献！您长期致力于磁学和磁性材料研究，在巨磁熵变效应、隧道磁电阻效应、巨磁电阻效应、磁致伸缩效应、磁光效应、反常霍尔效应等多个方面取得了系列创新性成果；您在国内较早开展了高温超导体磁性质的研究，发现了其中超导性与磁有序共存的现象，为高温超导机制的探索提供重要的实验依据；您开展的纳米及纳米复合材料磁性研究，通过界面耦合效应，实现了应力场、电场、磁场等对磁性的调控，为纳米材料的发展做出了重要贡献；您积极推动科技成果转移转化，为高新技术产业发展出谋划策；您潜心教书育人，注重人才培养，培养了大批材料领域的优秀科技人才。

您十分关心和支持中国科学院学部工作，积极参与学部的咨询和技术科学论坛等，并在如何实现自旋芯片与器件向产业化转移方面积极建言献策，为学部的发展和国家科学思想库建设做出了重要贡献！

您坚持不懈、锐意进取的科学精神和爱国奉献、平易近人的高尚品德，教育和影响了一大批优秀的科技人才，也将激励着年轻后学奋发有为。

衷心感谢您对我国科技和教育事业做出的突出贡献！

祝您生日快乐！健康长寿！阖家幸福！

中国科学院院长
中国科学院学部主席团执行主席

二〇一六年十月十六日

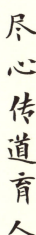

第九章

尽心传道育人

中学时，化学老师周开明勉励我"不要做人上人，要做人中人"，他的话我始终牢记在心。进入南京大学物理系，我如饥似渴地学习，汲取各种养分，虽然没有指定的导师，但每一位老师都成为我学习的榜样。大师们谦和、认真、无私，我一一看在眼里，记在心里，落实在工作、生活里。我对待青年教师、学生、职工，尽显"人中人"之真义，力气不省着，想法不藏着，启发、引导、示范，亲自动手、无微不至；教研组的事情、物理系的事情、学校的事情、学会的事情、企业的事情，只要找到我，从来没有推三阻四的。

第一节　为企业培训技术人员

我大学毕业以后留校工作，有十几年的时间都是在参加各种运动，去农村劳动锻炼、参加"四清"工作、去山里挖煤、去长江大桥的工地上劳动、去南京大学在溧阳的校区参加建校劳动等等，在学校的时间很少。等到1972年从溧阳回到校园里，开始给新进来的工农兵学员上课，才慢慢地恢复了教学实验工作。当时学校里的条件还比较差，所以带毕业生实习的时候，都是联系了相关的工厂，到厂里去做一些毕业设计、生产实习，厂里也利用这个机会培训工人、培养技术骨干。

1970年代中后期，为了带学生实习，我主要往国有企业跑，像南京的898厂，成立于1966年，位于南京中央门东井村（现南京火车站附近），交通十分便利，是生产磁性材料及器件的专业化大型企业，其中软磁铁氧体是其主导产品。当时898厂的技术力量很强，各地来学习培训的人不少。王珏回忆：

1968年我和岳从庭等5位同学分配到了898厂，这是四机部新设立的磁性材料元器件专业厂，在那个年代算是很对口了。到了七十年代中期，厂里办了'七·二一'工大，后经四机部验收正式定为职工大学设立具有大专学历的磁性材料专业。我的同班同学岳从庭任支部书记。请南大磁学组的老师来上课，仍由翟宏如老师、张世远老师讲铁磁学，都有为是开的铁氧体的讲座。因为这门课结合实际紧密，开讲座时不仅是工大的学生、老师听，而且车间的技术人员也来听，平常50人的教室只坐20多名学生时很宽敞，到上这堂课时全满座了。[①]

课后到了吃午饭的时候还有同学，特别是车间的技术人员围着我问些生产中的技术问题，我都尽可能地谈谈自己的看法。

工大不仅招收本厂的年轻人，同时也应同行的要求接收行业内当时风起云涌般催生的乡镇企业，特别是苏南和浙江的乡镇企业送来的学生，这些学生回去后都成了他们企业的技术骨干。这些公司在生产中遇到难题都想请我去指导，有的企业在发展过程中也想听听我的意见。因为我经常深入工厂生产一线，而不是成天坐在学校的书房里，所以理论联系实际，既了解了生产实践中存在的问题，同时又给予工厂较大的帮助，后来就成了行业中争相邀请的大学老师。

像浙江海宁的一家磁性材料厂，就是派人员在898厂的培训班学习过后，白手起家成长起来的。"1975年，冯建湘和伙伴们带着全厂数百名职工的委托和希望，被选送到南京898厂去学习磁性生产知识。两年以后，他们买回了压机、箱式炉、球磨等简单设备，用所学的知识在砖瓦厂的一间机修车间里铺摊挂牌，开始生产彩电偏转、黑白偏转磁芯和天线磁棒等产品。前后仅用三个月时间，第一个自己试制的偏转磁芯就经南京898厂检测合格。不久，产品正式出样，各项技术参数经无锡、广州等元器件厂家试用均符合要求。1977年当年完

---

① 王珏，原南京898厂厂长，南京大学物理系1967届毕业生。

成产值4.24万元。"①

到20世纪80年代，各地的磁性材料厂如雨后春笋般冒出来，他们对技术的需求更大，很多企业既没有钱也没有人才，生产出来的产品很多都不合格或者价值较低，极大地影响了企业的效益，浙江诸暨磁性材料厂便是这些企业中的代表。当时的诸暨磁性材料厂只有员工300多人，主要生产扬声器和微电机上使用的磁铁氧体等产品，因为技术力量薄弱，质量上不去，销路不畅，生产出来的产品不是报废就是积压，根本卖不动，工厂一度处于倒闭的边缘。穷则思变，当大家都愁得焦头烂额的时候，厂里的一位技术人员翻阅资料，偶然看到我发表的两篇文章，一篇是"永磁铁氧体工艺进展"，另一篇是"永磁铁氧体的基础研究"，觉得和厂里产品很有针对性。沈乃玄厂长知道以后亲自跑到南京大学求贤助力。

在改革开放的初始年代，大学教师为企业服务还算是个新鲜事物，各方面都处于试探、摸索的阶段，去还是不去，谁也不敢轻易表态。诸暨政府、企业相关人员学习刘备三顾茅庐，来了一个"三访南大"，请求学校予以支持，最终与南京大学签订了正式合作的科研协议，并聘请我担任厂里的技术顾问。1982年9月，我第一次来到诸暨磁性材料厂，从培训开始，选择有一定文化基础、接受能力强的工人，给他们上课，回答他们在生产上遇到的各种问题。

因为不能影响学校的工作，所以经常书信往来，邮寄资料，一年多时间我寄了四五十封信件。每逢出差到浙江，总要拐到厂里去看一看、问一问，寒暑假就时间长一点，蹲在厂里，指导技术骨干成立攻关小组，对生产线上的设备进行改造。本着少花钱、多办事的原则，不但改进了一些陈旧的设备，甚至让一部分机器达到国内先进水平，为提高产品质量打下坚实的基础。而攻关小组的专家，也是我推荐的南京电声厂磁钢车间的技术骨干。

---

① 宗菊如主编，中共江苏省无锡市委宣传部编：《超国界行动 无锡人走向世界》，新华出版社，1992年，第290页。

20世纪80年代，当时火车只能从南京经上海再到诸暨，速度比现在高铁慢得多了，每次单程大约花费6~7小时。寒来暑往，我一有空就到诸暨磁性材料厂来指导工作，一年多时间里去了7次。在各方的共同努力下，诸暨磁性材料厂的产品质量有了很大的提升，因为厂里不具备实验条件，有些样品的测试工作都是在南京大学磁学实验室完成的。1983年12月，诸暨磁性材料厂的高磁能积钡铁氧体产品通过鉴定，主要性能指标超过国家标准，与日本、荷兰、美国的产品性能接近，一下子成为畅销产品，还出口到国外，在当时引起不小的轰动。1984年6月14日，《新华日报》以"科学救活一片厂，半年盈利廿七万——南大副教授都有为帮助诸暨磁性材料厂打了翻身仗"为题做了报道；1984年7月27日，《浙江日报》以"请教授当技术顾问——诸暨磁性材料厂绝处逢生的一着'妙棋'"为题予以报道。企业一下子从亏损几万元到盈利二十多万元，真正打了翻身仗。"提高钡铁氧体磁能积的研究"项目由诸暨磁性材料厂牵头申报，获得浙江省1983年度优秀科技成果二等奖。

20世纪80年代，浙江东阳横店从事铁氧体生产的个体户联合组成企业生产，但他们缺少技术人员，就与南京大学商量，请物理系磁学组专门为他们的磁性材料企业办培训班，他们派了30名高中毕业生到南京大学进行两年制的培训。考虑到国内其他企业也有需求，南京大学物理系又从全国其他地方的企业招了30个人，合在一起办了一期60个人的培训班。通过两年时间的集中学习，将磁学的基本性能、生产工艺以及应用对学员进行了培训，为东阳的磁性材料厂以及参加培训的单位提供了一批中低级的技术人员，后来大多数培训人员成了企业的技术骨干，为东阳后来发展成为全国乃至国际磁性材料的主要生产基地播下了种子。

帮助企业发展是我一贯的理念，为企业培训人才，从而"授人以渔"而不是"授人以鱼"则是长期坚持的原则。所以，几十年来我只要有机会，都愿意到各地磁性材料生产企业去走一走、看一看、问一问。20世纪90年代，各地磁性材料厂到处挖人，开出很高的薪酬。

图52　2019年6月，都有为（前排右5）与姬广斌（前排左3）一起出席无锡斯贝尔磁材公司"高性能磁性材料发展趋势研讨暨博士后课题研讨会"，并进行技术交流

　　"1998年，（山东莱芜钢铁公司）磁性材料厂以每年12万元的高薪聘请了南京898厂的一名高级工程师，并签订了10年聘用合同，使产品合格率由原来的50%提高到了95%，每提高一个百分点，就有十几万元的效益，稳定了产品质量，巩固了老客户，吸引了新客户。"[①]这样的现象很普遍，导致一些传统的生产磁性材料的国营大厂、老厂人才流失较多。对于高薪聘用我并不动心，关心企业、帮助企业义不容辞，但至多坚持做做顾问，主要精力和时间还是放在教学科研上，继续在学校里过过清苦的日子，做做喜欢的学问。不过，我从不做死学问，推崇学以致用，科学研究是为生产生活服务的，所以学校的教学科研是主阵地、主战场，一点也不能放松；但企业是另一个阵地，也不能失守。

　　我去企业服务指导的习惯一直保持着，当选院士之后也从不拿架子，从来

---

① 政协莱芜市钢城区委员会编：《钢城文史》（第2辑），2001年，第196页。

不会拒绝企业或者学生提出的请求，总是尽可能地提供力所能及的帮助，也不管企业是本地企业还是外地企业，学生是南京大学毕业的还是在培训班上听过课的，只要对企业有利的、对磁性材料产业发展有利的，我就去，有问必答。有几次一些企业的行业协会在外地开学术交流会议，想请我到场做个报告，我在日程安排很紧的情况下也尽量挤出时间赶到会场，还要精神饱满地给大家做报告，从来也没喊过累。有一次，安徽一个县政府举办一场科技创新促进产业升级的会，据说邀请了我，但不知道哪个环节出了问题，没有通知到我，临到快开会，组办者才想起来，据说好多参会者听说我去才报的名，后来听说我不参会，他们都不出席了，这可怎么办？县政府辗转通过江苏省委组织部协调南京大学组织部来邀请我，但是我日程已经排好了，已经答应了另外一个活动的安排。当时物理学院的领导找到我，我一听，二话不说，跟另外一个活动的主办方进行了沟通和协调，挤出两个小时参加该县的这个论坛。只要我能做到的，我不会让别人为难。

我自己不下海办企业，但对自己的学生创新创业很关心，总是尽己所能予以支持，尽管有失败、付出了代价，获得失败的经验教训也是值得的；也有历尽艰辛获得成功的，如苏海林博士，现为合肥工业大学的教授，在2014年创立了"江苏瑞德磁性材料有限公司"，历经风风雨雨，艰苦创业，目前已成为生产软磁复合材料（SMC）小有名气的企业，发展前景看好。2021年成立的"扬州华翀科技有限公司"也已进入产业化生产。创业难，除技术、资金、市场外，更重要的是创业者的人品、组织能力以及企业家的精神。只有在市场经济的大潮中拼搏、奋力前进，才有可能开拓出一片崭新的天地。

总有人问、也有人劝我牵头创办企业，我说我不下海，因为站在海边，看到有人有危险时，我可以及时抛出救生圈。

第二节　重视本科生教育

1955年五所高校办磁学专门化，从北往南是吉林大学、兰州大学、北京大学、山东大学、南京大学。之后各高校都发展出自己的研究特色，吉林大学在磁学理论、磁性材料应用领域具有特色；北大在稀土永磁、微波磁学、磁学教材方面搞得很好；兰州大学有个教育部的磁学重点实验室，主要研究磁记录材料；山东大学磁学研究面广，也挺不错；南京大学主要研究微波、纳米等磁性材料。这些高校是磁学和磁性材料专业发展最早的，为国内培养了一大批磁学人才。继后，华中科技大学、电子科技大学成都学院、四川大学、上海大学、中国科技大学、浙江大学、天津大学、北京钢铁学院、东北工学院、山西师范大学、西北大学、杭州电子科技大学等高校都有从事磁学教学与研究的团队。

1957年我毕业留校工作，之前一年因为学校缺乏师资，同届已有十来个同学作为预备教师留校工作了，当时没有我，到毕业的时候，可能是鲍家善觉得我各方面表现还可以，新建的磁学专门化正缺教师，最后还是他留我下来，参与教学工作，主要负责带学生做实验，担任一部分普通物理的教学工作。后来因为不停地参加劳动、运动，教学工作时断时续。不过，不管条件如何艰苦、环境如何恶劣，只要有机会，我都会尽心尽力地把自己所学所知教给学生，同时鼓励他们开动脑筋、放开手脚、举一反三，把学到的知识应用到实际工作中。

我留校工作三个月后就到南京的江浦县陡岗乡参加劳动锻炼，一直到次年的6月份，回校后物理系给我安排了一段时间的教学任务。1958秋天又开始大炼钢铁，前后有半年时间，从校内到校外，垒小高炉，烧火炼钢，教师和学生一起干活、一起吃饭，大家热情都很高。从1959年到1961年，全国上下经历了三年困难时期。学校也很困难，伙食也就勉强维持师生吃得着饭，但不保证吃好，所以那时候也是八仙过海、各显神通。物理系曾组织人在校园里养猪，我有好几次还带着学生到南京东郊的中山陵一带打猪草。不管如何困难，教学工作还是抓紧进行，南京大学的传统还在，大家总想着教学任务不能丢。学生赵见高回忆："我是1959—1964届，1962年进磁学组，当时都有为教磁性材料课程，主要印象是特别认真，那时是国家困难时期，印讲义的纸是又粗又厚的、黄色的'草纸'，都有为查阅了大量与磁性材料有关的资料，认真编写与磁学材料有关的内容，就这一份讲义足有半米多高。"[1]

从1963年开始，全国开始搞"四清"运动，南京大学校长带队，到江苏南通地区搞社教、搞"四清"，我到南通市如皋县加力公社倪控四队搞"四清"。前后三年多，中间也有回校一段时间，断断续续的，大约到1966年初才完全结束，返回学校。后来去灵山挖煤，在山里待了三四个月又回到学校。1968年秋天，南京长江大桥建设进入最后阶段，开始铺设大桥路面，南京大学发动师生参加建设长江大桥劳动，我和学生一起运黄沙。即使在这样的情况下，老师们还见缝插针为学生上课。

1972年的春天来得早，4月28日，南京大学接上级指示，在停止招生6年后，迎来了第一批工农兵学员。所有在农村劳动的教师都返回鼓楼校区，我也从溧阳回到南京，把物理系的办公室、实验室打扫干净，从灰尘中整理出书本、实验设备，认真备课，准备迎接新的教学任务。因为连基本的教材都没有，各系都要重新编印上课的讲义。我主要讲"铁氧体"课程，因为这是磁学专业学生的一门主课，所以大家都很重视。学生惠立人回忆：

在校专业学习期间，都有为老师是我们专业主课铁氧体课程的老师，我们班的同学来校前或毕业后大多数会在有关涉及铁氧体专业的领域或岗位工作，所以这门课程对大家都很重要，同学们也很重视！都有为老师的讲课循循善诱，敬业精神、理论和实践结合的深度等都给大家留下了深刻印象，我

---

[1] 赵见高，中国科学院物理所研究员，南京大学物理系1964届毕业生。

们同学毕业后有机会碰头时都还会提及，他严谨认真，一丝不苟，从理论到实践深入浅出地讲授，使大家通过这门课程的学习似乎都有了一些毕业后可以在自己这个专业的领域去一试身手、做番事业的理想和冲动！①

因为一些工农兵学员推荐上大学前就在工厂里从事相关工作，所以学习起来体会更深，很多学生毕业后都从事磁性材料的生产技术或管理工作，可见惠立人此言不虚。

工农兵大学生入学后，除了教学，我主要负责带学生到工厂参加实践教学、毕业设计，帮着工厂培训青年工人、技术骨干。当时南京898厂举办工人大学，磁学组的教师被请去上课，我去得最多，因此全国好多磁性材料企业都有人称自己是我的学生，听过我的课，受到我的影响。以至于后来磁性材料学会一开会，好多人都要邀请参会的我到自己的企业去看看，指导指导。同时，在带学生实习的过程中，我也充分利用898厂良好的设备条件和技术水平，见缝插针开展了研究，并联合厂里的技术人员一起发表论文。

在教学上，我还是有一套方法的，给大家留下了深刻的印象，不过我不记得了，他们倒是记得清楚。学生王玲玲回忆：

您教学态度非常认真，授课内容丰富，生动活泼，能围绕教学目标，与科研、生产实际相结合。教学方法多样、灵活。效果非常好。铁氧体材料复杂的晶体结构，您可以在黑板上用粉笔画得非常清晰，大家学习非常认真，受益匪浅。'铁氧体'这门课我的印象非常深，后来工作中我给学生讲授'功能材料'，其中'铁氧体磁性材料'一章的讲授，很多时候我都效仿您上课的方式进行，学生们非常受益。②

---

① 惠立人，南京大学物理系1976届毕业生，曾任江苏省无锡市江南磁带厂厂长。
② 王玲玲，南京大学物理系磁学专业1978届毕业生，曾任湖南大学物理系主任。

当时用的"铁氧体"教材是我编写的，也没有正式出版，都是在钢板上手刻蜡纸然后油印的，纸张也不好，粗糙且泛黄，厚厚一本。

除了上课，我带学生实验也有些经验，总是启发学生自己动手，发现问题、解决问题。学生赵利明回忆：

印象最深的是做毕业论文时，经常在实验室会遇到做磁性液体课题的化学系的小伙，他对于都老师的教导应该是最有发言权的。都老师经常到实验室指导学生完成课题实验，对于指导学生完成论文这一项工作非常负责任。我和吴正平当时是跟吴坚班主任老师选的钇钡铜氧（YBaCuO）高温超导材料课题，在实验室值班烧结材料、测量晶格、制作材料样品、测量转换温度……经常遇到都老师在指导叶英和化学系的同学，他总是循循诱导，耐心提问，展望应用前景，指点参考资料方向，完成高质量的论文。[1]

我在本科教学上投入大量的精力，因为很乐意去做，无论是在学生的课程学习阶段、实验阶段还是工厂实习阶段，我都一丝不苟、要求严格；但态度又很平和，与学生打成一片，只做人中人，不做人上人，总是循循善诱，从不盛气凌人，让大家心悦诚服地完成学习任务、实验任务、实习任务。所以，经常有学生说我，无论是专业水平还是个人修养都在不知不觉中影响着他们，受用终生。

---

[1] 赵利明，南京大学物理系磁学专业 1989 届毕业生，任南京新康达磁业股份有限公司总工程师。

第三节　获优秀研究生导师荣誉

除了重视本科生教学工作，从1978年开始，我担任研究生导师，招收硕士研究生，主要围绕铁氧体磁性材料开展研究。因为当时条件所限，重大成果不多。1988年年底从美国回来以后，我放弃了在国外的高温超导材料的研究，重返磁学与磁性材料领域，开展磁性超细微粒材料的研究，还是回到磁学的老本行。

20世纪80年代末的南京大学物理系磁学实验室，依旧是一穷二白的老样子，但就是在这样的条件下，我与科研组的同事先后进行了磁性液体的研制与应用开发，高密度磁记录材料、金属（合金）、氧化物超细微粒的研制与性能研究等，为后续深入进行的纳米材料研究奠定了较为坚实的基础，积累了一些宝贵的经验。这个时间段主要是依靠科研组的教师和硕士研究生来做实验，有的人就是在职的教师，为了进一步提升自己的学术水平攻读学位，他们一边工作一边学习。

1992年，凭借对磁性纳米材料的研究经验和成果的积累，加之冯端院士的支持，我成功争取到国家"攀登计划"中"纳米材料科学"项目的顺利立项。上海硅酸盐所严东生院士与冯端院士任该项目首席科学家。从这个时候起，磁学科研组有了资金，在国际上较早地开始了纳米材料磁性的研究，购置了多种纳米材料的合成、性能检测设备，为后续承担更多国家、省级科研项目打下坚实的基础，使科研工作条件有了质的飞跃，真正是鸟枪换炮，取得了一系列创新性的研究成果。有了资金、有了设备，同时，我从1990年开始担任博士生指导教师，1992年一口气招收了三名博士研究生，之后每年两名、三名甚至四名，他们后来都成为磁学科研的重要力量。

我认为，论文阶段主要是培养硕士、博士独立思考、独立工作的能力，所以，学生进来以后首先安排搜索、研读国内外相关研究的文献，并且要在研究组里做读书报告，进行交流讨论。在这个过程中，我自己带头，并鼓励组里其他老师与学生互动，最终确定论文的题目与主要内容后则放手由学生自由安排开展研究工作，工作进展要在每周的科研组内开会时进行交流。我最关心学生的第一篇文章，从内容到文字进行把关，第一篇文章发表后，对该学生的能力、水平就有一个大概的了解。等学生对研究工作方向明确了，有兴趣了，知道如何开展研究工作以后，我就放心、放手地让学生独立开展研究工作。而且，在组里，我和学生之间是亦师亦友的关系，有问题随时都可以进行交流。

1986年，碳60（C_{60}）的团簇结构发表，引起物理学界极大的兴趣，大家纷纷预计该成果会获得诺贝尔奖，后来果真在1996年获奖。当时我也安排科研组的人开展了这方面的研究，主要是考虑碳60的磁光性质。1992年发表了"C_{60}原子团簇与C_{60}团簇固体"，回顾了碳原子团簇研究的历程，介绍了C_{60}原子团簇的结构、光吸收、C_{60}团簇固体的结构、方向有序相变及掺杂后的电导、超导电性等物理性质，包括样品制备、分离和掺杂等技术问题，并指出了在这一领域开展研究的科学意义。文末特别提到冯端非常关心和支持这一工作，并提供了最新的资料。作者臧文成是当时组里的年轻教师，还未攻读学位，1995年成为我的硕士生。正好1992年顾刚由硕士转为博士研究生，我就让他领头来做C_{60}团簇的各种性能研究。自己制备出样品，进行光声光谱测量，研究它的能隙。研究工作取得了很好的结果，本来这个工作可以发表在国际物理学顶尖学术刊物《物理快报》（*Phys. Rev. Lett*）上，当时有两个审稿人，一个认为可以全文发表；另外一个审稿人表示该文章引用了他之前已经在《南京大学学报》（自然科学版）上发表过的文章，而《自然》是高水平的学术刊物，相关成果已经发表过了，尽管是用的不同材料做的实验，还是不建议发表。所以，当时顾刚做的工作很好，很可惜，就这么"搁浅"了。相关研究成果后来发表在*Solid State Communications*上。本来还准备进一步做如何把一些磁性粒子放到碳分子里面的工作，看能不能出现新的一类纳米磁性材料，但因为过于偏向化学方面，后来就停下了。

1995年，中国科学院固体所的张立德研究员与我共同出任"攀登计划"首席科学家，后面又争取到了"973""纳米材料和纳米结构"的子课题。随着科研条件逐步改善，我的磁学和磁性材料研究团队的科研工作也在不断地发展和深入，研究方向延伸到纳米磁学的各个领域，先后开展了纳米螺旋碳管、石墨烯、纳米颗粒、纳米线、颗粒膜、纳米微晶等纳米材料磁性的研究，开展了类钙钛矿氧化物、纳米结构材料以及合金材料的巨磁电阻效应、磁热效应、磁弹效应、磁致伸缩效应、多铁性、热电效应等研究工作，在国内较早地开展颗粒膜的磁光效应与磁电阻效应、反常霍尔效应的研究，从而又进入自旋电子学的领域，开拓了半金属与稀磁半导体材料的研究，取得了一系列创新性成果。

我一直认为，科学的灵魂在于创新，开拓新的研究方向与领域是科学工作者追求的目标。在博士生的培养上，我坚持给他们灌输创新工作的重要性，要求他们尽量掌握国内外有关的文献，但一定是文献为科研服务，自己不能变成文献的奴隶，跟着文献打转。例如：20世纪90年代，钙钛矿化合物庞磁电阻效应的发现，在国内外兴起了继高温超导氧化物后的新一轮研究的热潮。此前，我曾安排硕士研究生叶英做过铁氧体磁熵变的研究，在调控居里温度与磁熵变方面存在一些矛盾，此时我注意到钙钛矿化合物的居里温度可以通过离子代换很方便地进行调控，因此，果断地要求郭载兵把研究工作从永磁铁氧体转为研究"钙钛矿化合物的磁熵变"，并且第一次试验就发现与金属钆相当的高磁熵变效应，从而为钙钛矿化合物的研究开拓了新的研究方向，研究成果很快地发表在国际著名的*Phys. Rev. Lett.78*（1997）刊物上，引起国内外同行的广泛关注。磁学界权威性系列丛书肯定了我的课题组开拓此领域所做的贡献，并将钙钛矿氧化物列为新型高温磁致冷工质。磁熵变效应是磁制冷材料的最重要的特性，是新型高温磁制冷机实用化的关键之一，高温磁制冷机一旦能够得到广泛应用研究，将会产生一场新的工业革命。

我除了组织课题组系统开展钙钛矿化合物的磁熵变研究外，还将研究领域扩展到金属、合金以及半金属材料领域，希望通过不懈的努力，争取让高温磁制冷机最终能走向实用化。

在进行钙钛矿庞磁电阻效应研究时，当时研究的温度范围均处于居里温度即金属/绝缘体相变点附近，所研究的样品大多为大晶粒的多晶体，磁电阻效应只在居里温度附近出现峰值。1994年，张宁成为我的博士生，重点研究晶粒尺寸减少到纳米尺度时对钙钛矿化合物庞磁电阻效应的影响，发现除居里温度附近的本征庞磁电阻效应外，在低温会呈现由于晶粒间隧道效应产生的隧道磁电阻，这一创新发现发表在*Phys. Rev. B. 56*（1997）上，至今已被365篇SCI论文所引用，被大多数论文引为小颗粒体系的典型实验结果，晶界隧穿模型被列为两个具有代表性的理论之一。

而在多晶锌铁氧体磁电阻效应研究中，我指导的博士生陈鹏意外地发现室温巨磁电阻效应。在大家都感到很迷惑的时候，我提出可采用存在反铁磁耦合层的隧穿物理模型来解释，经高分辨电子显微镜的观测与交换偏置场的测量，证实该机制的正确性，这项工作被写成文章在*Phys. Rev. Lett.*上发表，迄今已被85篇SCI论文引用。因为在铁氧体氧化物当中发现了隧道型巨磁电阻效应，这个结果从来没有别人报道过，所以（刊物）也很快刊登了。2002年国际磁学会议的组织者也感兴趣，向我要文章的摘要，看过以后，特别邀请我在大会上做了一个30分钟的邀请报告，介绍课题组在多晶锌铁氧体磁电阻效应方面的研究成果。我当时并不知道这样一个大会邀请报告的性质，也没有当成一个了不得的荣誉。后来2019年，中国科学院物理所的韩秀峰研究员，也是研究自旋电子学方面的专家，受邀在国际磁学会议上做了一个邀请报告，回来以后告诉我，他是在国际磁学会议上第二个做邀请报告的中国人，而你（指我）是第一个。所以，多少年来，中国人在国际磁学会议上做这样研究成果邀请报告的总共就两个人，我是第一个。我并不认为自己的工作有多出色，但我做了别人没有做过的，因此受到学界的关注和重视，这也是科学界的一个传统。

张宁的博士论文获评南京大学优秀博士论文，郭载兵和陈鹏的论文被评为全国优秀博士论文，我获得南京大学优秀博士生指导导师的荣誉称号。2004

年，我的课题组的研究成果《新型的氧化物磁制冷工质与隧道型磁电阻材料》获得国家自然科学二等奖，这些都是从国家层面对我们的工作予以的肯定。

目前南京大学物理学院磁学科研团队有多位教授、副教授及四十余位研究生，形成了以年轻人为主、和谐而团结的研究团队。我认为，在科学研究工作中需要有合作的精神，要有坦率的心态跟有关的老师、同事、同学进行切磋、讨论，并互相请教。尤其是从事实验研究的人，更需要与从事理论研究的人合作，这样可使研究工作向纵深方向发展；从事理论研究的人，也可从新的实验结果中拓展思路，从而达到双赢的结果。要想在国际上磁学领域中占有一席之地，成为具有独特风格的高水平的学术流派，需要团队几辈人的拼搏与创新和坚持不懈的努力。

我一直重视对年轻一代的教育培养，尤其注意对学生创新能力、独立科研工作能力的培养。课题组内学术气氛民主、活跃，所有人都可以畅所欲言，充分表达自己的观点和见解乃至不同意见。我特别欣赏有独到见解和创新思想的年轻人，创造一切条件和机会支持他们在研究工作中创新，鼓励他们勇于面对挫折和失败。所以，整个课题组既是一个朝气蓬勃、人人奋发向上的学术团体，又是一个温暖和谐、人人互助互爱的大家庭。我一直强调，课题组不属于某个个人，组内的老师、学生都应当以主人翁的态度参与组内的工作，课题组的主要研究方向都要经过师生之间多次的讨论与协商才最终确定。1996年11月，我因为在研究生教育培养工作中成绩显著，获南京大学第四届研究生导师教书育人奖。

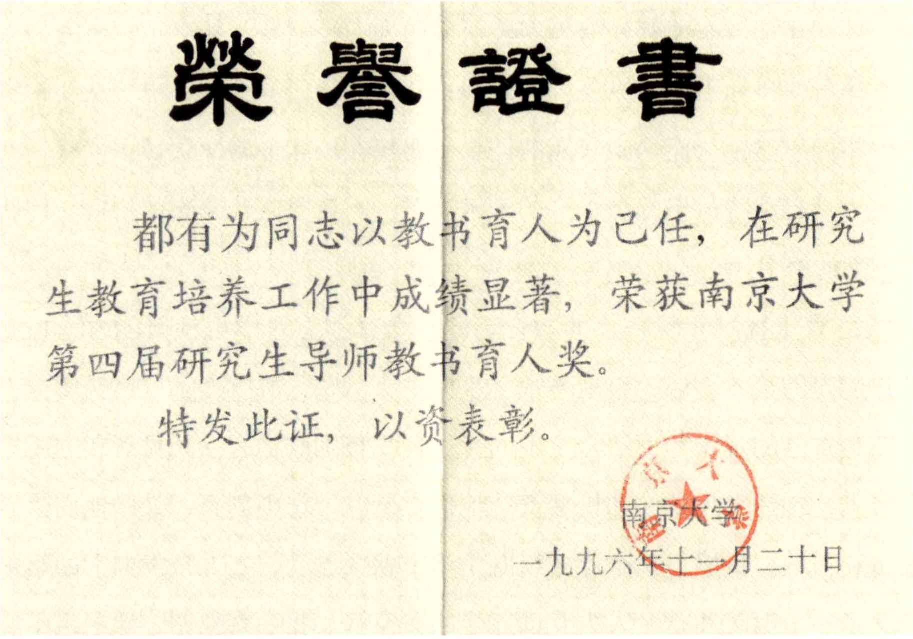

榮譽證書

都有为同志以教书育人为己任，在研究生教育培养工作中成绩显著，荣获南京大学第四届研究生导师教书育人奖。

特发此证，以资表彰。

南京大学

一九九六年十一月二十日

图53　1996年11月，都有为获得南京大学研究生导师教书育人奖

附：对创新的一点思考 ①

都有为

一、创新的内涵

"创新是以新思维、新发明和新描述为特征的一种概念化过程。其起源于拉丁语，有三层含义：第一，更新；第二，创造新的东西；第三，改变。"我想简化为："标新立异""推陈出新""破旧立新"。通常人们都将创新视为好的新兴事物，事实上未必如此，创新的结果有好的，也有坏的或二者兼有，例如：南唐李后主李煜在宫中兴起的女子裹小脚的创新，流传到民间，成为千百年来束缚中国妇女的枷锁，显然是极坏的创新。火药也是我国创新出来的成果，显然它具有正、反两方面的作用。当然本文谈论的限于积极起正能量作用的创新。创新的内容也是包罗万象，小可为一个新思维，大可为社会制度的大变革，从人文到科技无所不包，而不单纯为"一种概念化过程"。

二、创新是社会发展的动力

纵观人类历史，中国的春秋战国时期以及欧洲文艺复兴时期都是社会大变革时期，前者从西周封建社会向专制皇朝社会转变，后者从封建社会向资本社会转变，社会体制的创新，解放了人们的思想与创造力，从而涌现出无数的创新性的杰出人才与成果，使社会发生质的跃进。孔子、孟子等诸子百家，其学术思想已成为世界文化宝库中的瑰宝。欧洲文艺复兴时期在文学、艺术、音乐、建筑、数学、物理、天文、生理学和医学、心理学、地理各领域创造出无数辉煌的成就，对人类历史做出了划时代的巨大贡献。人类进入资本主义社会后，主要依靠产业革命推动社会发展。产业革命，通常指由于

① 本文是2016年都有为在新疆参加院士春秋论坛时的发言稿。

科学、技术上的重大的创新与突破，使产业结构发生重大变化，进而使经济、社会等各方面出现崭新面貌。如对产业革命采用粗线条归类，大体上可分为：18世纪热能的工业应用开创了第一次产业革命，使人类进入机械化时代；

19世纪电能的应用奠定了第二次产业革命，人类进入电气化时代；20世纪以信息化为主要特征的第三次产业革命，使人类进入信息化时代。差不多每隔100年左右科学与技术的创新、进步与积累，逐步形成新的产业革命。当前21世纪正在进行以纳米科技为核心的第四次产业革命。人类的历史其实就是一部创新史。科学革命一般是指人类对客观世界认识上的重大飞跃，它常以科学理论突破的形式表现出来。技术革命是人类改造客观世界的手段的重大变革，它往往以科学革命作为基础，又常常作为工业革命或产业革命的先导。

第一次产业革命使英国成了世界上最先进的资本主义工业国。1850年，占世界人口2%的英国在世界工业总产值中，已超过五分之二，在世界贸易总额中所占的比重，也超过五分之一。继英国之后，美、法、德、俄等国大体上从19世纪50年代末到80年代末，都先后完成了产业革命。马克思高度评价第一次产业革命，"蒸汽机的发明，在很短的时间内，改变了整个世界的面貌"。第二次世界大战后，日本在战争的废墟上的崛起，靠的是重视教育，依靠科学、技术、人才的软实力，在美国的支持下于19世纪60年代末进入产业革命时期，到20世纪初，也基本上完成了第二次产业革命。在"和平宪法"下迅速发展成为世界第二大经济强国。

第二次产业革命发生于19世纪50至80年代，以电、电机和内燃机的发明与应用为主要标志，它使主要资本主义国家的重工业比重第一次超过轻纺工业，成为重工业为主导的工业化国家。

第二次产业革命的特点：

自然科学的新发现迅速应用于工业。1870年以后，自然科学研究成为大工业生产的一个组成部分，1876年左右美国和欧洲开始建立工业研究实验室。

电力的发明与应用，强大的推动力不仅加快机器运转的速度，而且全面地用电能取代热能，显著提高了生产效率。

第二次工业革命使得重化工业取代轻纺工业成为社会生产中具有支配力的部门，在工业生产中居主导地位。

第二次世界大战在毁灭人类文明的同时，又加速了科技的进步。20世纪50至60年代出现了电子、信息、软件、宇航、生物工程和原子能等产业，开发了核能源，逐步形成以微电子为主导技术的第三次产业革命。它是以原子能、电子计算机和空间技术的广泛应用为主要标志，涉及信息技术、新能源技术、新材料技术、生物技术、空间技术和海洋技术等诸多领域的一场信息控制技术革命。欧洲在第二次世界大战中遭重创，而美国未遭到战争的创伤，相反却吸纳了大批优秀的科技人才，推动了科技的飞速发展，领先进入以信息化为特征的第三次产业革命，从而成为超级大国。

综上而言，奠定在科技创新基础上的产业革命，有力地提升了国家的实力与地位，完成三次产业革命的国家如今都成为富强的先进国家，因此，新的产业革命和新的核心技术兴起之时，也给各个国家提供了一个重新"洗牌"的机会，它使后进国家通过发展新的主导产业实现经济的跨越发展和经济赶超成为可能。1986年诺贝尔物理学奖获得者罗雷尔说过："本世纪70年代重视微电子技术的国家如今都已成为发达国家，现在重视纳米科技的国家很可能成为下一世纪的先进国家。"中国只有抓住第四次产业革命的机遇才可能跨越式地发展，实现和平崛起，赶超世界强国。

中国是古老的文明大国，历史辉煌。1840年前的1800年间，中国的产值占全球30%，是万国朝拜的世界强国。1840年，英国在工业革命后成为世界强国，而中国却日薄西山，成为无足轻重的国家。改革开放后，和平崛起，目前我国GDP总量已处世界第二位，有 \$108,648.77 亿美元，美国 \$179,681.95 亿美元。今后中国应从制造大国向创造强国发展。2008年，我国每个就业者创造的 GDP 为 5855 美元，仅相当于美国的 5.9%，日本的 7.7%，俄罗斯的

24.8%。换句话说，在创造财富能力方面，一个美国人"顶"我们16个人，一个日本人"顶"我们13个人，一个俄国人"顶"我们4个人！

在资源特别是能源利用效益方面，也存在着惊人的差距。2009年，我国GDP占世界的8.6%，却消耗了世界46.9%的煤炭和10.4%的石油；而同年美国GDP占世界的24.3%，煤炭和石油消费量分别占15.2%和21.7%；日本GDP占8.7%，煤炭和石油消费量分别只占3.3%和5.1%。所以，赶超国际先进水平任重而道远。

三、创新是科技的灵魂

科学的诞生就是从人类对自然的好奇开始的，最典型的例子可能是200年前达尔文演化论的问世，"物竞天择，适者生存"。科学需要继承与发展，创新的基础是继承，科学研究需要丰富的想象力，异于常规的新思维，才能取得重大的创新性成果。创新贵在坚持，锲而不舍，乐在其中，"业精于勤，荒于嬉；行成于思，毁于随"。原始创新是创新中的精华，是核心竞争力的标志，这就是诺贝尔科学奖（物理学、化学、生理学或医学奖，下同）为世界各国所追求的关键。要为基础研究营造一个宽松而自由的学术氛围与条件。

创新应以科学实验为基础敢于冲破旧观点，旧学说。从经典物理发展为量子力学，是最有说服力的实例。19世纪末20世纪初，经典物理已相当完善，但在实验方面又遇到了一些严重的困难，所谓"晴朗天空的几朵乌云"，经典物理无法解释下列问题：

(1)黑体辐射问题：能量的不连续性，能量量子化；

(2)光电效应：光量子，光具有波粒二象性；

(3)原子的线状光谱及其规律；

(4)原子的稳定性：提出定态假设；

(5)固体与分子的比热问题：低温时能量均分定理不适用。

上述问题引起了科学界的大辩论，催促了量子力学的诞生，量子力学产生和发展标志着人类认识自然，实现了从宏观世界向微观世界的重大飞跃。在自然科学研究中，"实践是检验真理的唯一标准"是不言而喻之事，任何理论在未得到实验证实之前是无法获得诺贝尔科学奖的。基础科学的跃变，催生了新技术的产生，为新的产业革命奠定了基础，例如：没有量子力学，人类就不可能利用核能，原子弹、氢弹就是在量子力学与相对论的基础上设计并实现的，核聚变也是在此基础上不懈地进行研发；量子力学应用于固体物理，产生了能带理论，导致了晶体管的诞生，从而造就了硅谷微电子革命的中心，成为美国信息化的发源地，影响了整个世界。同样，电、磁的基础研究孕育了电气化时代，在描述电流与电压、电阻关系的欧姆定律；电流产生磁场的毕奥—沙伐尔—拉普拉斯定律；表征磁场对电流作用的安培定律，电磁感应的法拉第定律，磁场对运动电荷的作用产生罗伦兹力等基础研究成果上，电动机、发电机应运而生是必然的事情了，因此基础研究是产业革命的奠基石，通过基础研究，人类掌握了自然的规律，探索与掌握自然规律并非易事，失败为成功之母，成功是奠基在无数次的失败、坚持不懈的努力基础上的。因此，要为基础研究营造一个宽松而自由的学术氛围与条件，允许失败，鼓励成功，切莫急功近利。基础研究决定了原始创新的高度，然而基础研究难以立竿见影，却是大厦的基石。只要重视、不断投入，有着专心坐冷板凳、十年磨一剑的精神，总有一些人会取得突破性的进展。只有百家争鸣、百花齐放，造就创新的氛围，才可能建设创新型的国家，成为推动国家不断前进的原动力、欣欣向荣的源泉，以科技屹立于世界之林。

四、创新是企业发展的奠基石

硅谷的崛起使美国从工业时代过渡到信息时代。在硅谷的公司不论其大小，如果技术和产品水平不在世界上占前三位，就必然被淘汰出局。因此，技术创新成为硅谷公司生存和发展的首要前提，也成为每个在硅谷工作的技术人员的追求目标。

市场经济的动力是创新，任何企业跟不上时代的步伐就会被淘汰，例如：世界胶片市场占垄断地位的美国"柯达"公司，对数码技术不够重视，自视胶片高分辨率的优点而忽视数码相机的迅猛发展，最终于 2012 年 1 月被数码淘汰破产。相反，同样具有盛名的日本富士胶片公司，由于及时意识到数码相机强大的竞争力，转型为光学仪器生产，从而浴火重生。当"索尼"SONY 还沉浸在数码相机领先的喜悦中时，突然发现"诺基亚"手机兼有照相功能，不得不在 2012 年关闭数码相机部门。

2013 年 9 月，"诺基亚"被微软收购，苹果、三星手机风靡全球。现在华为、中兴、小米奋起直追，虽然在国内外营销中颇有起色，但毕竟苹果手机先走一步，原创性强，已获得第一桶金了，即使后来者居上，如不继续创新，也会是昙花一现。企业必须具有前瞻性，具有自主的知识产权，领引世界潮流，才能在竞争中取胜。当前，中国劳动力成本越来越高，企业必须向高技术领域转型，生产自动化，管理现代化，产品优质化，人才是第一位的。乔布斯曾说："创新无极限！只要敢想，没有什么不可能，立即跳出思维的框框吧。如果你正处于一个上升的朝阳行业，那么尝试去寻找更有效的解决方案：更招消费者喜爱、更简洁的商业模式。如果你处于一个日渐萎缩的行业，那么赶紧在自己变得跟不上时代之前抽身而出，去换个工作或者转换行业。不要拖延，立刻开始创新！"

国际商业机器公司（International Business Machines Corporation，简称 IBM）始终以超前的技术、出色的管理和独树一帜的产品领导着全球信息工业的发展。创立了个人计算机（PC）标准，大型机，超级计算机服务器、软件，在材料、化学、物理等科学领域有许多创造。硬盘技术、扫描隧道显微镜（STM）、原子蚀刻技术等均为 IBM 所发明。IBM 目前仍然保持着拥有全世界最多专利的地位。仅 2004 年就提出 3,248 项专利申请。IBM 进一步将创新的内涵延伸到六个层面："产品创新""服务创新""业务流程创新""业务模式创新""管理和文化创新"以及"政策与社会创新"。IBM 的核心价值观是"成就客户、创新为要、诚信负责",取自社会、回馈社会、造福人类是 IBM 一贯奉行的原则。因此，IBM 成为经久不衰的逾百年公司，与它不断创新的精神、多元化的业务和人才汇聚的企业文化是密不可分的。

随着科技的迅猛发展，从基础研究到应用研究从而进入产业化的周期越来越短，往往相互交叉，界限模糊，例如：20 世纪 80 年代，欧洲德、法两国科学家发现了巨磁电阻效应，论文发表后，美国就立即开展应用基础研究，成功地试制出高灵敏度的 GMR、TMR 磁传感器，接着应用于计算机硬盘中，显著提高了磁盘记录密度，使磁盘成为数据储存的主流器件，为德、法两国科学家 2007 年获得诺贝尔物理学奖铺平了道路；又如半导体芯片奠定了信息化的基础，目前却面临着摩尔定律的约束，难以为继，不久的将来，有可能被自旋芯片（STT-MRAM）或其他新颖芯片所取代。据最近报道，IBM 公司已联合三星公司进行 STT-MRAM8Gb 芯片产业化生产，可望取代DRAM 芯片，我国如不重视，必将落后于国外，重走半导体芯片落后的老路。奠定在巨磁电阻效应基础上的自旋芯片，其发展历程也充分地表明，基础研究、应用基础研究与产业化进程紧密地交织在一起，相互促进，难分难解，形成有机的整体，这与以往传统的先基础研究，后应用开发，最后产业化的分阶段进行已完全不同，建议国家鼓励、支持产学研有机结合的研发模式，关注国际前沿进展，抓住机遇，跨越式地发展我国的先进科技产业。科技创新是以企业为主体的，但目前国内大多数民营企业处于勉强维持阶段，心有余而力难及，税负偏重，融资困难，建议国家能考虑对民营企业降低税负，加大对民营企业投融资倾斜支持力度，进一步鼓励企业创新。"20 世纪，我们衡量一个国家的财富主要通过它的自然资源、陆地面积、人口和军队。在 21 世纪，一个国家真正的财富将在于其国民的创造性意志和创造能力。"

"趋势就像一匹马，如果在马后面追，你永远都追不上，你只有骑在马上面，才能和马一样的快，才能迅速地取得胜利，这就叫马到成功！"

企业的生命力在于创新！

纵观人类的发展史，此起彼落，兴衰交替，所谓："沉舟侧畔千帆过，病树前头万木春。"中国的崛起需要创新、创业。创新创业的主体是人才，应当为创新型人才的成长创造必要的条件，从小培养小孩的好奇心，启发他们独立思考问题。从小学、中学、大学甚至研究生教育中，积极提倡自由思想、独立思考能力的培养，鼓励在科学的基础上勇于创新的精神，鼓励不同学科的交叉，等等。

当代科技发展十分迅速，产品更新换代周期越来越短，优胜劣汰，洗牌加剧。科技成果的转化与生产构成有机体。社会已进入大数据、物联网、人工智能化的时代，不前进就被淘汰，需要培养出大批创新型人才，不断创新、创业，在时代的浪潮中奋勇前进！

第四节　出版专著教材

有人说我是个高产的科研人员，特别会写文章，应当说除了科研组的师生们发表的大量研究论文外，我还注意撰写、编写专著，这些年来，主编、参编的有《磁性材料基础》（1988）、《磁记录材料》（1992）、《新材料技术》（1993）、《铁氧体》（1996）、《材料界面结构与特性》（1999）、《超微粉体制备与应用技术》（2001）、《纳米材料和纳米结构》（2004）、《前沿领域新材料》（2008）、《自旋电子学》（2013）、《磁性材料》（2022）、《高科技知识辞典》（1998）和《物理学大辞典》（2017）。

1988年，科学出版社出版了《磁性材料基础》，这本书以普通读者为阅读对象，主要针对企业中有一定文化程度的初高中毕业生，既是科普，也是磁性材料学科发展的总结。在该书的内容简介中这样写道："本书系统地讲述了磁性材料的基本知识，重点阐述铁磁学、金属学的有关基础理论及规律，较详细地介绍了如何提高磁性材料的性能，书中充分反映了近年来在磁性材料的生产

图54　1988年《磁性材料
基础》由科学出版社出版

和研究方面取得的新成就。"[1]

因为自1950年代磁带录音机和计算机出现之后，磁带、磁头、磁芯、磁鼓、磁盒等磁记录材料的生产迅猛发展，成为产值最高的磁性材料工业。到1970、1980年代，稀土磁性材料、非晶态磁性材料、磁光材料、超导磁性、天体磁学、生物磁学等各方面都有所发展，有的领域呈现爆炸式发展。而国内磁学和磁性材料学科的发展相对滞后，磁性材料的生产却蓬勃发展，企业急需相关新知识以及掌握这些新知识的技术人员。南京大学磁学教研室张世远及时组织人力编撰了这本书，把磁性材料方面的新成就、新技术予以介绍。

我编写该书的第六章"铁氧体磁性材料"，从铁氧体这个古老而年轻的磁性材料的使用源头说起，依次介绍了铁氧体的三大晶系、铁氧体的磁性、多晶铁氧体的制备、单晶铁氧体的制备、铁氧体薄膜的制备、永磁铁氧体、软磁铁氧体、旋磁铁氧体、压磁铁氧体、磁记录材料、磁泡材料、磁光材料、磁性液体等铁氧体磁性材料的各个方面。因为我一直承担"铁氧体"课程的教学工作，所以对铁氧体方面的发展情况比较了解。

1990年，中国科学院物理所罗河烈找到我，准备写一本磁记录材料方面的书，因为当时磁记录介质已经发展成为应用面最广、用量最大的磁性材料之一，广泛应用在广播、电视、电影、文化教育、医疗卫生、自动控制、地质勘探、军事技术、宇航技术等方面。为了方便从事磁记录介质生产和研究的技术人员了解磁记录介质应具备的性能、结构和性能之间的联系以及工艺因素对应用性能的影响等方面的内容，罗河烈准备编写一本磁记录材料的书，邀请我一起共同完成该书的编写。

我很爽快地答应下来，并很快完成任务。全书共分十章，其中罗河烈撰写第一、二、三章及第十章，我撰写第四至九章。罗河烈主要讲述了磁记录的基础知识、铁磁微粉的基本磁性、磁性微粉的性能测试和20世纪80年代的磁记录

---

① 张世远等：《磁性材料基础》，科学出版社，1988年。

图55　1992年《磁记录材料》
由电子工业出版社出版

介质、发展概况和主要磁记录介质；我则主要对几种主要的磁记录介质进行介绍，包括5种磁粉和1种连续型薄膜磁记录介质。两人编写内容各有侧重，但又互为补充，使该书具有较高的学术价值和参考价值，1992年末由电子工业出版社出版。我书稿完成后即交给罗河烈，再没有过问，后来出版时，发现罗将我的名字排在前面，觉得罗太谦虚了，但木已成舟，只得作罢。

除了编写磁学、铁氧体方面的书，我还参加编写其他如《材料界面结构与特性》（1999）、《超微粉体制备与应用技术》（2001）、《纳米材料和纳米结构》（2004）、《前沿领域新材料》（2008）的编写工作，几乎可以说来者不拒。在别人看来，对自己没有什么利益的事情，或者利益不大却要花费大量时间、精力，所谓出力不讨好的事情，应该是能推则推，不能所有事情都做，有所为有所不为。但是，我的名字叫"有为"，所以只要对学科发展有利，即便是一些很辛苦的事情也愿意做。

《物理学大辞典》是科学出版社项目《自然科学大辞典系列》的物理学卷部分，该项目被列入新闻出版总署新闻出版改革发展项目库，并于2011年获得国家出版基金支持。总体目标是编写一本集传承性、创新性、实用性于一身，学术价值高、实用性强、科学严谨的大型辞书。2012年，南京大学物理学院承担了这个任务，要编《物理学大辞典》，这个工作量非常大，而且要动员很多人来参与，不仅要动员南京大学的教师，还要动员全国物理学、化学等各个领域的专家一起来做这件事情。

请谁担任主编呢？这让学校和物理学院的领导费了不少脑筋。像这种大型辞书，属于级别很高的宝典，要选一个既能够代表学校形象，又有影响力和号召力的。而且，这次的经费看上去还可以，但人多一分，就很少了。所以，能够承担的人又都觉得做这件事情太辛苦、都不愿意做。找了一圈，最后找到我，我没有多想就答应了。后来是花了一些精力，但是主要还是几位副总主编出的力，他们干得更多一些，我只是做些协调工作。"历经6年的筹备、组织、撰写、审稿等流程，国家出版基金项目《物理学大辞典》即将由科学出版社出版，这部凝聚了200余位撰写人、审稿人、编委与出版人员心血的大辞典终于奉献给读者了。……除传统力学、电磁学、凝聚态物理等外，增加了能源物理、化学物理、经济物理等内容。共收录条目10 000余条，约330万字。"[1]这是全体参与老师共同努力的成果，尤其是副总主编程建春、欧阳容百、张世远发挥了十分重要的作用。

---

① 都有为总主编，程建春、欧阳容百、张世远副总主编：《物理学大辞典》，科学出版社，2017 年，前言。

第五节　倾心传播科学

　　科技创新和科学普及，是推动国家创新发展的两翼。我喜欢做一些科普方面的事情，是科普事业的热心参与者。在繁忙的科研和教学工作之余，我每年都会抽时间参与各种科普活动，向社会公众和大中小学生传播磁学知识，传递科学创新、科研报国的正能量。在我的概念中，觉得每个科研人员都可以进行科普，都应该进行科普，特别是自己熟悉的领域。科普有各种各样的科普，在自己熟悉的领域里面，以通俗的语言，使得对方没有念过大学也能听得懂，我认为这就是科普。

　　说起科普，一般都是专业人员对非专业人员的科学概念、科学原理、科学现象的解释、阐述，实际上科普也包括专业人员对相关专业的学习者、研究者及后来者的专业背景、发展进程以及未来方向等方面的介绍。我在科普方面投

图56　都有为给南京大学的新生上入学第一课

入精力和时间从不吝惜，无论是对物理学专业的学生还是厂矿企业技术人员甚至是中小学生。

物理学是基础学科，但跟应用又紧密联系，包罗万象，内容丰富多彩，同时也是很有趣、很深奥的一门学问。而磁学和磁性材料学，研究的是材料，搞物理的研究材料的物理性能，搞化学的研究材料的化学性能，之所以分出很多不同的学科，实际上是研究同样材料的不同性能。人类对世界的认识还只是很小的一部分，很多未知领域都有待于进一步探索。如何激发更多的人了解物理、对物理产生兴趣以至于投身于物理这门学科，我觉得最重要的就是要做好科普工作。

而要做好科普，首先要从人们感兴趣的、熟悉的事情说起，逐步把大家引入专业的世界。我当选院士以后，经常有人邀请我去给小学、中学、大学生做报告。跟青少年，不能讲很多专业方面的东西，而要从一些有趣的生活中常见的现象说起。比如说雨后的荷叶上面为什么会形成水珠？孔雀开屏羽毛为什么这么美丽？蝴蝶的翅膀颜色为什么丰富多彩？这些活生生的例子以及当前孩子们喜欢的热门话题，都很容易引起大家的兴趣。当大家都竖起耳朵，我就开始讲磁学发展的历史，在2000年前的战国时期，古代的中国人就认识到天然磁石的特性，并发明了用来指方向的司南、指南针、指南车等，成为中国古代四大发明之一，这方面是领先于西方的。但是近代以后，中国掉队了，没有人对磁学进行深度的研究，因此，很多磁性材料及其产品都是由国外研究开发的。

研究深入分子、原子水平，就会发现原子核的磁性实际上很有用，比如用在核磁共振成像方面，在医院里作为高级检查仪器，可以把人体中一般手段摸不着、看不到的地方看清楚。核磁共振为了提高对比度，往往要有一个造影的增强剂，这种增强剂用的就是磁性的纳米量级的氧化物颗粒。这样拍出来的影像，特别是病变的部分可以与没有病变的时候做比较，有利于医生做出判断，从而对症下药、对症下刀。目前肿瘤治疗中比较时新的"靶向药"，让药物只在病变地方起作用，而不是全身吸收，从而用药量减少、效率增强，这其实是用纳米的磁性颗粒跟药物包在一起，用外加的磁场把它固定在病变的地方。

给学生做科普的时候，我总是联系大家看到的一些现象，把物理的本质、原理深入浅出地讲清楚，很多人也听得懂，从而激发其对自然科学的兴趣、对物理的兴趣。之后再讲一些人生的感悟，青春是一个人最重要的黄金时段，怎么把这段时间把握住，好好学习，打好基础，为将来做准备。

除了给学生做科普，我还给企业人员做科普。改革开放以前，江苏的磁性材料生产要比浙江强得多，但是改革开放以后，浙江的磁性材料企业平地冒出来，跟雨后春笋一样，发展很快。浙江东阳横店的这些民办企业当时都是个体户，缺乏技术力量，他们跟南京大学物理系磁学组联系，磁学组为他们办了一个两年制的培训班。他们派了30名高中毕业生到南大进行两年的培训，物理系又从全国其他地方招了30个人，办了一个60个人的培训班。两年时间，把磁学的基本性能、生产应用进行介绍，说是培训，其实是科普、扫盲。没想到星星之火，可以燎原，现在浙江东阳横店已变成全国磁性材料，甚至国际上磁性材料的主要产地。这个培训班结束以后，南京898厂接着办培训班，南京大学的教师又被请去他们那里讲课。因为898厂的培训班学员除了本厂的，还招收了不少外地的，因此这些培训班事实上是为全国的磁性材料企业培养了一批中低级的技术人才。

1979年，我在《仪表材料》杂志上发表了"永磁氧体现状与展望"，概述永磁铁氧体基础研究方面的情况并对今后努力方向提出一些看法，从1933年日本的加藤和武井创制立方晶系的永磁钴铁氧体揭开氧化物永磁材料工业生产的序幕一直讲到永磁铁氧体中的离子置换、反磁化机制，综述研究、发展进程，极大方便了磁学专业的学生了解永磁铁氧体发展的来龙去脉，在那个对很多人来说参考文献查找还是比较困难的年代，这样的文章是对教材内容十分有益的补充。

1982年，我在《磁性材料及器件》杂志上发表"磁性液体"，介绍已进入实用阶段的胶体体系的强磁性，它是由强磁性固体微粒高度弥散于基液（分散媒剂）中而构成的稳定的胶体溶液，即使在重力、电、磁等力作用下亦能长期稳定地存在，不产生沉淀与分离，因此它具有固体的磁性、液体的流动性。介绍了磁性液体的生成条件、制备工艺、基本特性和主要应用场景，使人很容易对这种新的磁性材料产生兴趣。

　　1990年，我发表"超细微粒的特性与应用"一文，介绍什么是超细微粒，指出此类微粒是尺度介于原子、分子与块状物体之间，居于微观粒子与宏观物体交界的过渡区域，称为准零维系统，通常泛指尺度约为1～100纳米之间的微小固体颗粒。并简洁明了地阐述其物理、化学特性、磁学与光学特性，以及这种既非十分微观亦非十分宏观的超细微粒在各领域中的应用。此后，"超细微粒的磁性""镍超细微颗粒的磁性""超微颗粒的物理特性"则连续介绍超细微粒的方方面面。1992年，在《物理实验》杂志上发表"纳米微粒与纳米固体"，介绍纳米微粒的概念、基本性质与意义，指出纳米微粒是指颗粒尺度为纳米量级的超细微粒，它的尺度大于原子簇（Cluster）、小于通常的微粉（Powder），而由纳米微粒所构成的致密凝聚体称为纳米固体。《物理实验》杂志创刊于1980年，是由教育部主管、东北师范大学主办的物理类学术期刊，是由教育部高等学校物理学类专业教学指导委员会的会刊，其面向的主要对象是未来的中学物理教师。1993年，又在《物理》这样的专业刊物上发表"纳米磁性材料的进展与展望"，综述了纳米级磁性材料的新进展，着重介绍了纳米材料的磁性，其中包括纳米晶软磁材料、纳米晶稀土永磁材料、颗粒型磁记录材料、磁性液体以及颗粒膜材料的磁性。

　　除了做专业上的新思路、新材料、新进展的介绍，我还写了一些会议简讯，这类基本上是由会议组织者、承办方干的活儿，我也很愿意与更多的人分享。从1990年"全国首届纳米固体材料及物理研讨会在合肥召开"、1991年"振动样品磁强计鉴定会在长春召开"、1992年"全国第二届纳米固体学术研讨会会议简讯""第二届磁性材料物理国际会议"，到1993年"第六届国际铁氧体会议掠影""第一届全国磁性材料应用技术会议在西安召开"，再到1996

年"钟山微结构科学技术研讨会简讯"等。这些会议简讯除了介绍会议简况，还会介绍会上提到的有关领域的研究进展，向更多未参加会议的人传递信息。

进入21世纪以后，我开始为自旋电子鼓与呼，相继发表了"自旋电子学功能材料"（2004年第五届中国功能材料及其应用学术会议论文）、"自旋电子学功能材料进展"（《世界科技研究与发展》，2006年）、"应重视自旋电子学及其器件的产业化"（2010年第七届中国功能材料及其应用学术会议论文）、"调控自旋将成为科技发展的新领域"（《科技导报》，2011）、"自旋——未来的科技明星"（《科技导报》，2014）、"自旋电子学及其器件产业化"（《科学中国人》，2016）、"创新须有超前意识"（《群众》，2018）、"'自旋磁学'的思考"（《物理》，2019）。不但写文章宣传，我还从2009年起联合有关院士、专家提出院士咨询建议，通过学部转呈国务院，推动政府的力量来发展自旋电子学及其器件产业。

我在科学传播上从不厚此薄彼，不会因为对方是小学生、中学生、工人、技术人员或者普通群众就不屑于谈"高深"学问，而是尽己所能做到深入浅出，用大家都能听得懂的科学语言向别人讲解，引起他们的兴趣；也不会因为对方是磁学专业、物理专业的教学科研人员就不做概述、简述、综述类的科研、产业发展进程介绍，尺有所短，寸有所长，他山之石，可以攻玉，只要自己的努力可以帮助到哪怕一个人、一件事，也就值了，心满意足了。

第六节　热心社会公益

我出生在一个动荡的年代，日本人入侵中国、杭州沦陷，二哥都锦生的丝织厂毁于战火，家道中落，都氏大家族分崩离析，这些都在我心中留下很深刻的印象。大学毕业后，虽留校任助教，但在20年里，我有很大一部分时间都是在农村与农民同吃同住同劳动，对他们的困顿和贫穷有了更深的认识和了解，感同身受。所以，只要有什么我能做的，力所能及的，我都会去做，不计报酬地去做。无论是以前去乡镇企业，或者地方政府其他类似的技术指导，包括民间自发的一些社会公益项目，都有参与，有时候还是比较活跃的参与者。

2008年5月12日，四川汶川地区发生了8.0级大地震，震惊国内外。我也是从电视上看到的，那样的场景，十分揪心，但又无能为力。张葵教授，我在美国认识的一位华人学者，远在万里之外的法国兰斯大学任职，惊悉此事后心急如焚，一定要为祖国受灾的地区、受灾的人民做点事。震后5个月，她在法国巴黎发起成立由志愿者组成的公益性群众组织——以教育促进世界更美好协会，英文简称PMME，网站是www.asso-pmme.com。首批会员中有著名的冶金专家、外籍院士安佰瑞（David Embury）教授；法国院士、巴黎著名记者、兰斯大学地理老师布黑晒；特别值得一提的是当时身患绝症、全靠鼻饲的艾利克斯教授也加入了该组织[1]；以及当时在张葵实验室工作的南京航空航天大学姬广斌教授。姬广斌之前是我的博士生，在我的科研组获得博士学位后，由我介绍给张葵教授，便去了她的实验室做访问学者。协会成立以后，张葵教授积极与国内联系，想为汶川救灾以及灾后重建出一份力，尽一份心。协会工作也同时在国内推进，发展协会成员，听了她的介绍，我很乐意也加入PMME，成为协会第一批

---

[1] 艾历克斯教授曾两度访问江油鸿源幼儿园，他富有爱心，乐观开朗，最近获知他已痊愈，不用鼻饲了，真为他高兴。

成员。

我与张葵教授相识完全是机缘巧合。在实施经中美双方自然科学基金委员会批准的合作项目——"纳米材料磁性的研究"期间，1997年，受美国霍普金斯大学钱嘉陵教授邀请，南京大学物理系我负责的磁学科研组和钱嘉陵的实验室安排研究生与教师互访，开展相关研究。1997年夏天，我赴美交流，在霍普金斯大学认识了同时被钱嘉陵邀请访问的法国兰斯大学的张葵教授，她从北京科技大学毕业后就到法国留学，获博士学位后留在法国工作，主要从事纳米材料的电子显微镜结构研究，早期在准晶研究中工作出色。她十分热心于中、法两国合作与交流。她与上海交通大学、沈阳金属所、北京科技大学等单位进行了深入合作，曾入选为国家自然科学基金杰青（B类）。2007年4月在青岛召开全国"磁性细菌研讨会"时我又与她再次相聚。

张葵教授既是一位学者，又是特别有家国情怀的一个人。她从网上看到汶川灾区一位幼儿园老师朱素谨的求救文章，当时网上各种求助很多，有真的也有假的，很多救灾工作国家和地方政府都做了，但是百密一疏，难免有一些事情没有及时照顾到。朱素谨是一位民办幼儿园的教师，她所在的幼儿园叫鸿源幼儿园，她在帖子中写道："作为民办幼儿园，面对危房的教学楼我们连拆除它的能力都没有，更不要说重建了。幼儿园负责人不得不考虑是否关闭幼儿园。当老师听说了这一坏消息后都哭了。毕竟是工作了十几年的地方，还有那些可爱的孩子们，谁都舍不得。更重要的是我们很多都是35岁左右的人，如果鸿源关闭，我们连再考'在编教师'的资格都没有，面临的就是失业……"①

张葵看到此报道后，深感不安。儿童是国家的未来，协会的宗旨是以教育促进世界更美好，2008年7月，张葵先通过邮件与重灾区绵阳江油鸿源幼儿园相关人员取得联系，随后不久就买了机票回国，带着自己多年的积蓄，亲赴江油与鸿源幼儿园时任负责人以及地方政府相关部门商谈合作事宜。一年半后，协

---

① 详情参见 www.asso-pmme.com 相关介绍。

图57　2010年8月，张葵（前排左4）、都有为（二排右4）、艾利克斯（二排左2）、安佰瑞（后排左3）、张葵父亲（后排左4）与PMME部分成员在江油汶川"5·12大地震"处合影，背景为地震倒塌的房屋

会得到了国内外上百人的爱心奉献，其中不乏许多感人事例：如带着挂面赴法的姬广斌，回国前留下了他省吃俭用攒下的积蓄；留法归国的四川大学张鲲，无偿地为幼儿园设计出第一张重建图纸；中国著名雕塑家、沈阳鲁迅美术学院76岁高龄的田金铎大师，特意为重建后的纪念墙设计了壁雕；西安交大的车翰卿同学，把自己发表科研论文而获得的800元奖金全部捐出。

因为重建需要不少资金，而且时间上比较急，我也是会员，自然要尽我的微薄之力。不过，个人的力量毕竟小，所以我还不遗余力地发动国内其他人为灾区尽一份爱心，到处宣传PMME，另外还写信给国际、国内的几十位同事和友人，特别是与磁性材料行业有关的企业家。宁波韵升稀土永磁公司的董事长、企业家竺韵德先生捐出自己的年终奖20万元，在此前他已为灾区进行了巨额捐献。这一消息振奋了协会每一位成员，也显示了中国人的凝聚力和同理心。

山东淄博超瑞施公司的董事长王宏，刚创业不久，当我与她联系后，慷慨捐款，并且特地留言："我是都院士的朋友王宏，都院士正在帮助我们进行大

图58　2010年8月，PMME部分会员在鸿源幼儿园捐赠人纪念墙壁前合影，从左至右：张葵、安佰瑞、艾利克斯、布黑晒、都有为

型磁场治疗肿瘤的科研，这也是一项造福于人的善事。这次捐款是这样的，一位名叫田立林的患者因贲门癌肝转移晚期，在我这里接收免费治疗两个疗程。除了不收取治疗费外，吃住都是免费的，治疗结束时他留下1000元想请大家吃个饭。后来我们想不如替他捐给PMME协会的重建幼儿园的行动，也算替他献一份爱心。　我们正在赶制两台新设备，资金目前相对紧张。等稍一松动就会再汇款过去，再次感谢你们的一片爱心。"

　　年纪最小的捐款人是安妮·康，一个出生于加拿大的中国小女孩，当时才8岁。她因帮助度假的邻居收信而得到了她人生的第一份"工资"——10块加拿大元。拿到钱的时候，安妮非常高兴，因为是自己的劳动所得。但从在大学做科研的爸爸那里听到我们筹款援建四川幼儿园的消息后，安妮对爸爸妈妈说要把这些钱全部捐给四川地震灾区的孩子们，这样她人生的第一份工资会显得更有意义！同时，安妮还向PMME协会索取了100份募捐小册子，积极地向周围的朋友和邻居介绍她的募捐活动，自然，爸爸妈妈是她的第一个"募捐目标"。

图59　2010年8月27日，都有为（幼儿后站立者前排左9）与PMME部分成员参加鸿源幼儿园的三栋楼恢复使用庆典仪式

此外，她还和自己所就读的加拿大小学的老师们一起，准备动员全校的学生和家长们都来捐款。安妮的筹款行动甚至延伸到美国去了，有一位名叫Tim的大朋友很高兴地答应了小安妮的要求，在电话里同意捐赠20美元。但当安妮收到从美国寄来的支票时，她惊喜地发现友好的Tim竟然捐出了50美元！通过这件事，安妮告诉朋友们，同一个世界、同一个大家庭，这是她看北京奥运会得到的启发。

张葵更是以身作则，倾其所有、全情投入。她自己平时非常节俭朴素，连个新手机都不舍得买，多年来一直使用一部很老旧的手机，总是修了又修再用。她说，如果人人都献上一点爱，就可以汇成爱的长河，温暖灾区千家万户。但是个人的力量是有限的，不管出多出少，仅代表一点心意。2010年3月，中央指定对口援建重灾区江油市的河南省政府做出决定，捐赠400万元完全用于重建地震中受损最严重的鸿源幼儿园南教学楼；PMME所筹备的善款用于其他三栋楼的维修加固工程。在各方努力下，工程进展顺利，所有功能设施基本到位。

2010年8月27日，PMME协会帮助重建灾后幼儿园的美好愿望终于得以实现，一个由中外15位爱心志愿者所组成的代表团不远万里自费来到四川绵阳的江油市鸿源幼儿园，共同为这个重生的、能容纳800名孩子的幼儿园举行盛大开园典礼。我也去了，当我们看到孩子们欢快的表演时，深刻地感受到家长和老师们的感恩之情，正如幼儿园园长在发言中所讲到的："5·12曾使我们感到自己是世界上最痛苦的人，而今天这个喜庆的日子把我们变成了世界上最幸福的人。"听到这里，我们无一不沉浸在欢愉而又真挚的情谊中。

有为方有味（代结语）

从1953年进入南京大学读书起算，我在南京大学工作生活快70年，这是万万没有想到的。物理学是个很枯燥的学科，而我长期从事物理学里面很小很小的一个方向——磁学和磁性材料的教学和研究工作，并在南京大学组建了纳米磁性科研组，开展了磁性、磁输运性质与材料组成、微结构关系的研究。研究锰钙钛矿化合物的大磁熵变效应以及锰钙钛矿化合物小颗粒体系中的隧道型磁电阻效应；磁性纳米微粒的小尺寸效应与表面效应以及颗粒膜的巨磁电阻效应、磁光效应、反常霍尔效应与微结构的依赖性等。目前重点研究纳米材料的磁性以及与自旋相关的输运性质。在铁氧体、锰钙钛矿化合物的大磁熵变效应、颗粒膜的巨磁电阻效应等研究中发挥了重要作用，做出了成绩，对学科发展与生产实践有新的推进，得到国内外同行的好评。

我前后共培育博士生40余人，其中两人分别获2000年与2003年度全国优秀博士论文奖。我还与科研组的师生一起发表SCI论文900余篇，被SCI论文引用万余次，国内学术刊物论文200余篇。除基础研究外，我还积极推动科技成果转化，获国家发明专利24项，编著（含合编）专著10本（部）。后来还担任台湾成功大学讲座教授、澳门科技大学荣誉教授、浙江大学求是讲座教授等20余所高校客座教授；担任过国际磁性材料、物理会议（ISPMM）顾问（2005）；第一届国际先进磁学材料与应用会议（1st ISAMMA）常设指导委员会委员

（2007）等职。获国家自然科学二等奖、江苏省科技一等奖各1项，省部级科技进步二等奖4项等，均为第一获奖人。2005年当选中国科学院院士，2007年获何梁何利科学技术进步奖。

有的人会问我，研究磁学不觉得枯燥、无聊吗？为什么会在这个领域孜孜以求又津津有味呢？我开玩笑说，因为我的名字叫都有为，其实一个人的精力有限，不可能在各个方面都有作为，只能把有限的时间和精力投入到一个比较小的方向或者领域，再加上百倍的努力，运气好的话，或许会做出一点成绩来。如果说，一定要总结我的"成功之道"，或者可能供后来人借鉴的话，我就说说几点个人的体会。

爱看书，爱学习

我出生的时候家里条件很好，二哥都锦生的丝织厂有一定的规模，而且原先家里在杭州西湖边的茅家埠就有一些田地，并且建有一幢二层小楼，有一个大院子，被当地人称为"墙门里头的"。丝织厂兴旺的时候，二哥在院子的后面又建了一幢二层的新楼，并出资兴办茅家埠小学，离都家院子百米之距，让周围的小孩子都可以来免费读书。但是，1937年12月日本人打进杭州，都家的丝织厂难以为继，二哥一家先躲茅家埠，又被日军抄家抢劫，汽车财物洗劫一空，后又随大家庭至天竺三寺庙中躲避。待时局稍稳，二哥出于民族气节，不愿出任日伪商会会长，遂迁往上海谋求生存与发展，终因多种因素而力有不逮，丝织厂破产，他也因奔波操劳而英年早逝。

原本的大家庭中的成年子女均外出寻求发展，我和父母及其他年幼的兄弟姐妹则在茅家埠老宅生活。家里将四亩茶园收回，母亲带着老的、小的种茶、采茶、炒茶、卖茶，所得收入贴补家用；另有十几亩地雇人耕种，收些粮食让一家大小有个温饱。不管局势如何，到了该读书的年龄，家里总要让孩子们去学校读书。恰如家中正屋里的对联上所书"子孙才，族将大"，从我父亲、母亲到大哥、二哥，都十分重视子女教育。我家有个书房，是真正摆了不少书的地方，各种书都有。父亲是鼓励孩子们去看书的，所以买了很多书，书架上的书从地面一直摆到屋顶，有古今中外的小说，也有其他各种各样的新奇的书籍，往往吸引了大孩子们的注意力。因为父亲爱看书，家中养成了一种习惯，也形成一种风气，没什么事的时候，大家就去书房里看书。

一开始我还没上学、识字，也只是跟在大孩子后面翻翻书，把书房里的化学试剂拿出来，倒过来倒过去地玩，还把水银涂在一只铜球表面，拿到阳光下看那闪闪的银光而感到乐趣无穷。后来上了学，渐渐地也跟哥哥姐姐一样，喜欢到书房里看书。都家的孩子因为看书，所以与农村其他孩子很不一样，在邻居们看来，他们更孝顺、更懂事、更有礼貌，从来也没因为调皮捣蛋受到责骂。上中学后，我接触到更多的书籍、报刊，而且在语文老师袁卓尔的影响下，思想境界也有了提升，对于国家、民族的情感更加深切。考入杭州市高级中学后，刚上了一年，就因为家庭变故而休学，休学后就在家劳动，但也没忘记看书，心里还是想着重返课堂。半年后决定重新投考宗文中学，愿望实现，得以完成高中学业并有机会参加高考。考入南京大学，图书馆里巨量的书籍吸引了我，在紧张的学习之余，我阅读了《钢铁是怎样炼成的》《战争与和平》等一批苏联文学作品，看得如痴如醉。白天不能看，只能晚上下晚自习后在宿舍里看，熄灯以后，就到厕所里就着昏黄的灯光继续看，结果时间不长就把眼睛看近视了。

在南京大学学习期间，虽然经常要参加各种政治运动，但我一直没有放松自己专业课程的学习，发挥出自己对于物理现象和规律理解上的优势。当时很多课程没有教材，因为1952年院系调整后，改用苏联的教材。有的教师自己编讲义，也没有多余的纸印好发给学生，因此，上课的时候大家都要拼命记笔记。因为家里条件差，我主要靠助学金生活，有时放短假同学们回家，我也舍不得买张火车票回杭州，就留在学校里看书。"文革"的时候，不许大家看书，我就学照相、学修钟表，总之不让自己闲下来。1972年工农兵学员进校以后，教学工作逐步恢复，我又到处找资料，编写铁氧体的讲义，真是能找尽找，十分丰富和全面，让不少学生感到惊讶和敬佩。

除了编印材料给工农兵学员，我还把这些材料用到企业、工厂的培训班上，在有些交通不便的地方，就把资料寄过去。另外，我还把自己看到的国外的最新的一些资料进行整理，写出综述性、介绍性的文章发表在刊物上，让更多不会外语的国内同行、学生、技术人员尽早了解磁学和磁性材料学方面的发展动态、最新工艺、研究方向等内容。我一直跟学生说，要多看文献，但不要成为文献的奴隶。我不但看自己本专业的，还喜欢看其他一些专业的，文学方面的也十分喜欢，因为各学科是可以触类旁通、举一反三的，尤其理工科的学生要读点文学作品，也可以浪漫浪漫。像有的晶体颗粒，在显微镜下看也是美得不得了的。

不怕苦，肯吃苦

人不要怕吃苦，有时候还要适当"自讨苦吃"，现在很多孩子家里呵护太过了。我出生的时候，家庭条件还很好，但从我记事起，家里父亲年迈、母亲小脚、兄弟姐妹众多，虽然温饱基本保证，但已经差了不少。我从小要帮着父亲在棕榈树上剥棕，要帮母亲到茶园去采茶，干些力所能及的家务。初中的时候要到离家好几里地的杭州市立中学去，住校的话一学期要交200多斤米，家里好像一下子拿不出来，所以每天就走读，遇到下雨回不去就在住校生中挤一挤。这样的生活我不以为苦，反以为乐，每天沿着西湖边、山脚下的小路奔跑，反而练出了好身体。后来家里想办法，还是让我住校了，每天清晨可以听着学校的吹号声起床，与同学们一起在苏堤上跑步，还总把比自己个子大的人甩在后面。

上高中一年后我又休学，半年多的时间都在家中劳动，不能和同学们一样意气风发地在学校里读书、参加活动。好在有一副好身板，从小读书又不少，各种侠义英雄无不是吃过苦受过难，所以面对乡邻长辈我倒也淡然，依然可以白天干活，晚上回家读书，过着耕读的生活。但心里是不甘的，并没有放弃继续读书的念头，所以，当打听到私立宗文中学又在招生、可以接受报考时，我决定试一试，家里人也都支持。如此，方得以完成高中学业，从而为进入大学学习奠定基础。

进入南京大学，有了助学金，吃饭基本可以不用家里负担，但其他费用就很少了。虽然杭州与南京离得不远，但来回的车票钱还是要的，因此我大学期间只有放寒暑假才回家，中间从来不回。在有些人眼里，当时南京大学条件是比较差的，校园建筑物不多，有的都是平房甚至茅草房，灰尘漫天的道路，经常参加劳动，但我从来没有觉得不好，反觉甘之如饴，十分享受。因为我一头扎进了书的海洋，在里面畅游，根本没时间注意其他。白天功课紧，要抄笔记，晚上就在宿舍里看大部头的长篇小说。所谓"入鲍鱼之肆，久而不闻其臭"，我在别人避之不及的厕所看书，那个时候的厕所不像现在这样干净、没有味道，弥漫着一股刺鼻的氨气味，不过与看书比起来也就不算啥了。当然，现在条件好了，到处灯火通明、空调暖气、电脑手机，根本不用受我们那个罪。

1957年毕业留校工作，不久即响应号召到农村参加锻炼，去江浦县陡岗乡参加劳动，与农民同吃同住同劳动，前后8个月；1958回校后，秋天又开始大炼钢铁，前后有半年时间，教师和学生一起干活。从1959年到1961年，全国上下经历了三年困难时期，物理系在校园里养猪，我有好几次带着学生到南京东郊的中山陵一带打猪草。从1963年开始，全国开始搞"四清"运动，我到南通市如皋县加力公社倪埝四队搞"四清"，前后三年多，中间也有回校一段时间，断断续续的，大约到1966年初才完全结束。1967年，为了备战备荒，到处挖矿，搞大会战，我和大家一起去南京郊区的灵山去挖煤。1968年秋天，南京大学发动师生参加建设长江大桥劳动，我也和学生一起运黄沙。1969年10月，学校进行人员疏散，我们教师和学生一起步行，历时两天，到达江苏常州的溧阳上兴公社南京大学溧阳校区参加劳动、打理果园、自建房屋。即使在这样的情况下，我也没有消沉。在劳动的间隙或返校的短暂时间内，我还为学生编写了讲义，尽可能地为他们做一些事情；在学校的时候，我学会了照相，热心给同事拍照、洗印，也给自己的艰苦岁月增添了乐趣；在农村，自学理发技艺，给大家免费理发；与学生同吃同住同劳动，打成一片，被学生称为"都头"。

1972年工农兵学员进校以后，我从溧阳回到南京，从灰尘中整理出书本、实验设备，编印上课的讲义，带学生到工厂参加实践教学、毕业设计，帮着工厂培训青年工人、技术骨干，忙得不亦乐乎。我从来没有觉得苦，所以也从不诉苦。即使有的工厂很远、交通不便，我也通过寄资料，或者出差、开会的时候顺便去看一看，尽量帮一帮。以至于后来全国好多磁性材料企业都有人称自己是我的学生，听过我的课，受到我的影响，只要听说都老师来了，总要邀请我到自己的企业去看看，指导指导。仗着身体好，我只要抽得开身、抽得出时间，见缝插针都会去。但是家里就顾不上了，儿子小没人照顾，送到镇江亲戚家寄养到能上幼儿园才接回南京。

开展科研没有条件，诉苦没有用，也没有地方诉苦，我就自己动脑筋，到化学系的走廊里去捡瓶瓶罐罐回来组装，做成设备生产磁性材料，供学生做实验，被人称为"破烂王"。后来成功了，感觉是戏称、开玩笑，想想当时是多么令人心酸，要忍受多大的压力。磁学实验室一开始在北大楼的地下室里，平时光线不好，潮湿、阴冷，一到梅雨季节，雨水打进来，要穿胶鞋进出，我也没有向谁抱怨过。没有办公室，仅有一间房，隔成两半，一半放一张桌子、一把椅子办公，另一半放着磁测量仪器。有年轻人没地方看书的时候，我都让出来方便别人，自己在家看书。在工厂，我就联合厂里的技术人员一起搞技术改造、搞工艺革新、搞新产品研发，还一起发表论文。

从八五"攀登计划"的"纳米材料科学"项目开始，国家对高校的科研投入强度逐年提升，磁学组的科研条件得到改善，随之而来研究生招生培养规模也越来越大。我每年招两个硕士、两个博士，三年就有十多个，即使在科研、学术交流、社会活动十分繁忙的情况下，从来没有中断、放松研究生的培养工作，特别是对博士生学位论文从选题、开题、实验技术路线、数据分析，到论文撰写、答辩的全过程，我都要亲自过问，帮助解决难题，严格把关。我一直要求学生不要做别人文献的奴隶，要变成文献的主人，看文章不是被牵着鼻子走，而是要把别人的东西消化变成自己的东西，自然而然冒出自己的点子来。当学生自己有了独立思考能力、独立开展科研工作能力，导师和学生两方面的工作都变得容易和轻松起来，第一篇文章发表以后，第二篇都不用烦心，会一篇接一篇出来很多。很多人招不到学生叫苦，学生多了也叫苦，我从不叫苦，就像一个乐队的指挥，发挥出每个人的能力、潜力，带着磁学组取得一个又一个突破，一个又一个成果。

我认为困难并不可怕，问题是怎么面对它。在困难面前不要低头，要在困境当中求生存，求发展。我记得有句话是这么说的，生活就像一面镜子，你对它笑，它就对你笑；你对它哭，它也对你哭。

敢于创新，善于创新

我遇事不但爱动手，还喜欢动脑筋，大约是从小养成的习惯。小时候在西湖边玩就是花样比较多，不呆板，后来在南京大学参加防空洞500工程劳动，要把大块的砖运到地下砌墙，我就与为工程服务的修理劳动工具的工人师傅商量，打造了一个类似于剪刀的机械抓手，利用杠杆原理，把砖从地面送到地下，不但节省了大家的体力、提高了工作效率，还增加了安全系数、加快了工程进度。

1972年开始慢慢恢复教学科研工作以后，我就逐步利用一些废旧设备制备磁粉颗粒，开展相关研究，别人丢弃的东西，到我这里都成了有用的，其中的关键就是转换了一下思路。所以，我认为科学研究的灵魂在于创新。要掌握国内外有关的文献，使文献为科研服务，而自己不能变成文献的奴隶，跟着文献打转，所谓"请君莫奏前朝曲，听唱新翻《杨柳枝》"。

20世纪80年代初，江苏一家磁性材料厂在生产中遇到一个问题，就是在生产高性能的铁氧体磁性材料的时候，采用湿法工艺，品质好，但效率比较低；

采用干法工艺，效率可提高但产品质量上不去，我就考虑采用樟脑作为润滑剂，因为樟脑不仅具有润滑性，而且具有粘结性，较低温度下易挥发，从而大大提高了生产效率，后来改用人工樟脑，有效地降低了生产成本。这个方法一直沿用至今，并不断得到优化和完善。

在美国进修时，高温超导材料研究兴起，肖钢想到了做钇钡铜氧化物（$YBa_2Cu_3O_{6+y}$）方面的工作，但对如何制备高温超导氧化物的样品不甚了解。我擅长于氧化物的制备，便与他一起制备样品，同时提出对高温超导化合物进行3d过渡族元素代换Cu的研究方向，这是一个大胆合理的想法，肖钢十分赞同，研究取得重要收获，对理解高温超导的机理以及进一步开展高温超导体材料提供了实验的启示。

与肖钢合作后，我敏感地意识到这是重要的研究领域，在沃克教授支持下，与邱子强、唐焕一起，用磁性稀土离子Gd取代$YBa_2Cu_3O_{6+y}$中的Y离子，又采用微量的^{57}Fe置换Cu作为探针元素、用穆斯堡尔谱学的方法研究高温超导体中的磁有序，结果发现了反铁磁有序与超导性共存的现象，这与20世纪初提出的相分离机制相一致，等于是用实验证明了理论的正确。

1988年年底，我从美国回到南京大学，当时钙钛矿化合物庞磁电阻效应的发现，在国内外兴起了继高温超导氧化物后的新一轮研究的热潮。我注意到钙钛矿化合物的居里温度可以通过离子代换很方便地进行调控，于是就安排博士生郭载兵由永磁铁氧体转为研究钙钛矿化合物的磁熵变，没有想到第一次试验就发现与金属钆的高磁熵变效应，从而为钙钛矿化合物的研究开拓了新的研究方向，研究成果很快地发表在国际著名的 *Phys. Rev. Lett. 78*（1997）刊物上，引起国内外同行的广泛关注。差不多相同时间，彼此独立开展研究工作的香港科技大学也发表了相关研究成果。可见，科学研究也跟赛跑一样，要拿第一名得靠创新，人家没想到你想到了，想到了还要抢着做出来。

当人们热衷于钙钛矿化合物庞磁电阻效应研究时，我又换了一个角度，盯上了当时尚未被大量关注的钙钛矿化合物磁热效应的研究。我安排博士生张宁重点研究当晶粒尺寸减小到纳米尺度时对钙钛矿庞磁电阻效应的影响，发现除居里温度附近的本征庞磁电阻效应外，在低温会呈现由于晶粒间隧道效应产生的隧道磁电阻，这一创新成果也很快发表在*Phys. Rev. B. 56*（1997）上，被大多数论文引为小颗粒体系的典型实验结果，晶界隧穿模型被列为两个具有代表性的理论之一。

博士生陈鹏在多晶锌铁氧体磁电阻效应研究中，意外地发现室温巨磁电阻效应，论文投寄到*Appl. Phys. Lett.*刊物却被退回来了。他将审稿意见告诉我，我认为他提出的颗粒膜物理机制不妥，应当用存在反铁磁耦合层的隧穿物理模型来解释，经高分辨电子显微镜的观测与交换偏置场的测量，证实该机制的正确性，论文经重新修改后，改投级别更高的国际一流物理刊物*Phys. Rev. Lett.*刊登，该工作被推荐为2002年国际磁学会议邀请报告。

20世纪80年代，法国与德国的科学家发现电流通过纳米结构的多层膜时会产生巨磁电阻效应，其物理本质是电子具有自旋，电子在磁性多层膜输运时会产生电子自旋的极化。电子同时具有电荷与自旋这两个本征的自由度，早被实验所证实，但在以往的电子学中，电子的输运过程中，由于均处于宏观的尺寸，所以均不考虑自旋，巨磁电阻效应的发现意味着在纳米结构材料输运过程中如同电荷一样，同样可以调控自旋，从而产生新的学科"自旋电子学"。鉴于其重要性，两位科学家获得2007年度诺贝尔物理学奖。我意识到这个研究方向很重要，在承担攀登项目时就开展颗粒膜的巨磁电阻效应的研究，进入自旋电子学的领域。目前科研组的发展方向已确定为以自旋量子调控为主的研究领域，同时兼顾磁性材料研究的新进展。

纵观人类科学发展史，只有勇于开拓，以客观事实为基础，敢于冲破旧的观念，标新立异，才能达到新的顶峰。开拓新的研究方向与领域是每一位科学工作者追求的目标，在研究工作中切忌简单的紧跟与重复，必须要有创新的思维。机遇总是垂青勇于探索且有准备的人，敏锐地抓住机遇，实实在在地开展研究工作，就有可能成功。

甘做铺路石

我感觉从小到大，不同的阶段总会遇到不同的老师，他们就像一盏盏明灯照亮我的成长之路。初中时的化学教师周开明，叮嘱年轻的学生们，做人要做人中人，不要老想着做人上人，并且特地写下来，送给我。我不但一直保留着周老师的手迹，更是终生践行着"做人要做人中人"的谆谆教诲。

考入南京大学是我人生重要的转折点。南京大学师资力量雄厚，学术氛围浓郁，这所百年学府严谨、求实的学风，宽容、自由的学术氛围滋养培育了我。当时在物理系任教的教师中名师云集，教数理方程的是魏荣爵教授，时任物理系主任，著名的声学家；教固体物理的是程开甲教授，20世纪60年代参加中国核基地建设，成为"两弹一星"的元勋之一；教原子物理的是施士元教授，诺贝尔物理、化学奖获得者居里夫人的中国弟子，著名的女物理学家吴健雄教授曾是他的学生；教高等数学的是数学系的莫绍揆教授，他讲课时从来不用讲稿，思维敏捷，早年曾破译日本偷袭珍珠港电文；教普通物理的是朴实的程濬教授；教理论力学的是周衍柏教授；教电动力学的是鲍家善教授，著名的天线专家、副系主任，讲课生动、风趣，深受学生的挚爱。这些老师不但学问做得好，为人处事也同样成为学生的榜样。

1956年，鲍家善在物理系筹建磁学教研组，翟宏如、蔡鲁戈、胡洪铨是仅有的几位教师，当时物理系师资缺乏，所以在快毕业的大三学生中已经预留了一批学生作为教师的补充。鲍家善指导我的毕业论文，了解学生的为人，更了解学生的专业水平。在他的指导下，我的毕业论文"电磁波在回旋磁媒质中的传播理论"在没有实验条件的情况下，靠大量阅读英文文献，在相控阵雷达的理论方面做了一些研究和有益的探索，这是我国在相控阵雷达方面最早的一些工作，后来在1963年无锡召开的全国磁学会议上还做了报告。1957年我大学毕业，可能是鲍家善的关心，我成为当年物理系留校的人选，并且放在磁学组任教师。因此，鲍家善不但是我进入科学殿堂的引路人，还为我未来的发展提供了一个巨大的舞台。

我的研究工作得到冯端院士的青睐与支持。冯端敏锐把握了国际物理学研究的前沿，在成立固体实验室时，把磁学这个小而不起眼的方向列为固体实验室五个方向之一。冯端博学多才、学贯中西，自己虽不做实验，但看方向极其准，理论功底深厚，为南京大学以及物理系的发展做出了杰出的贡献。他待人宽厚，比我大十多岁，是大家都十分敬仰的长者，但在工作与生活中，冯端从不以长者自居，随和又有趣。

在冯端的关怀与推荐下，1985年12月月底，我到美国霍普金斯大学进修，原定两年，因为工作出色，沃克又挽留一年。在美国三年，我和其他人合作在高温超导材料的研究方面取得重要成果，发表SCI论文22篇，不但高产，被引用率还较高，初步显示出较强的科研能力。1986年，我尚在国外，南京大学物理系评我为教授，并委托龚昌德去美国开会时将职称晋升通知带给我。

1992年，在冯端的大力支持下，我成功争取到国家八五"攀登计划"中的"纳米材料科学"项目，拿到了磁学实验室自建立以来的第一笔100多万元的资助。正是从这时起，我带领课题组在国际上较早地开始了纳米材料磁性的研究，先后承担多项国家、省部级科研项目，购置多种纳米材料的合成、性能检测设备，使课题组的科研条件有了质的飞跃，取得了一系列创新性的研究成果。1995年，冯端和严东生不再担任"攀登计划"首席科学家，改由张立德与我出任。随着科研条件一天天地进入"小康"，我们科研组的科研触角也延伸到纳米磁学的各个领域。

师者，学高为师，身正为范；学为人师，行为世范。鲍家善、冯端等前辈大师是怎么对待同事、后学的，我也一样要心有所感、传承发扬。在工作中，我既要做铺路石又要做粘合剂。我特别强调合作，不同学科之间、相同学科不同方向之间，尤其重视实验物理和理论物理之间的合作，因为只有这样，才能使研究向纵深发展，而从事理论研究的人也可从新的实验结果中拓展思路，达到双赢的结果。

目前，我们科研组已形成以年轻人为主、和谐而团结的研究团队。整个团队学术气氛民主、活跃，所有人畅所欲言，能充分表达自己的观点和见解甚至不同意见。我特别欣赏有独到见解和创新思想的年轻人，创造一切条件和机会鼓励他们在研究工作中敢于创新、勇于面对挫折和失败。整个课题组既是一个朝气蓬勃、人人奋发向上的学术团体，又是一个温暖和谐、人人互助互爱的大家庭。我一直认为自己从事磁学研究能够有所成就，得力于团队的有力支持，是团队成员多年努力的共同结果。我一直跟大家说："一个人打不了天下，我只是个'指导'。这不仅是个人荣誉，也是我们整个科研组的荣誉，更是物理系、学校的荣誉。研究工作取得成绩，离不开系、校在人才与设备上的支持。"

我曾担任多所大学名誉教授、讲座教授，还担任中国科学院物理所国家磁学实验室以及一些高校省部级实验室学术委员会主任等职。虽然这些都是荣誉性的称号，但至少能在兄弟院校间进行学术交流时对年轻学子有所启发与帮助，尽一份力，承担自己应尽的社会责任。另外，我曾在不少高校、研究所给年轻学子做"人生的旅程"与"创新是科学的灵魂"的报告，给中、小学生做"让青春飞翔""青春无悔创人生"的报告，给企业界做"创新创业富民强国""创新是社会发展的动力"等报告，希望以自己对人生、科研的感悟与同学们、朋友们进行交流，为年轻人的成长铺路，期盼同学们成长为国家栋梁之材。

都有为主要论著目录

一、论文

[1] Chen P, Xing D Y, Du Y W, et al. Giant Room-Temperature Magnetoresistance in Polycrystalline $Zn_{0.41}Fe_{2.59}O_4$ with $\alpha-Fe_2O_3$ Grain Boundaries[J]. Physical Review Letters, 2001, 87(10): 107202.

[2] Ding W, Gu G, Zhong W, et al. Enhanced photoluminescence of C_{60} incorporated into interlayers of hydrotalcite[J]. Chemical physics letters, 1996, 262(3-4): 259-262.

[3] Du Y, Lu H, Zhang Y, et al. Magnetic properties and high temperature composition of the $La_xBa_{(1-x)}Fe_{(12-x)}Zn_xO_{19}$ ferrites[J]. Journal of Magnetism and Magnetic Materials, 1983, 31: 793-794.

[4] Du Y, Wu J, Lu H, et al. Magnetic properties of fine iron particles[J]. Journal of applied physics, 1987, 61(8): 3314-3316.

[5] Du Y, Xu M, Wu J, et al. Magnetic properties of ultrafine nickel particles[J]. Journal of applied physics, 1991, 70(10): 5903-5905.

[6] Gu G, Ding W, Du Y, et al. C_{60} induced photoluminescence of a silica molecular sieve[J]. Applied physics letters, 1997, 70(19): 2619-2621.

[7] Gu G, Huang H, Yang S, et al. The third-order non-linear optical response of the endohedral metallofullerene Dy@ C82[J]. Chemical physics letters, 1998,

289(1-2): 167-173.

[8] Guo Z B, Du Y W, Zhu J S, et al. Large magnetic entropy change in perovskite-type manganese oxides[J]. Physical review letters, 1997, 78(6): 1142.

[9] Guo Z B, Zhang J R, Huang H, et al. Large magnetic entropy change in $La_{0.75}Ca_{0.25}MnO_3$[J]. Applied physics letters, 1997, 70(7): 904-905.

[10] Guo Z, Zhang J, Zhang N, et al. Electrical properties of $La_{0.7-x}Pr_xSr_{0.3}MnO_3$ perovskite[J]. Applied physics letters, 1997, 70(14): 1897-1899.

[11] Liu X, Zhong W, Yang S, et al. Influences of La^{3+} substitution on the structure and magnetic properties of M-type strontium ferrites[J]. Journal of Magnetism and Magnetic Materials, 2002, 238(2-3): 207-214.

[12] Qiu Z Q, Du Y W, Tang H, et al. The coexistence of magnetic ordering and superconductivity in $YBa_2(Cu_{0.94}Fe_{0.06})_3O_{9-\sigma}$[J]. Journal of magnetism and magnetic materials, 1987, 69(3): L221-L224.

[13] Sang H, Jiang Z S, Guo G, et al. Study on GMR in Co-Ag thin granular films[J]. Journal of magnetism and magnetic materials, 1995, 140: 589-590.

[14] Sang H, Xu N, Du J H, et al. Giant magnetoresistance and microstructures in CoAg granular films fabricated using ion-beam co-sputtering technique[J]. Physical Review B, 1996, 53(22): 15023.

[15] Tang H, Qiu Z Q, Du Y W, et al. Magnetic ordering in $GbBa_2(Cu_{0.94}Fe_{0.06})_3O_{9-\delta}$ below the superconducting transition temperature[J]. Physical Review B, 1987, 36(7): 4018.

[16] Wang W N, Jiang Z S, Du Y W. Ferromagnetic resonance study on Fe-SiO2 granular films[J]. Journal of applied physics, 1995, 78(11): 6679-6682.

[17] Xiao G, Streitz F H, Gavrin A, et al. Effect of transition-metal elements on the superconductivity of Y-Ba-Cu-O[J]. Physical Review B, 1987, 35(16): 8782.

[18] Yang W, Jiang Z S, Wang W N, et al. Magnetoresistance of Fe-SiO2 granular

films[J]. Solid state communications, 1997, 104(8): 479-484.

[19] Zhang N, Ding W, Zhong W, et al. Tunnel-type giant magnetoresistance in the granular perovskite $La_{0.85}Sr_{0.15}MnO_3$[J]. Physical Review, B: Condensed Matter, 1997, 56(13).

[20] Zhou T, Zhang J, Xu J, et al. Preparation of nanocrystalline Fe-Si alloys and their magnetic properties[J]. Journal of magnetism and magnetic materials, 1996, 164(1-2): 219-224.

二、著作

[1] 都有为，程建春，欧阳容百，张世远，等. 物理学大辞典[M]. 北京：科学出版社，2017.

[2] 都有为，罗河烈. 磁记录材料[M]. 北京：电子工业出版社，1992.

[3] 都有为，张世远. 磁性材料[M]. 南京：南京大学出版社，（2022年）待出版。

[4] 都有为. 铁氧体[M]. 南京：江苏科学技术出版社，1996.

[5] 李全林，都有为. 前沿领域新材料[M]. 南京：东南大学出版社，2008.

[6] 吴锡军，都有为. 高科技知识辞典[M]. 南京：江苏科学技术出版社，1998.

[7] 叶恒强，都有为. 材料界面结构与特性[M]. 北京：科学出版社，1999.

[8] 翟宏如，都有为，等. 自旋电子学[M]. 北京：科学出版社，2013.

[9] 张立德，都有为. 超微粉体制备与应用技术[M]. 北京：中国石化出版社，2001.

[10] 张立德，解思深，都有为. 纳米材料和纳米结构——国家重大基础研究项目新进展[M]. 北京：化学工业出版社，2004.

[11] 张世远，路权，薛荣华，都有为. 磁性材料基础[M]. 北京：科学出版社，1978.

[12] 张杏奎，都有为. 新材料技术[M]. 南京：江苏科学技术出版社，1992.

参考文献

档案资料

［1］都有为成绩单，现藏南京大学档案馆。

［2］都有为人事档案，现藏南京大学人力资源部人事档案室。

著作

［1］《科学家传记大辞典》编辑组. 中国现代科学家传记 第1~6集[M]. 北京：科学出版社，1991.

［2］董光璧. 中国近现代科学技术史[M]. 长沙：湖南教育出版社，1997.

［3］都有为，罗河烈. 磁记录材料[M]. 北京：电子工业出版社，1992.

［4］都有为. 铁氧体[M]. 南京：江苏科学技术出版社，1996.

［5］都祖荫，《大家庭》，都有为侄儿撰写的家庭回忆录，描述都姓家庭发展脉络，资料翔实丰富，有几幅珍贵图片，5万字左右，2008年成稿，最后一次修订于2014年。家庭成员收藏，未公开发表。现藏老科学家采集工程馆藏基地。

［6］郭奕玲，沈慧君. 物理学史[M]. 北京：清华大学出版社，1993.

［7］鞠艳. 南大百年物理 口述史[M]. 北京：高等教育出版社，2015.

［8］李冈原. 东方丝王 都锦生[M]. 天津：天津人民出版社，2011.

［9］李国栋. 当代磁学[M]. 合肥：中国科学技术大学出版社，1999.

［10］李佩珊，许良英. 20世纪科学技术简史 第2版 （上）（下）[M]. 北京：科学出版社，2004.

李全林，都有为. 前沿领域新材料[M]. 南京：东南大学出版社，2008.

［11］南京大学校史研究室. 南京大学校史资料选编[M] 第1卷. 南京：南京大学出版社，2018.

［12］内山晋，等. 应用磁学[M]. 姜恩永，译. 天津：天津科学技术出版社，1983.

［13］钱伟长，干勇. 20世纪中国知名科学家学术成就概览·化工、冶金与材料工程卷·材料科学与工程分册[M]. 北京：科学出版社，2015.

［14］宋德生，李国栋. 电磁学发展史[M]. 南宁：广西人民出版社，1996.

［15］王德滋，《南京大学史》编写组. 南京大学史 1902–1992[M]. 南京：南京大学出版社，1992.

［16］吴玫，王瑞宇，包海峰. 影像南大 南京大学百年图传[M]. 南京：南京大学出版社，2015.

［17］武衡，杨浚，《当代中国》丛书编辑部编辑. 当代中国的科学技术事业[M]. 北京：当代中国出版社，1991.

［18］杨国桢. 中国科学技术专家传略 理学编物理卷4[M]. 北京：中国科学技术出版社，2012.

［19］叶恒强，都有为. 材料界面结构与特性[M]. 北京：科学出版社，1999.

［20］翟宏如，都有为，等. 自旋电子学[M]. 北京：科学出版社，2013.

［21］张立德，都有为. 超微粉体制备与应用技术[M]. 北京：中国石化出版社，2001.

［22］张立德，解思深，都有为. 纳米材料和纳米结构——国家重大基础研究项目新进展[M]. 北京：化学工业出版社，2004.

［23］张世远，路权，薛荣华，都有为. 磁性材料基础[M]. 北京：科学出版社，1978.

［24］张杏奎，都有为. 新材料技术[M]. 南京：江苏科学技术出版社，1992.

［25］赵见高. 20世纪中国的磁学和磁性材料 纪念册[M]. 第十届第十届全国磁学和磁性材料会议，1999.

［26］浙江省杭州第十中学（宗文义塾）两百周年校庆纪念册，2006.

［27］浙江省杭州第十中学校史室. 我与宗文（十中）–回忆录集锦. 2000.

论文

［1］Du Y, Wu J, Lu H, et al. Magnetic properties of fine iron particles[J]. Journal of applied physics, 1987, 61(8): 3314-3316.

［2］Qiu Z Q, Du Y W, Tang H, et al. The coexistence of magnetic ordering and superconductivity in $YBa_2(Cu_{0.94}Fe_{0.06})_3O_{9-\delta}$[J]. Journal of magnetism and magnetic materials, 1987, 69(3): L221-L224.

［3］Xiao G, Streitz F H, Gavrin A, et al. Effect of transition-metal elements on the superconductivity of Y-Ba-Cu-O[J]. Physical Review B, 1987, 35(16): 8782.

［4］Tang H, Qiu Z Q, Du Y W, et al. Magnetic ordering in $GbBa_2(Cu_{0.94}Fe_{0.06})_3O_{9-\delta}$ below the superconducting transition temperature[J]. Physical Review B, 1987, 36(7): 4018.

［5］都有为，郭载兵，黄河，丁维平. 高温磁致冷工质的新进展[J]. 物理，1997，(第7期).

［6］都有为，倪刚. 磁性纳米材料的新进展[J]. 物理，1998，(第9期).

［7］都有为，王志明，倪刚，邢定钰，徐庆宇. 高度取向石墨的巨磁电阻效应[J]. 物理学报，2004，(第4期).

［8］都有为. "自旋磁学"的思考[J]. 物理，2019，(第12期).

［9］都有为. W型永磁铁氧体的研究[J]. 磁性材料及器件，1983，(第2期).

［10］都有为. 超微颗粒磁性[J]. 物理学进展，1993，(第C1期).

［11］都有为. 超微颗粒的物理特性[J]. 材料导报，1992，(第5期).

［12］都有为. 超微颗粒的应用[J]. 化工进展，1993，(第4期).

［13］都有为. 超细微粒的磁性[J]. 磁性材料及器件，1990，(第3期).

［14］都有为. 超细微粒的特性与应用[J]. 功能材料，1990，(第4期).

［15］都有为. 创新须有超前意识[J]. 群众，2018，(第13期).

［16］都有为. 磁性材料进展[J]，物理，2000，(第6期).

［17］都有为. 磁性材料新近进展[J]. 物理，2006，(第9期).

［18］都有为. 磁性颗粒膜研究概况[J]. 金属功能材料，1995，(第4期).

［19］都有为. 磁性液体[J]. 磁性材料及器件，1982，(第1期).

［20］都有为. 磁性液体的磁光效应及其应用[J]. 功能材料，1991，(第3期).

［21］都有为. 磁性液体进展[J]. 磁性材料及器件，1992，(第3期).

［22］都有为. 从石墨烯单晶体谈起[J]. 物理，2017，(第10期).

［23］都有为. 巨磁电阻效应[J]. 自然杂志，1996，(第2期).

［24］都有为. 具有室温巨隧道磁电阻效应与高自旋极化率的新材料[J]. 物理，
2002，(第4期).

［25］都有为. 颗粒膜的研究[J]. 科技导报，1994，(第10期).

［26］都有为. 离子代换对高T_c氧化物超导材料的影响[J]. 物理，1989，(第2期).

［27］都有为. 纳米材料中的巨磁电阻效应[J]. 物理学进展，1996，(第2期).

［28］都有为. 纳米磁性材料及其应用[J]. 材料导报，2001，(第7期).

［29］都有为. 纳米磁性材料及其应用[J]. 中国高校科技，2002，(第7期).

［30］都有为. 纳米级磁性材料的进展与展望[J]. 物理，1993，(第1期).

［31］都有为. 纳米微粒与纳米固体[J]. 物理实验，1992，(第4期).

［32］都有为. 调控自旋将成为科技发展的新领域[J]. 科技导报，2011，(第14期).

［33］都有为. 永磁,永磁铁氧体的历史进程[J]. 磁性材料及器件，1994，(第2期).

［34］都有为. 永磁铁氧体现状与展望[J]. 仪表材料，1979，(第5期).

［35］都有为. 自旋电子学及其器件产业化[J]. 科学中国人，2016，(第5期).

［36］都有为. 自旋——未来的科技明星[J]. 中国学术期刊文摘，2014，(第23期).

附录 都有为年表

◎ 1936 年 出生

10月16日（农历），出生于浙江省杭州市。曾祖父都应箕，祖父都承祖，父亲都宗祁（1869—1950），母亲王翠花（1900—1978）。住在西湖西边的茅家埠，家里有一幢二层小楼，二哥都锦生开办丝织厂，生意很好，又在院子后面再建一幢新的二层楼，购买了汽车。

新大楼落成后，都氏家族第一次在故居相聚。

◎ 1937 年 2 岁

12月，日本人打进杭州，进入茅家埠，随全家东躲西藏，到天竺三寺庙避难。

◎ 1938 年 3 岁

全家回到茅家埠老宅居住。都锦生不愿出任日伪商会会长一职，带着自己小家庭迁往上海，并将丝织厂部分机器搬运到沪，另起炉灶重新开张，但规模小了很多，勉强维持生产与销售。

◎ 1939 年　4 岁

生活在茅家埠故居，无忧无愁。

母亲操持家务，收回四亩茶园由自己种、采、收、炒、卖，每到春茶上市季节，全家老少都要帮忙采茶。母亲晚上炒茶到深夜，次日清晨天不亮就要送到岳坟附近的市场上去卖掉，再赶回来采茶，十分辛苦。

◎ 1940 年　5 岁

跟在哥哥姐姐后面玩，爱翻他们的课本，开始识字和简单的算术。

◎ 1941 年　6 岁

经常到书房里翻书，把化学试剂倒来倒去，把水银涂在一只铜球上和弟弟一起玩。

◎ 1942 年　7 岁

9月，进入杭州西湖边上的茅家埠小学一年级读书。学校离家很近，百米之遥，比较贪玩，上学的时候要姐姐带着，免得不去学校。

◎ 1943 年　8 岁

5月，同父异母的二哥都锦生病逝于上海，失去家中的经济顶梁柱，从此家道中落，家庭经济状况逐步变得越来越差。母亲王翠花，从未干过农活，此时担起全家重担，靠祖传的几亩茶地与田地，炒茶叶卖，艰辛地支撑起八口之家。

9月，在杭州西湖边上的茅家埠小学二年级读书。

◎ 1944 年　9 岁

9月，进入杭州西湖边上的茅家埠小学三年级读书。

◎ 1945 年　10 岁

　　9月，进入杭州西湖边上的茅家埠小学四年级读书。

◎ 1946 年　11 岁

　　9月，进入杭州西湖边上的茅家埠小学五年级读书。

◎ 1947 年　12 岁

　　6月，从茅家埠小学毕业。

　　9月，进入杭州市立中学初中一年级读书。

◎ 1948 年　13 岁

　　9月，进入杭州市立中学初中二年级读书。

◎ 1949 年　14 岁

　　5月，杭州解放，有解放军借住在都家，其中一位军医给都宗祁检查身体，告诉他肝部有些毛病，宜及早治疗。

　　9月，进入杭州市立中学初中三年级读书。

◎ 1950 年　15 岁

　　6月，从杭州市立中学初中毕业，在家中参加劳动并自习功课。

　　父亲都宗祁病逝，时年82岁。（武备军官学堂毕业，参加北伐革命，光复浙江后因足疣（流火）而辞职，曾任少校，后在丝织厂做过职工，抗战爆发后，上海闸北被炸，于是回杭，之后由于年老一直未工作。）

◎ 1951 年　16 岁

　　2月，考入杭州高级中学高中一年级学习。

◎ 1952 年　17 岁

3月，从杭州高级中学高一辍学，回到家中。

9月，以失学青年身份考进私立宗文中学（统一分配）高三，跳级一年，插班进入高三年级读书。

◎ 1953 年　18 岁

8月，从杭州宗文中学毕业，参加高考。假期就在家劳动（种菜、采茶、种番薯等作物），等待高考结果。

10月，通过高考，离开杭州来到南京，进入南京大学物理系。学习的课程有中国革命史、第一年俄文、高等数学、基础物理、基础物理实验、普通化学、体育。其中，中国革命史、第一年俄文和基础物理三门课是"优"。

◎ 1954 年　19 岁

9月，学习的课程有政治经济学、第二年俄文、高等数学、普通化学、普通物理、普通物理实验、理论力学、机械学基础、实验技术、体育。其中，政治经济学、第二年俄文、普通物理、普通物理实验、理论力学五门课是"优"。

◎ 1955 年　20 岁

9月，学习的课程有数学物理方法、普通物理、理论力学、热力学及统计物理、马列主义基础、电工程基础、中级物理实验、电动力学、专门化实验、生产实习。其中，数学物理方法、普通物理、理论力学、热力学及统计物理、马列主义基础、电动力学、生产实习七门课是"优"。

◎ 1956 年　21 岁

鲍家善教授在南京大学物理系筹建磁学教研组，并担任都有为指导老师，负责指导他的大学毕业论文，成为都有为进入科学殿堂的引路人。

在生产实习过程中，研制铁氧体磁存储器用的矩磁铁氧体材料。

◎ 1957 年　22 岁

6月，在老师鲍家善的指导下，完成本科毕业论文《电磁波在回旋磁媒质中的传播理论》，后在全国物理学会年会上做报告。

8月，大学毕业并留校任教，担任助教，带普通物理实验课程。

12月，中断教学科研，到江苏南京江浦县陡岗乡劳动锻炼，与农民同吃同住同劳动。

◎ 1958 年　23 岁

5月，在农村劳动时被评为先进社员。

8月，从江浦县返校参加大炼钢铁。

◎ 1959 年　24 岁

参加全国固体物理会议，并在会上做"矩磁铁氧体"的报告。

◎ 1960 年　25 岁

7月，被评为南京大学校先进工作者。

◎ 1961 年　26 岁

带普通物理实验2次，中级物理实验2次，磁学专门化实验3次。

为解决生活困难，物理系校园里养猪，多次带学生去南京郊区的中山陵附近打猪草。

◎ 1962 年　27 岁

讲授普通物理课程1次，铁氧体材料课程7次，效果较好。

◎ 1963 年　28 岁

在南京大学物理系磁学教研室工作，担任教研室秘书，承担磁学专门化的教学工作，主讲铁磁学与铁氧体课程。

◎ 1964 年　29 岁

6月，去南通市如皋县加力公社倪控四队参加"四清"工作队。

◎ 1965 年　30 岁

8月，去南通市如皋县加力公社倪控四队参加"四清"工作队。

◎ 1966 年　31 岁

"文化大革命"正式开始。南京大学教学工作停止。

◎ 1967 年　32 岁

春，被派到南京郊区的灵山去挖煤。

◎ 1968 年　33 岁

秋天，大桥铺路面时期，参加建设长江大桥劳动，在桥下的工地上拖运黄沙。南京大学师生大部分都参加过南京长江大桥建设的劳动，从1960年开始，前后历时几年。

◎ 1969 年　34 岁

10月，学校按上级要求，全校师生疏散到溧阳上兴公社劳动，全校师生在校领导的带领下，步行两天达到，全程70余公里。没有校舍，师生分散住在农民家，后自建平房居住。

◎ 1970 年　35 岁

6月，从溧阳返校。

◎ 1971 年　36 岁

9月，再次被派去溧阳，在南京大学溧阳分校的果园里劳动，住在自建的平房里。劳动并不重，量也不大，主要是政治学习。

◎ 1972 年　37 岁

5月，工农兵学员进校，从溧阳农村返回南京，准备恢复教学工作。

9月，南京大学后勤罗瑛女士介绍南京自行车厂职工叶绪华认识，两人确定恋爱关系。

◎ 1973 年　38 岁

1月，15日与叶绪华登记结婚。春节带妻子一起回杭州，与母亲及兄弟姐妹们见面。

3月，参加在南京大学鼓楼校区防空洞挖掘的劳动，防空洞全长500米，称为500工程。设计制作从地面向地洞里运大块砖头的简单机械抓手，提高工作效率，降低师生劳动强度和危险。

◎ 1974 年　39 岁

2月，在广西南宁参加四机部"磁性材料与器件"术语起草会议。

12月，在江苏泰兴参加四机部"磁性材料与器件"术语定稿会议。

◎ 1975 年　40 岁

与陆怀先等老师逐步建立了铁氧体实验室、金属磁性材料等制备与测量实验室。先后曾有路权、张世远、鹿牧、刘寄浙、张宏才、陆怀先、李正宇、顾本喜，王桂琴、王挺祥等同志参加过建设工作。

与陆怀先、张毓昌、李正宇、焦洪震、顾本喜、王桂琴等同志进行了 α-FeOOH方面的研究工作。

◎ 1976 年 41 岁

担任四机部下达的"多晶铁氧体研究"课题负责人，先后开展了"应力取向成型法制备永磁铁氧体""干压磁场成型法制备永磁铁氧体""FeOOH的研究"等研究工作。

与李正宇等合作研究应力取向成型制备永磁铁氧体，成果发表在《南京大学学报》（自然科学版）上。

◎ 1977 年 42 岁

进行了"干压磁场成型的研究工作"，后来应用该技术在南京汽车附件一厂、溧水磁性材料厂、常州承家桥磁性材料厂进行生产，国内有关厂家来索取资料者较多。

◎ 1978 年 43 岁

职称晋升为讲师。

α-FeOOH方面的研究工作，获得江苏省1978年科学奖四等奖

"穆斯堡尔谱仪及其应用"项目获得"全国科学大会奖"，完成人依次是夏元复、张毓昌、都有为。

9月，在江西上饶参加中国电子学会四七〇六会议。

11月，在甘肃天水参加全国永磁科技会议。

招研究生2人，为簧纪圣、顾本喜。

母亲王翠花去世。

◎ 1979 年　44 岁

南京市物理学会1979年度优秀论文2篇。

参加全国磁学会议，有2篇论文作为第一类文章收入会议论文集，《物理学报》上待发表（合作者见原文，此从简）。

10月，在绵阳某企业进行技术指导，一起工作的有李国栋、梁炳文等人。

◎ 1980 年　45 岁

4月，晋升南京大学物理系副教授。

与陆怀先等老师一起开展化学法沉淀工艺制备永磁铁氧体及进行离子置换的磁性研究以及与钟伟老师开展磁性液体的研究工作。

美国Stevens 穆斯堡尔数据中心曾来函索取"α–FeOOH结构与相变"一文。

开展"永磁铁氧体的离子置换""磁性液体"等研究工作，为生产摸索实验规律，探悉新的材料制备工艺，为基础研究积累实验数据。

11月，在南京大学组织、参加全国磁性理论讨论会。

◎ 1981 年　46 岁

被评为四机部磁性材料科技情报网活动积极分子。

9月，在江西庐山，参加全国磁性材料新应用会议。

10月，意大利的Asti教授来南京大学物理系做访问学者，为期一个月，临回国前在南京大学校园合影留念。

11月，参加山东大学磁粉密实化鉴定会。

◎ 1982 年　47 岁

9月，受浙江诸暨磁性材料厂厂长沈乃玄邀请，担任该厂技术顾问，先后7次前往该厂做讲座，并对厂里的技术骨干进行辅导，回答职工提出的问题。除讲课外，多次给厂里寄讲义、寄资料，在此后一年多的时间里，陆续给厂里写了数十封信，解决技术难题，提出注意事项。

承担磁学专门化的铁氧体课程的教学任务，获得校教学质量三等奖。

◎ 1983 年　48 岁

申报浙江省1983年度优秀科学技术成果二等奖，获奖项目为"提高钡铁氧体磁能积的研究"，此奖为浙江诸暨磁性材料厂牵头申报，其他两位申报者为该厂的盛振翔、谢志浩。

12月，协助浙江诸暨磁性材料厂通过磁能积研究课题的技术鉴定。自此以后，该厂因产品质量提高重新打开销路，半年盈利27万元，并有7种产品出口。

◎ 1984 年　49 岁

1月，获浙江省人民政府颁发的浙江省1983年度优秀科技成果二等奖证书，获奖项目名称"提高钡铁氧化体磁能积的研究"，以诸暨磁性材料厂申报。获奖人：诸暨磁性材料厂盛振翔、谢志浩；南京大学物理系都有为。

5月，被评为南京市技术革新能手；被评为南京大学先进工作者。

6月，《新华日报》（1984.06.14）以"科学救活一片厂，半年盈利廿七万——南大副教授帮助诸暨磁性材料厂打了翻身仗"为题，详细报道了相关事迹。

7月，《浙江日报》（1984.07.27）以"请教授当技术顾问——诸暨磁性材料厂绝处逢生的一首'妙棋'"为题，报道了产学研合作的相关事迹；浙江《诸暨报》（1984.07.23）以"厂校经'结亲'，企业振兴——记诸暨磁性材料厂从困境中闯新路的事迹"为题，翔实报道了相关事迹。

9月，浙江诸暨磁性材料厂给南京大学发来感谢信，感谢都有为为企业技术进步、扭亏为盈所做的贡献。

◎ 1985 年　50 岁

5月，《光明日报》（1985.05.10）以"综合性高校科研面向经济建设大有可为——南京大学有二百多项成果用于生产，其中六项成果的经济效益超过百万元"为题，介绍南京大学科研成果转化的成果，其中特别介绍了物理系磁学组将基础理论研究成果用于解决生产中遇到的实际问题。

10月，"氧化物磁性颗粒的研究"获江苏省科技进步三等奖。奖状1986年颁发。

11月，由冯端推荐，参加"中美凝聚态物理合作计划"，到美国约翰霍普金斯大学天文物理系工作，任客座教授。

◎ 1986 年　51 岁

9月，3日学校通知职称晋升为教授，待回国后聘任。

11月，在美国巴尔的摩参加3M（Magnetism and Magnetic Materials，即磁学与磁性材料）会议。

12月，担任中国物理学会磁学专业委员会副主任。

◎ 1987 年　52 岁

3月，被南京大学研究生院聘请担任固体物理专业博士生副导师。

8月，获江苏省第四次归侨侨眷代表大会"爱国奉献"先进个人奖。

11月，在美国芝加哥参加3M（国际磁学与磁性材料会议）会议。

◎ 1988 年　53 岁

7月，获国家教委科技进步二等奖，获奖项目为"多晶永磁铁氧体研究"，其他两位完成人依次是陆怀先、王挺祥。

科学出版社出版《磁性材料基础》一书，该书由张世远、路权、薛荣华、都有为编写，系统讲述了磁性材料的基本知识，重点阐述铁磁学、金属学的有关理论及规律，较详细地介绍了在实用中如何提高磁性材料的性能。书中充分反映了近年来在磁性材料生产和研究方面取得的新成就。

12月，从美国霍普金斯大学回到南京大学。

◎ 1989 年　54 岁

7月，经中国电子学会第四届理事会第四次常务理事会议通过，获聘中国电子学会应用磁学会委员。

12月，担任南京大学物理系磁学教研室主任。

◎ 1990 年　55 岁

经国务院批准，获得南京大学博士生导师资格，开始招收博士研究生。

◎ 1991 年　56 岁

1月，获聘中国科学院物理研究所磁学开放研究实验室第二届学术委员会委员。

9月，"一种磁性液体的密封装置"实用新型专利获批为授权专利，专利号ZL 90 2 14344.1。

◎ 1992 年　57 岁

在冯端的支持下，凭借对磁性纳米材料的研究经验和成果积累，成功争取到国家"八五"攀登项目"纳米材料科学"课题（项目首席科学家是中国科学院上海硅酸盐研究所严东生和南京大学物理系冯端），获得实验室自建立以来第一笔100多万元经费资助，主持研究"纳米微粒与固体的磁性、电性与催化性质研究"课题。正是从这个时候起，带领课题组在国际上较早开始了纳米材料磁性的研究。

6月，获聘国家磁性材料工程技术研究中心工程技术委员会委员。

9月，获聘上海市超细颗粒材料工程中心技术委员会委员。

10月，享受国务院政府特殊津贴。

12月，电子工业出版社出版《磁记录材料》一书，该书由都有为、罗河烈编写，本书第一、二、三章介绍了磁记录的基础知识、铁磁微粉的基本性能和测试方法。第四、五、六、七和八章介绍了六角晶系铁氧体和金属与氮化铁微粉的晶体结构、磁性和制备方法。第九章介绍了连续薄膜介质、金属和氧化物薄膜的制备工艺和磁性，第十章介绍了八十年代的磁记录介质。

◎ 1993 年　58 岁

参编《新材料技术》，主编张杏奎，由江苏科学技术出版社出版。

◎ 1994 年　59 岁

7月，《高科技知识丛书》被评为1993年度精神文明建设"五个一过程入选作品"。担任该《丛书》中《新材料技术》分册副主编。

9月，招收硕士两名，博士两名，分别为张宁、周铁军。

◎ 1995 年　60 岁

与中国科学院固体物理研究所张立德共同担任"九五"攀登预选计划"纳米材料科学"首席科学家。

5月，在武汉参加会议。

◎ 1996 年　61 岁

2月，获聘兰州大学应用磁学国家教委部门开放研究实验室第一届学术委员会主任委员。

4月，编写的《铁氧体》一书由江苏科学技术出版社出版，该书从材料科学的角度出发，结合生产实际与科研，积多年的教学与实践成果编写而成。首先介绍尖晶石型、石榴石型及六角铁氧体三大晶系的晶体化学、晶体结构、离子分布，在此基础上以分子设计为指导思想，着重介绍各种离子的择优占位与对磁性的影响，为确定配方与生产工艺奠定了科学的基础。

7月，重访美国约翰霍普金斯大学，与该校物理天文系的钱嘉陵教授合作承当中国科学院自然科学基金"纳米材料科学"项目进行学术交流与讨论合作事宜。

11月，因为在研究生教育培养工作中成绩显著，获南京大学第四届研究生导师教书育人奖。

12月，获聘磁学专业委员会第二届委员，任期4年（2001年又连任第三届委员）。

主持的攀登计划"纳米材料科学"项目及自然科学基金重大项目"材料的表面与界面研究"项目均于1996年结题验收，成绩优，为争取"九五"攀登项目打下了良好的基础。

◎ 1997 年　62 岁

1月，经中国物理学会第六届理事会第七次常务理事会议通过，获聘中国物理学会磁学专业委员会常务委员。

被《磁性材料及器件》编辑部聘为编辑委员会委员，聘期4年。

5月，1997年《高科技知识丛书》获国家科技进步奖，担任该《丛书》中《新材料技术》分册副主编。

6月，参加张宁、周铁军博士论文答辩。

7月，应美国霍普金斯大学钱嘉陵教授邀请，利用暑假到该校物理系访问，实施经中美双方自然科学基金委员会批准的合作项目"纳米材料磁性的研究"。项目合作期间，双方实验室安排研究生与教师互访，之后桑海、张世远等相继赴美开展合作研究。在钱嘉陵实验室访问时，认识了被钱嘉陵同时邀请访问的法国兰斯大学的张葵教授，后推荐姬广斌访问兰斯大学，到张葵的实验室开展合作研究。

9月，获聘上海交通大学兼职教授，聘期3年。

获江苏省1997年"爱国奉献"先进个人奖。

◎ 1998 年　63 岁

获得江苏省优秀博士生导师称号。

5月，参加指导的唐卫博士后出站报告会，杨渭、金志强博士，倪刚、姜玉梅硕士答辩会。

6月，参加在瑞典斯德哥尔摩举办的第三届国际纳米材料会议。

11月，获聘中国颗粒学会超微颗粒专业委员会第一届委员会副主任。

12月，获聘江苏省超细粉体工程技术研究中心工程技术委员会副主任委员。

◎ 1999 年　64 岁

1月，获得教育部科技进步二等奖，获奖项目为"纳米微粒的磁、光性质"。

获得"973"项目"纳米材料和纳米结构"的"08子课题：纳米功能材料的特性和作用"。

被南京大学固体结构物理实验室聘为第五届学术委员会委员。

4月，被聘请为台湾成功大学理学院物理学系讲座教授。

10月，获江苏省科技进步奖二等奖，获奖项目为"全碳分子固体的结构、相变、光致发光与光吸收"，其他完成人依次是顾刚、程光熙、丁维平。

11月，参加国际磁学会议（美国）。

12月，"颗粒膜与合金膜的磁光克尔效应"获山东省理论成果三等奖，获奖人：杨渭、都有为、蔡金华。

◎ 2000 年　65 岁

1月，获聘南京师范大学材料科学重点实验室学术委员会委员，任期4年。

2月，被江苏河海纳米科技股份有限公司聘为独立董事。

3月，获聘石油大学（华东）兼职教授。

5月，参加南京大学物理系赴中国台湾学术交流团队，冯端院士带队。

7月，指导的博士郭载兵获得2000年度全国优秀博士论文，论文的题目是《钙钛矿锰氧化物的磁熵变及电磁性质》。

8月，在日本仙台参加第五届国际纳米材料会议，于25日访问日本东北大学。

10月，获江苏省科学技术进步奖一等奖（排名第一），获奖项目为"稀土掺杂锰钙钛矿化合物庞磁电阻、磁热及磁致伸缩效应的研究"，其他完成人依次是张宁、钟伟、丁维平等。

11月，获中物院预研基金二等奖，"WBWC纳米粉制备及分析检测技术"。

12月，指导的博士张宁获2000年度南京大学优秀博士论文，论文的题目是《稀土锰钙钛矿的电、磁性质》。

转让"磁性液体"项目，获横向经费35万元。

获山东省教委科技二等奖（排名第二）。

被聘为中国物理所第四届国家磁学重点实验室学术委员会委员，任期五年（2001年1月—2005年12月）

◎ 2001 年　66 岁

1月，获聘西安交通大学兼职教授，聘期3年；获聘"第三届中国物理学会磁学分会"副主任，任期3年。

被聘为第三届中国物理学会磁学分会副主任（2001年1月—2003年12月）

2月，获聘《磁性材料及器件》杂志编委。

3月，获聘中国颗粒学会第二届理事会理事。

5月，参加在浙江杭州召开的全国第二届纳米材料和技术应用会议，做大会特邀报告，报告的题目是"纳米磁性材料及其应用"；获聘东南大学纳米科学与技术研究中心学术委员会主任委员。

6月，被安徽省科学技术厅聘为安徽省纳米材料及应用产学研专家委员会高级顾问。

7月，"颗粒膜巨磁电阻效应传感器材料"发明专利获批为授权专利，专利号ZL 96 1 17043.3，其他两位发明人是张世远、桑海。

受邀参加在北京召开的首届国际华人科学家纳米科技研讨会，报告的题目是"Giant Tunneling Magnetoresistance effect"。

10月，参加在福建厦门召开的第四届中国功能材料及其应用学术会议，做大会特邀报告，报告的题目是"纳米磁性材料"。

11月，参加在重庆召开的全国第二届纳米粉体材料研讨会，做大会特邀报告，报告的题目是"纳米磁性"。

被聘为西南师范大学兼职教授。

被泰兴市人民政府聘为专家咨询委员会委员，聘期2年。

◎ 2002 年　67 岁

4月，14日，接待以色列巴伊兰大学Gedanken教授访问南京大学。与Gedanken教授共同申报中以国际合作项目"纳米磁性材料在通信中应用"，获批4.8万美元。4月28日至5月1日，参加在荷兰阿姆斯特丹召开的第48届国际磁学会议（The 2002 International Magnetics conference），报告的题目是"Giant Tunneling Magnetoresistance in Polycrystalline Nanosturctured $Zn_xFe_{1-x}O_4-\alpha-Fe_2O_3$"。

5月，参加南京大学百年校庆时，与1959—1964年磁学组人员相聚。

9月，"熔体快淬法合成的高Pr含量立方Laves相巨磁致伸缩材料及制法"

发明专利获批为授权专利，专利号ZL 99 1 20674.6，其他发明人依次是张世远、王敦辉、章建荣。

江苏省科技厅聘请都有为担任"江苏省高技术研究重点实验室（纳米技术）"第一届学术委员会委员。

10月，担任中国仪器仪表学会仪表材料学会第四届理事会副理事长。同期，被聘为《功能材料》期刊第五届编委会委员，聘期5年。

◎ 2003 年　68 岁

2月，受邀参加在韩国Muju召开的Symposium on the Electron Spin Science and Engineering（SESSE-3），报告的题目是"Magnetism research in Nanjing University & China（Mainland）"。

4月，2—6日在湖南张家界参加中韩轻金属与纳米材料学术交流会。9日，在山东青岛汇报973项目进展情况。19日，在日本筑波Kohe Institute 开会时与Prof. Brian Cautor （Univ. of York）及徐永兵交流。

5月，在湖南张家界参加中韩双边学术研讨会，报告的题目是"Fabrication and magnetic properties of nanowire array"。

8月，指导的博士陈鹏获2003年度全国优秀博士论文，论文的题目是《磁性氧化物的磁电阻和磁效应》。

9月，受邀参加在日本神户召开的The Sixth Oxford Kobe Material and Technology 会议，报告的题目是"The Search for Dilute Magnetic Semiconductors"。

11月，"类钙钛矿型化合物高温磁制冷工质材料"发明专利获批为授权专利，专利号ZL 96 1 17013.1，其他发明人依次是郭载兵、黄河、钟伟、计齐根、田宗军、谢国治、章建荣。

12月，与江苏华强纳米科技有限公司、江苏雨润食品产业集团合作研制的"高纯纳米氧化铝纤维粉体制备新技术"通过省级鉴定。

1月，"高剩磁稀土磁粉及其制法"专利获批为授权专利，发明专利号ZL 01 1 08266.6，其他发明人依次是计齐根、田宗军、谢国治、章建荣。

4月，"具有巨磁熵变效应的磁制冷工质材料及其制备方法"发明专利获批为授权专利，专利号ZL 01 1 37307.5，其他发明人是陈鹏。

参加在瑞典召开的国际纳米材料会议。

5月，参加在天津召开的第四届全国磁性薄膜与纳米磁学会议，做大会特邀报告，报告的题目是"纳米磁性材料与应用"。

6月，"大尺寸纳米有序孔洞的制备方法"专利获批为授权专利，专利号ZL 00 1 12370.X，其发明人依次是杨绍光、朱浩、都有为。

7月，"陶瓷电子器件表面金属化的方法"发明专利获批为授权专利，专利号ZL 01 1 38020.9，另一位发明人是韩毓旺。

9月，参加在河北秦皇岛召开的第五届中国功能材料及其应用学术会议，做大会特邀报告，报告的题目是"自旋电子学功能材料"。

11月，参加在北京召开的2004年C-MRS先进磁性材料研讨会，做大会特邀报告，报告的题目是"自旋电子学材料与应用"。

12月，参加在江苏苏州召开的首届纳米材料在涂料中应用技术发展研讨会，做大会特邀报告，报告的题目是"涂料发展之趋势"。

作为第一完成人的研究成果"新型的氧化物磁制冷工质与隧道型磁电阻材料"获得国家自然科学奖二等奖。其他完成人依次是郭载兵、张宁、钟伟、冯端。

◎ 2005 年　70 岁

1月，主持完成的项目"新型的氧化物磁制冷工质与隧道型磁电阻材料"获得国家自然科学奖二等奖。

2月，在北京参加国家科学技术奖励大会。

5月，被《磁性材料及器件》编辑部聘为编辑委员会顾问。

出席在南京大学举办的海峡两岸三校凝聚态物理前沿研讨会。

7月，在杭州出席浙江省东阳市剑华磁业有限公司省级项目鉴定会。

参加在西班牙召开的国际纳米复合材料会议。

11月，当选中国科学院院士。

被福建师范大学聘为兼职教授。

在湖北武汉出席脉冲强磁场装置共建研讨会。

参加在福建武夷山召开的第12届全国磁学与磁性材料会议，担任会议主席。

12月，出席南京大学科技培训中心2005年磁性材料制造工艺技术工程师培训班结业典礼。

被科学中国人杂志社、科学中国人专家委员会聘为委员。

◎ 2006 年　71 岁

4月，被清华大学精细陶瓷北京市重点实验室聘为第二届学术委员会副主任（2006—2008）。

赴中国台湾、美国参加学术交流活动，出席2006年海峡两岸奈米（纳米）材料技术研讨会。

参加浙江省宁波市与中国机械学会联合举办的国际先进材料会议，做大会邀请报告并任大会主席。

应邀出访山西大学、山西师范大学，并做"磁性材料进展""人生旅程"的报告。

9月，参加中国科学院院士办公室的院士组团，赴新疆马兰基地参加我国"两弹结合40周年"的庆祝活动。

应邀顺访成都电子科技大学、西南大学，并做学术报告。被西南大学聘为兼职教授。

给浦口校区大学生与鼓楼校区研究生做"西部之行——核弹爆炸的历史回顾"的报告。

接待美国代顿大学校长的来访，赴苏州商谈成立南大-代顿-苏州新加坡工业园区产学研中心相关事宜。

赴苏州参加院士讲坛，并做"纳米科技"的学术报告。

应邀赴深圳院士工作站做报告。

应邀访问香港城市大学。

11月，被江苏省人才工作领导小组聘为江苏省"333高层次人才培养工程"专家委员会委员。

成为中国电子学会高级会员。

参加中国机械工程学会、宁波市人民政府联合举办的新材料与产业化国际论坛，做"纳米磁性材料概况"报告。

参加教育部2006年度科技评奖工作。

◎ 2007 年　72 岁

3月，被浙江大学聘为求是讲座教授（材料学岗位），聘期3年。

4月，被浙江浦江亚盛磁电有限公司聘为公司高级技术顾问。

被烟台大学聘为兼职教授。

在杭州茅家埠，与中学同学王祖耀（王跃）、吴迪华、杨祖秀、沈馨亚、钱天森等聚会。

出席青岛"趋磁细菌研究与应用"发展战略研讨会，顺访烟台大学，东营石油大学。

7月，被南京大学聘为国家重大科学研究计划"分子及自旋体系中的量子调控"项目专家组专家。

应邀赴内蒙古师范大学、内蒙古大学，做"磁性材料进展"与"人生的旅程"报告。

10月，获何梁何利基金科学与技术进步奖，"冶金材料技术奖"。

11月，被江苏淮阴师范学院聘为名誉教授。

11月，应邀出访美国代顿大学（University of Dayton）、布朗大学，加利福尼亚大学河滨分校（University of Califoruia, Riverside）交流、介绍科研情况。

◎ 2008 年　73 岁

1月，应邀赴中国台湾，参加第六届海峡两岸纳米科学与技术研讨会。

5月，被南京市人才队伍建设和科技创新工作领导小组聘为南京市中青年拔尖人才赵光的"结对培养"导师。

7月，参加纳米材料与结构、检测与表征研讨会。

参加在北京香山召开的"新一代储存材料与技术"会议。

10月，被重庆仪表材料研究所、中国仪器仪表学会仪表材料分会聘为《功能材料》期刊第六届编辑委员会委员，聘期5年。

被中国仪器仪表学会仪表材料分会聘为第五届理事会副理事长，聘期5年。

11月，主持在湖北宜昌召开的第13届全国磁学与磁性材料会议，并做邀请报告"磁性材料进展掠影"。

12月，被淄博高新技术产业开发区管理委员会聘为开发区科技顾问。

被教育部科技司聘为"2008年长江学者和创新团队发展计划"创新团队项目答辩评审专家；教育部"新世纪人才支持计划"评审组（高技术组）专家。

◎ 2009 年　74 岁

2月，参加在云南昆明召开的中科院学部咨询委员会第四次会议。

参加江苏省在宁院士与拔尖人才新春联谊会，与冯端院士及其妻子陈廉方合影留念。

4月，应邀赴澳门科技大学做"神奇的纳米世界"报告，被聘为荣誉教授，顺访吉林大学珠海分校。

被台湾成功大学聘为该校物理系客座特聘讲座。

赴日本参观访问日本国家材料研究所。

7月，参加2009年度何梁何利基金科学技术进步奖评审。

8月，参加内蒙古师范大学"功能材料物理与化学重点实验室"揭牌暨学术委员会会议，做"器件、材料与物理"报告。

参加在北京举办的"国家若干重大项目建设的技术科学问题研讨"技术科学论坛。

9月，主持在贵阳召开的全国第二届电磁材料与器件会议，做"器件、材料与物理"的大会特邀报告。

被吉林师范大学聘为客座教授。

被常熟理工学院聘为客座教授。

10月，参加华南农业大学百年校庆新型材料学术论坛报告会。做"微纳结构材料"报告。

11月，被安徽省纳米材料与技术重点实验室聘为第二届学术委员会主任。

参加江苏大学"2009中国功能材料科技与产业高层论坛"，做"微纳结构材料"报告。

12月，与苏州恒久光电科技有限公司合作院士工作站。

◎ 2010 年 75 岁

1月，参加国家科协组织的对全国院士工作站情况进行调研的工作，由工程院刘大响院士，科学院都有为院士带队，对北京、山东、江苏、宁波、沈阳五个省市的院士工作站开展情况进行调研，并将调研报告上报。

应邀参加在香港举办的2010年国际纳米电子会议（IEEE International NanoElectronics Conference），做大会报告。

被聘为"中国科学院物理研究所磁学国家重点实验室第六届学术委员会"主任，聘期自2010年1月至2014年12月。

3月，在安徽合肥参加国家自然科学基金委员会工程与材料科学部（多）铁性材料研讨会。

担任科技部"千人计划"工程与材料学组的评审专家。

参加第四批教育部"千人计划"评审会。

5月，参加在北京香山举办的"生命系统的电磁特性及电磁对生命的作用"会议。

8月，获教育部科技成果奖，项目名称"磁性材料体系纳料尺度下的磁特性和应用研究"，由福建师范大学申报。

10月，参加在湖南长沙召开的全国功能材料会议，做"自旋电子学器件及其产业化"的报告。

参加在北京举办的ISSDC第一届北京国际自旋电子学器件与产业化会议。

11月，被陈嘉庚科学奖基金会聘为陈嘉庚技术科学奖第四届评奖委员会委员。

被湖南大学聘为"微纳结构特理与应用技术"湖南省重点实验室第一届学术委员会主任。同时，被聘为湖南大学客座教授。

12月，被江苏省科技厅聘为江苏省生物材料与器件重点实验室第二届学术委员会主任，任期5年。

◎ 2011年 76岁

1月，获福建省人民政府颁发的福建省科学技术奖证书，项目名称"磁性材料体系纳米尺度下的磁特性及其应用研究"。

被在苏中国科学院院士咨询委员会聘为学委会委员，任高新技术产业化咨询组副组长。被软化学与功能材料教育部重点实验室聘为学术委员会名誉主任。

2月，参加教育部新世纪人才评审会。

科技部授予"纳米材料和纳米结构的性能与应用基础团队""十一五"国

家科技计划执行优秀团队奖，南京大学为其中成员。

4月，参加北京纳米中心"纳米材料关键科学问题与重大应用"研讨会。

5月，被南昌航空大学聘为兼职教授。

7月，被安徽纳米材料及应用产业技术创新战略联盟聘为安徽纳米材料及应用产业技术创新战略联盟专家委员会主任。

参加江苏省333工程选拔评审会。

8月，参加上海交通大学"卓越工程师培养国际研讨会"。

9月，参加教育部重点实验室评审，行程自北京—天津—武汉—上海—西安，前后历时十多天。

10月，参加教育部创新群体评审。

◎ 2012 年　77 岁

1月，与河南科技大学合作开展"光电功能材料与应用技术研究"。

2月，被南京市人才队伍建设和科技创新工作领导小组聘为南京"321计划"创业创新导师。

承担联合基金项目（重点支持项目）"强磁场下磁性功能材料的生长和相关物性研究"。

6月，被江苏省如皋市政府聘为如皋市经济社会发展高级顾问。

9月，作为内蒙古师范大学兼职（客座）教授，在学校建设发展中做出了突出贡献，被授予"做出突出贡献的兼职（客座）教授"荣誉称号并表彰奖励。同时，被聘为内蒙古师范大学学术顾问。

被北京市房山区人民政府、北京瑞鑫安泰创业投资中心聘为北京文化硅谷院士指导委员会委员。

参加在北京香山召开的"磁性纳米材料及其交叉学科的关键科学问题"会议。

10月，被安吉县人民政府聘为安吉县高新技术产业发展首席科技顾问。

11月，被聘为江苏省海安县人民政府经济顾问。被聘为浙江工业大学兼职教授。

被西华大学聘为学术顾问。

11月，参加教育部创新团队评审。

12月，被陈嘉庚科学奖基金会聘为陈嘉庚技术科学奖第五届评奖委员会委员，理事长是白春礼。

◎ 2013 年　78 岁

1月，获江苏省人民政府颁发的江苏省政府2012年度科学技术奖二等奖证书，项目名称"磁性合金的相变及相关效应研究"。

被南京大学科技成果转化中心聘为南京大学服务地方专家咨询委员会委员。

科学出版社出版《自旋电子学》一书，该书由翟宏如主编，撰写第二章《颗粒体系中的磁电阻效应》。

3月，轩海成博士的《复相多铁性材料的逆磁电效应研究》论文，被评为南京大学优秀博士论文。

4月，被南京大学学术委员会聘为南京大学学术委员会工程与材料科学专家咨询组召集人。

被南京大学学术委员会聘为南京大学学术委员会服务地方专家咨询组成员。

5月，被四川大学聘为客座教授。

10月，被国家脉冲强磁场科学中心（筹）聘为科技委员会委员。

在武汉出席PHMFF国际会议。

12月，被常州工学院聘为兼职教授。被江西师范大学聘为双聘院士。

被中国物理学会《物理学进展》编辑部聘为第八届《物理学进展》顾问编辑委员会委员。

4月，被重庆市科技青年联合会聘为特聘专家（终身）。

被安吉县人民政府聘为安吉县生态产业发展首席科技顾问。

6月，被全国新材料新技术发展研究会聘为第一届理事会会长。

10月，在安徽合肥出席稳态强磁场实验装置科技委员会会议。

11月，被重庆科技学院聘为纳微复合材料与器件重庆市重点实验室第一届学术委员会顾问。

12月，被福建师范大学聘为福建省量子调控与新能源材料重点实验室第一届学术委员会副主任委员。

被浙江国石磁业有限公司聘为技术顾问。

◎ 2015 年　80 岁

1月，获江苏省人民政府颁发的江苏省政府2014年度科学技术奖二等奖证书，项目名称"纳米结构磁性复合材料的可控合成及磁电光多物性调控"。

参加在北京香山召开的"磁热效应与应用"会议。

3月，参加在北京举办的国家自然科学基金大装置项目"强磁场中材料生长与物性研究"中期汇报会。

参加在南京举办的江苏省新材料产业协会会议，成立专家委员会，担任委员。

4月，参加都氏家族第二次在杭州茅家埠故居的聚会，与1936年第一次聚会相距约80年。

9月，被太原理工大学聘为该校双聘院士、教授。

◎ 2016 年　81 岁

4月，被吉林师范大学聘为《吉林师范大学学报》（自然科学版）特聘编委。被山西师范大学聘为客座教授。

8月，被工业和信息化部电子科学技术情报研究所科技成果评价与推广转化服务中心聘为专家委员会委员；参加德州会议和泰山论坛等活动。

9月，参加在常州大学举办的"第三届复合材料会议"。

10月，访问美国。

11月，浙江省东阳磁性材料产业论坛。

在南方科技大学参加学术会议，担任俞大鹏广州创新团队评审。

12月，参加华东理工大学教育部重点实验室会议；参加南航教育部重点实验室学术委员会会议。

被聘为中国稀土学会第六届理事会常务理事。

◎ 2017 年　82 岁

6月，被山东大学国家重点研发计划重点专项项目管理办公室、首席科学家杨再兴聘为国家重点研发计划重点专项"III–V族半导体三维异质纳米线的原位构筑与红外探测应用"项目组咨询专家，聘期4年。

7月，被东阿县人民政府聘为特聘专家。

被《稀有金属》编辑部聘为第四届编辑委员会顾问委员。

9月，被聘为深圳先进制造业院士指导委员会委员。

10月，被南京大学聘为国家重点研发计划项目《基于材料基因工程的高性能稀土磁制冷材料研究》专家指导委员会委员。

11月，被聘为国家重点研发计划"量子调控与量子信息"重点专项"拓扑磁结构及其异质结的物性与器件研究"专家。

12月，在江苏省天一中学名人课堂——两院院士讲坛上，做"让青春飞翔"报告。

◎ 2018 年　83 岁

3月，25日在南京市浦口区参加新材料产业协会报告会，做"磁性材料进展"报告。

4月，6—8日在北京参加纳米地球科学显微学研讨会。13—15日，在浙江杭州参加磁性材料会议，做"软磁材料进展"报告。

5月，23日在南京市鼓楼区做创新活动报告，题目是"前沿技术创新的新发展——自旋芯片简介"。

6月，4号在苏州参加首届全国生物磁学与磁性纳米材料学术会议。29日，在西北大学参加生物纳米技术会议与博士生论坛。

7月，21—25日在贵阳参加第四届纳米磁学会议。

8月，26日受李卫院士邀请去北京参加2018国际稀土永磁及应用大会。

9月，17—18日，参加江苏盐城工学院校庆并为大学生做"创新是科学的灵魂"的报告；28日在南京给南京市第十三中学高二学生做"让青春飞翔"的报告。

10月，19—21日在山东济南参加"2018自旋电子学物理、材料与器件大会"；26—27日，在浙江绍兴参加"院士专家绍兴行"活动。

11月，参加在北京香山举办的"强磁场与生命健康"会议。

◎ 2019 年 84 岁

1月，与信息部韩其峰参观常州纵慧芯光半导体科技有限公司。

3月，在深圳参加科技会议，做了4个报告，分别是："创新是科学的灵魂""自旋磁学——磁学研究的新领域""让青春飞翔"和"微/纳结构复合材料"。

4月，被聘为安徽大学绿色产业创新研究院首届科技委员会委员，并做"创新创业富民强国"报告。

5月，在深圳参加非晶会议，介绍"软磁复合材料SMC概况"。

在杭州电子科技大学给学生做报告："人生的旅程""创新是科学的灵魂"和"自旋磁学"。

在上海科协院士讲座，做"创新是社会发展的动力"的报告。

6月，在武汉华中科技大学做报告"漫谈磁与磁性材料"。

在江西南昌参加"南昌创新国际会议"。

7月，在江西赣州，参加稀土产业质量发展论坛。

10月，在陕西，参加西安2019中国国际微纳技术暨复合材料创新发展论坛。

◎ 2020 年　85 岁

1月，填写中共中央统战部"无党派人士"登记表。

6月，江苏省科协聘请担任青少年科技教育顾问。

参加苏州市材料科学姑苏实验室成立大会。

7月，参加江苏南京江宁区创新周及中英创新合作大会。

获南京大学2019年度本科招生工作突出贡献奖。

8月，参加院士义乌—丽江—稽云之行。

参加宁夏银川科协会议。

参加南京市青少年活动。

参加湖州长江长三角论坛。

9月，参加扬州市科协会议，做"创新是新时代产业发展的灵魂"的报告。

参加宁波"磁性材料创新应用论坛"，做"5G时代电磁材料"的报告。

参加山东济南"中国新材料资本技术峰会"，做"磁性材料的广阔应用领域及发展前景"报告。

10月，在浙江磁性材料协会做"软磁复合材料SMC"报告。

参加杭州院士家乡行，在杭州机电学院做"人生的旅程"报告。

11月，参加重庆材料大会，做"SMC软磁复合材料"报告。

在重庆电子工程职业学院做"5G时代的电磁材料"报告。

参加重庆市创新会议，做"科技创新与产业发展"报告。

12月，在南京河西金陵中学做"青春无悔创人生"报告。

参加宁波材料所学术委员会会议，出席第三届磁产业发展论坛。

◎ 2021 年　86 岁

1月，在南京市秦淮科技高中为该校学生做"青春无悔创人生"的报告。

3月，在河南商丘师范学院院、新乡学院做"创新是科学的灵魂"的报告。

4月，在河南洛阳师范学院参加河南省重点实验室学术会议，做"漫谈磁与磁性材料"报告。

应浙江省诸暨市科协邀请，考察诸暨相关磁性材料企业。

参加四川省先进材料高峰论坛。

应邀出席上海电机制造展会，做"电机中的磁性材料"报告。

5月，参加南昌大学100周年纪念活动，做"磁性材料概况及应用"报告。

参加南京市第一中学"院士课堂"启动仪式。

6月，参加江苏省南通海安市的"创新创业在海安"活动。

在南京市浦口区金地未来学校给小学生做科普报告；

参加南京航空航天大学"纳米智能材料器件教育部重点实验室第二届学术委员会"会议。

参加南京市秦淮区创新周活动。

参加第二届全国电磁功能材料会议。

7月，参加南京理工大学复杂装备系统动力学学科活动周相关活动。

参加在四川省成都市举办的磁性材料会议。

后 记

南京大学成立一百二十周年，很多事情都值得追忆。都有为院士在南京大学工作生活近70年，本身就是南京大学一百多年发展历程中的活历史、活档案。请都院士来讲述南京大学物理学院磁学和磁性材料这个研究方向的发展过程，可以窥斑见豹，让读者更好地了解南京大学的成长经历，更好地了解新中国大学的成长经历，更好地了解新中国人才培养的历史。

都有为院士是一位和蔼可亲、反应敏捷又幽默风趣的长者。为了完成访谈，我跟他约好在南京大学唐仲英楼他的办公室见面。那天，我特地提前了十几分钟，结果他正在与一位青年人讨论一篇论文，见我来了，他赶紧说完自己的修改意见让学生走了。我很不好意思，感觉打扰了院士的工作，但都先生很热情地招呼我落座、泡茶。当丝丝缕缕的香气飘进我鼻孔的时候，我忽然想起南京大学的学生采访他的一篇文章《都有为：君子若兰，不以无人而不芳》。

除了聊天、回忆过去，都先生带着我，从南京大学的标志性建筑——北大楼的地下室介绍起，一路走到物理楼，不厌其烦。哪儿是以前的实验室、办公室、教室，哪儿是建设校园劳动的地方，一件件往事、一处处场景、一个个人物，仿佛就发生在昨天，在他的讲述里，一下子活灵活现起来。尘封的记忆被打开，鲜活的人物浮现出来。

此外，都先生还主动联系了邢定钰、臧文成、张世远、唐少龙、姬广斌、顾宁等人来补充访谈。其中，邢定钰是中国科学院院士，在纳米材料研究方面颇有建树；臧文成曾任南京大学物理学院书记，是他指导过的硕士研究生，做过C_{60}的一些研究工作；张世远是磁学组的同事，曾任物理系主任，与他合编过《磁性材料基础》（1988）、《磁性材料》（2022）等；唐少龙是他招的第一位博士后研究人员，出站后留在磁学组工作至今；顾宁现为东南大学教授，主要研究生物磁性材料及应用，在磁性纳米领域与他关系密切；姬广斌现任南京航空航天大学教授，曾是他指导的博士生，主要研究磁性材料及应用。除了以上人员，都先生还提供了他的中学同学、其他科研院所合作者的一些联系方式，为我开展工作创造了便利条件。

都先生还请他目前有联系的一些学生回忆了上学时的不少情况，他们通过微信、邮件提供了不少文字材料。其中韩世莹是1958年磁学专业毕业留校工作；赵见高是1964年毕业，任职于中国科学院物理所研究员；王珏是1968年毕业，原南京898厂厂长；张晓燕是1969年毕业，不是磁学专业的学生，她们班当年与都先生一起在溧阳农村参加劳动；惠立人是1976年毕业，工农兵学员，原无锡江南磁带厂厂长，后任无锡市科技局长；王殿祥，1978年毕业，工农兵学员，留校工作，曾任金陵学院院长；王玲玲是1978年毕业，曾任湖南大学物理系主任；赵光是1982年毕业，原南京898厂总工程师；赵利明是1989年毕业，现任新康达公司总工程师。他们提供的材料丰富了都先生参加工作以来20世纪50年代至70年代近20年的工作、生活情形，有助于梳理、厘清相关细节。

在短短一年多的时间里，我受都先生的感染，两个人以快对快、马不停蹄，碰到的问题随时用电子邮件、电话、微信交流、询问、修改、补充，他总是不厌其烦地及时回答。此外，为了与口述材料相印证，我翻阅摘抄了他的一些人事档案材料，采访了其他相关的人员。都先生的弟弟都诚成提供了不少家庭情况的文字和图片；都恒云与其子王晓林、都祖荫之女都凝红以及都恒青（都恒云妹妹）等对传记有关内容、文字进行了核对，并提出了修改意见；《莫愁》杂志社编辑吴建文对传记进行了润色；南京大学人力资源部孙涛副部长、南京大学档案馆吴玫馆长、都锦生纪念馆的四星级讲解员刘凯临女士等都为资料采集提供了帮助；李书博、杨显强为音视频采访尽心尽力；另外，研究生徐雪桦、刘若南在资料整理时也发挥了不小的作用，在此一并致谢！除此之外，还要非常感谢南京大学物理学院的慷慨资助，使本书得以顺利出版！

杨　坚

2021年12月于卫岗